Karl-Wilhelm Weeber

Neues über die alten Römer

Karl-Wilhelm Weeber

Neues über die alten Römer

Von A wie Aftershave bis Z wie Zocker

Mit Zeichnungen von Ferdinand Wedler

THEISS

Die Deutsche Nationalbibliothek verzeichnet diese Publikation in der Deutschen Nationalbibliografie; detaillierte bibliografische Daten sind im Internet über http://dnb.dnb.de abrufbar.

Der Theiss Verlag ist ein Imprint der WBG.

Die Herausgabe des Werkes wurde durch die Vereinsmitglieder der WBG ermöglicht.
Lektorat: Kristine Althöhn, Mainz
Gestaltung und Satz: Anja Harms, Oberursel
Einbandabbildung: Ferdinand Wedler
Einbandgestaltung: Jutta Schneider, Frankfurt a. M.
Gedruckt auf säurefreiem und alterungsbeständigem Papier
Printed in Germany

Besuchen Sie uns im Internet: **www.wbg-wissenverbindet.de**

ISBN 978-3-8062-2841-0
Elektronisch sind folgende Ausgaben erhältlich:
eBook (PDF): 978-3-8062-3178-6
eBook (epub): 978-3-8062-3179-3

Inhalt

Einleitung

Hatten die Römer schon Kaugummi? Legten sie sich zum Bräunen in die Sonne? Herrschte auf den Straßen Roms Rechts- oder Linksverkehr? Gingen die Leute auf die Straße und demonstrierten, wenn ihnen etwas nicht passte? Stimmt es, dass Kaiser Marc Aurel drogensüchtig war? – Auf solche Fragen geben die Standardlexika zur römischen Antike keine oder allenfalls sehr schmallippige Antworten. Das kann mit einer schlechten Quellensituation zu erklären sein oder auch mit der Tatsache, dass manche kulturgeschichtlichen Splitter nebensächlich erscheinen, nicht selten aber auch mit dem Fragehorizont der Wissenschaftler: Schulangst, Intimrasur und Extremsport liegen ziemlich weit außerhalb ihres Erkenntnisinteresses.

Das verhält sich dort ganz anders, wo römische Kulturgeschichte wohl am intensivsten behandelt wird: im schulischen Lateinunterricht. Er beschäftigt sich ja nicht nur mit lateinischen Texten, sondern auch mit der Zivilisation der Römer. Das steht so in den Lehrplänen, und das wird auch von seinen „Abnehmern" sehr geschätzt: Nicht wenige Schülerinnen und Schüler finden die teils exotisch, teil überraschend modern anmutende Welt der alten Römer spannender und interessanter als deren Sprache. Oder sagen wir: *noch* spannender und *noch* interessanter.

Und sie fragen, wenn man sie fragen lässt. Und hören gespannt zu, wenn ihre Lehrerin oder ihr Lehrer ihnen Auskunft gibt und sie dabei auch schon einmal mit unglaublichen Details überrascht: Waaas? Die Römer hatten keine Trennwände bei den Toiletten? Iiiiiiih! – Gleichzeitig sind das, wie man im Jargon der Fachdidaktik sagt, Alteritätserfahrungen, die die Motivation beflügeln und ein Mehr-Wissen-Wollen im Gefolge haben. Das große Interesse daran, wie die Römer gelebt, wie sie ihren Alltag organisiert haben oder wie sie mit ihren Kriminellen umgegangen sind, spiegelt sich in dem Satz einer zehnjährigen Schülerin. In einer anonymen Evaluation nach drei Monaten Lateinunterricht beantwortete sie die Frage: „Was gefällt dir am Lateinunterricht am besten?" so: „Am schönsten ist es, wenn Herr Weeber von römischen Klos erzählt."

Diesen Satz hat der Autor dem Verlag als Titel für dieses Buch vorgeschlagen. Aber der Verlag mochte ihn nicht – warum nicht, war schwer herauszukriegen. Der Kompromiss bestand darin, dass der Autor diese Indiskretion im Vorwort ausplaudern dürfe. Was er hiermit getan hat, nicht ohne den Hinweis, dass manchmal eben auch das „Erzählen" gut ankommt – bei Schülern mehr als bei Pädagogik-Professoren.

Auf manche Fragen und Anregungen gibt es allerdings nichts zu erzählen, weil man es selbst nicht weiß und die Antwort sich eben auch nicht auf die Schnelle finden lässt. Das vorliegende Buch ist in Teilen eine Sammlung solcher Fragen. Aber auch der Lehrer hat seine Hausaufgaben zu machen; hier legt er sie vor in der Hoffnung, ein bisschen Neugier zur römischen Kulturgeschichte befriedigen zu können und nach Möglichkeit weitere zu wecken.

Die Auswahl der behandelten Gegenstände ist subjektiv; sie ergab sich auf weite Strecken aus eben jenen Anfragen Antike-Interessierter aus Schule, Universität und Bekanntenkreis. Von einer Vollständigkeit dessen, was es „Neues von den alten Römern" gibt, ist sie weit entfernt. Künftige Bemühungen, weitere Lücken zu schließen, sind nicht ausgeschlossen. Schwerpunkte dieser Darstellung bilden die Themen Hygiene, Kriminalität/Gerichtswesen, Showbusiness, Jugend und die Großstadt Rom, der zeitliche Schwerpunkt liegt entsprechend der vergleichsweise guten Quellensituation auf dem 1. und 2. Jh. n. Chr. Dopplungen zu den beiden Rom-Lexika über den „Alltag in der Stadt" und den „Alltag auf dem Land" wurden weitgehend vermieden. Der Titel verspricht „Neues" und nicht wieder Aufgewärmtes. Solche Versprechen sollte man halten.

So, und jetzt fängt Herr Weeber an zu erzählen.

Aftershave

Die Geburtsstunde des Aftershaves schlug in Rom frühestens im Jahre 300 v. Chr. Damals sollen erstmals Bartscherer aus Sizilien nach Italien gekommen sein; die alten Römer trugen lange Bärte und lange Haare (Varro r.r. II 11, 10). Danach nahm das neue Gewerbe des *tonsor* („Barbier", „Friseur") einen raschen Aufschwung. Es bot im Wesentlichen drei Dienstleistungen an: das Schneiden des Haars, das Stutzen oder Abrasieren des Bartes und das Schneiden der Fingernägel. Friseursalons (*tonstrinae*) gab es überall in der Stadt; sie waren gut besucht, weil kaum jemand sich selbst rasierte. Arme Römer, die sich den Barbier nicht oft leisten konnten, ließen den Bart einfach eine Zeit lang wachsen (Mart. VII 95, 11). Wer dagegen auf sich hielt und Geld und Zeit hatte, ging mit seinem (Privat-)Friseur gewissermaßen jedes einzelne Haar durch und regte sich schrecklich auf, wenn irgendeine Locke nicht richtig saß (so mit einiger Übertreibung Seneca brev. vit. 12).

Die Barbierstuben waren Umschlagplätze für Klatsch und Neuigkeiten; Friseure galten als Inbegriff der Geschwätzigkeit (Plut. garr. 13; Hor.

sat. I 7, 2). Der *tonsor* arbeitete mit Schere und Messer, manche Kunden ließen sich einzelne Haare mit der Pinzette ausrupfen. Auch Depilationscremes wurden auf Wunsch aufgetragen. Das Enthaarungsmittel etwa aus Angst vor dem Schneiden, fragt Martial und unterstellt diesen „Weicheiern" Feigheit vor dem Messer. Sie lassen sich, ätzt er, Gesicht und Schädel so behandeln „wie Frauen gewöhnlich ihre Scham" (III 74; → Intimrasur). Andererseits räumt derselbe Martial an anderer Stelle ein, dass das Messer des Barbiers durchaus zu den *arma* zu zählen sei, den „Waffen" (XIV 36). Tatsächlich waren gelegentlich sogar Todesfälle zu beklagen; ein kurioser Rechtsfall dreht sich um die Frage, wen die Schuld dafür treffe, dass einen Friseur beim *open-air*-Rasieren ein Ball so unglücklich an der Hand traf, dass er die Kehle seines Kunden durchschnitt (Dig. IX 2, 11).

Angesichts der nicht immer besonders scharfen Klingen der Schermesser römischer Barbiere und der Praxis des Haarausrupfens konnte die Haut nach der Behandlung gut eine Einreibung mit *unguenta*, parfümierten Salben, vertragen. Es gibt zwar keine ausdrücklichen Belege für diese Praxis, doch ist sicher anzunehmen, dass bei der z.T. intensiven Behandlung des Haupthaares mit Salben, Ölen, Pomaden und Anti-Kahlheitsmitteln (Plin. NH XXIV 10) auch für die Wangen und das Kinn adstringierend und hautberuhigend wirkendes, wohlriechendes Rasierwasser „abfiel".

Und das erst recht, wenn man an einen gefährlichen Stümper wie Antiochus geraten war und die Haut nach der Rasur kleinere Wunden oder sogar tiefere Schnitte auswies – in Martials satirischer Überzeichnung „Narben, wie sie sich sonst nur auf eines alten Boxers Stirn finden" (XI 84, 14). Für solche Fälle gab es ein sehr wirksames, linderndes Aftershave: „In Öl und Essig getränkte Spinnweben" (Plin. NH XXIX 113). Von dieser Substanz musste ein „Unglücksbarbier" wie Antiochus raue Mengen im Vorrat haben – zusätzlich zu den sonst üblichen Salben auf Olivenöl-Basis, die der strapazierten Haut nach dem Besuch beim *tonsor* zur Regeneration verhalfen.

Altersarmut

„Worin besteht eigentlich der Reiz eines aufgeschichteten Geldhaufens?" (*quid habet pulchri constructus acervus*) fragt der Satiriker Horaz provokant, um die ungezügelte Gier der Menschen nach materiellen Reichtümern zu tadeln (sat. I 1, 44). Zielscheibe seiner Kritik ist das Raffen von Geld und Vermögen um seiner selbst willen – sicher ein Thema, das seine Aktualität nach 2000 Jahren nicht verloren hat. Als Typus des uneinsichtigen Geizkragens, der seinen Reichtum nicht nutzt, sondern allein daran Gefallen findet, modern gesprochen, seine Konto-, Depot- und Grundbuchauszüge anzusehen, führt Horaz einen legendären Alten aus Athen an. Der gibt auf das Getuschel der Leute über seinen notorischen Geiz nichts. Sondern: „Ich klatsche mir daheim selbst Beifall, sobald ich die Goldstücke in der Truhe anschaue" (V. 66f.).

Dieser autonom sich dünkende Greis war von Altersarmut offenkundig nicht betroffen. Aber es gab natürlich genügend andere, die eben die von Horaz kritisierte Sparmentalität an den Tag legten, „um sich im Alter in eine gesicherte Muße zurückziehen zu können" (V. 31) – und die es dann mit der Vorsorge gelegentlich so übertrieben, dass sie kaum noch an anderes dachten. Angesichts der im Alter drohenden Ermattung und nachlassenden Leistungsfähigkeit war es ja nicht verkehrt, sich rechtzeitig einen „Vorrat" oder „Haufen" anzulegen, von dem man zehren konnte, wenn man sich zur Ruhe setzte oder setzen musste (vgl. auch Hor. ars p. 169ff.). Dieses Sich-zur-Ruhe-Setzen war eine freiwillige oder eine vom Alter erzwungene Entscheidung. In einer Gesellschaft, die keine Sozial- und Rentenversicherung und keine Pensionsgrenze, keine staatlichen Wohlfahrtsprogramme und keine Absicherung gegen das Krankheits- und Arbeitsunfähigkeitsrisiko kannte, war private Vorsorge die einzige einigermaßen sichere Möglichkeit, sich vor Verarmung in fortgeschrittenem Alter zu schützen. Das Problem betraf nicht so viele Menschen wie heutzutage – die Zahl der über 60-Jährigen wird für die junge Gesellschaft Roms auf 10–15% geschätzt –, aber es war ein Problem.

Und es wurde erstaunlicherweise auch als solches empfunden. „Erstaunlicherweise“ deshalb, weil die allermeisten Autoren, die sich einschlägig dazu äußern, nicht persönlich betroffen waren. Sie gehörten zu den *happy few*, die über Grundbesitz und andere Vermögenswerte verfügten, mit denen sie schon lange vor Eintritt des Alters – im Grunde ihr gesamtes Leben lang – als Rentiers leben konnten. Gleichwohl war die Altersarmut auch in diesen aristokratischen Kreisen ein Thema.

So räumt selbst der Alte Cato, den Cicero in seiner Schrift *de senectute* für die eher angenehmen Seiten des Alters eintreten lässt, ein, dass *opes* und *copiae*, „materielle Mittel und Möglichkeiten“, schon hilfreich seien, das Greisenalter zu ertragen (Cic. sen. 8) – immerhin jener Cato, der sich seinerseits ziemlich skrupellos von alten Sklaven wie von „anderem überflüssigen Zeug“ trennte und sehr wohl wusste, in welches Unglück er einen so „abgestoßenen“ Sklaven stürzen werde (r.r. 2, 7). An anderer Stelle bezeichnet Cato/Cicero *paupertas* und *senectus*, „Armut und Greisenalter“, als „die beiden Lasten, die nach allgemeiner Einschätzung als die größten gelten“ (Cic. sen. 14). Dabei ist unter *paupertas* noch keineswegs die bitterböse Armut zu verstehen, die mit Hunger und Perspektivlosigkeit einhergeht, sondern materielle Verhältnisse, bei denen man zwar nicht aus dem Vollen schöpfen kann, aber noch mehr als genügend besitzt, um satt zu werden und ein Dach über dem Kopf zu haben.

Am klarsten spricht der im 2. Jh. n. Chr. lebende griechische Philosoph Iuncus aus, was die schlimme Kombination aus Alter plus Armut anrichten kann: „Wenn aber einen gealterten Mann auch noch Armut treffen sollte, dann dürfte er selbst wünschen, endgültig aus dem Leben scheiden zu dürfen“, zumal der Alte auch aus der Sicht seiner Mitbürger einen „schmerzlichen, armseligen und allzu lange dauernden Anblick darbietet, anders ausgedrückt: eine wahre Ilias von Übeln“ (Stob. Flor. 50, 2, 85). Selbst Diogenes, der „Tonnenphilosoph“ und Prophet der Bedürfnislosigkeit, stellt fest, dass der *géron áporos*, der „mittel-

Stimmt es, dass …

… die freien Bürger Roms dank „Brot und Spielen" nicht arbeiten mussten?

Nein. Es gab in der Stadt Rom 200.000–250.000 Empfänger kostenlosen Getreides. Anspruchsberechtigt waren nur Männer. Der Nährwert lag bei ca. 3.500 Kalorien am Tag. Das reichte schon für einen einzigen körperlich schwer arbeitenden Menschen, z. B. einen Lastenträger und einen Bauarbeiter, in einer weitgehend auf Muskelkraft basierenden Gesellschaft nicht aus; erst recht nicht, um eine ganze Familie zu ernähren, von weiteren Lebenshaltungskosten für Miete, Kleidung usw. ganz zu schweigen. Weder die Geld- noch die Naturalgeschenke, die die Kaiser ab und zu verteilen ließen, summierten sich auch nur annähernd zu einem notwendigen Mindesteinkommen. Ohne eigene Erwerbsarbeit wären viele Menschen schlicht verhungert.

Der Eintritt zu den Spielen war kostenlos, aber die Sitzplatzkapazität besonders in den Theatern, in denen der Großteil der *spectacula* („Schauspiele") stattfand (*ludi scaenici*, „Bühnenaufführungen"), war beschränkt. Aus reinen Kapazitätsgründen kam der Einzelne vielleicht zehnmal, höchstens 15-mal im Jahr in den Genuss von *circenses*. Das waren für ihn Tage ohne Gelderwerb; bezahlten Urlaub kannte die Antike bis auf wenige Ausnahmen nicht.

Beide Stichwörter – „Brot" und „Spiele" – verbinden sich also mit erheblichen Einschränkungen und lassen, schaut man einmal genau hin, den schönen Traum vom „anstrengungslosen Wohlstand" und „Freizeitparadies Rom" schnell platzen. Tatsächlich hat das berühmte Wort, das römische Volk „wünsche ängstlich nur noch *panem et circenses*", kein nüchtern analysierender Historiker geprägt, sondern der Satiriker Juvenal (X 80f.). Und Satire bildet bekanntlich ebenso wenig wie heute das Kabarett die Wirklichkeit eins zu eins ab. Außerdem formuliert Juvenal, das römische Volk „wünsche" diese beiden Dinge. Wünschen kann man sich vieles – vor allem das, was man nicht hat.

lose Greis", das schlimmste Bild abgebe, das sich überhaupt denken lasse (Diog. Laert. VI 51). Allerdings beschreibt das Adjektiv *áporos* alle möglichen Formen der Bedürftigkeit, Ohnmacht und Unmöglichkeit – die materielle, aber auch die physische und die psychische, bei der sich Hoffnungslosigkeit mit dem Gedanken an Alterssuizid verbindet.

In den „besseren" Kreisen dürfte Altersarmut kaum eine Rolle gespielt haben, weil man dort zeitlebens über Ressourcen verfügte, die einen materiell unabhängig machten. Anders dagegen beim Gros der Menschen. Wer auf Erwerbsarbeit angewiesen war, musste sich, falls er den eingangs erwähnten „Haufen" nicht aufgetürmt hatte, Gedanken machen, wie er sich im Alter finanzieren wollte. Freilich hatten die allermeisten Menschen überhaupt keine Chance, Rücklagen für ihr Alter zu bilden, weil sie stets an der Grenze des Existenzminimums lebten. Ganz konkret bedeutete das für den Normalbürger: Er arbeitete so lange für seinen und seiner Familie Lebensunterhalt, wie es ging. Ein Rentnerdasein war für ihn nicht vorgesehen.

Das betraf auch die Witwen, die eine recht große Gruppe unter den Frauen bildeten – schätzungsweise 20 % und mehr. Wie sollte es nach dem Tod des Ernährers weitergehen? Der strukturelle Altersunterschied zwischen den Eheleuten – Männer heirateten im Schnitt ein Jahrzehnt später als Frauen – verschärfte dieses Problem. Für viele Frauen, die nicht auf das Familienvermögen einer wohlhabenden *gens* zurückgreifen konnten, hieß das: Sie setzten ihre Erwerbsarbeit fort oder nahmen erstmals eine auf – etwa als Verkäuferin, Friseuse oder Wirtin. Eine Wiederheirat im Sinne einer Versorgungsehe war in vorgerücktem Alter eher unwahrscheinlich.

Die Alternative dazu war, dass Witwen und allgemein alte Leute, die nicht mehr arbeitsfähig waren, im Haushalt eines Kindes unterkamen. Dass dies ein häufig praktiziertes „Modell" war, zeigt sich u. a. an den Klagen, die sich auf Grabsteinen früh verstorbener Kinder finden. Da betrauern die Eltern nicht nur den Tod des Kindes, sondern geben auch ihren Ängsten bezüglich einer *senectus deserta*, eines „verlassenen

Greisenalters", Ausdruck. Sie sehen sich in ihrer Hoffnung, der Altersarmut aufgrund einer Versorgung durch ein Kind zu entkommen, durch den vorzeitigen Tod des potenziellen Versorgers getäuscht (CIL II 3475; V 2435). Dabei waren Eltern, die es sich leisten konnten, solche Grabsteine in Auftrag zu geben, von der befürchteten Verarmung deutlich weiter entfernt als die meisten, die nicht über die Mittel für eine solche „epigraphische Klage" verfügten.

Waren Kinder zum Unterhalt ihrer Eltern verpflichtet, wenn diese nicht mehr für sich selbst aufkommen konnten? Nach römischer Auffassung und traditionellem Herkommen ja. Einer der zentralen Werte in der römischen Gesellschaftsethik war die *pietas*, das praktizierte Pflichtgefühl. Im Prinzip gab es zwischen allen Menschen, die in irgendeiner Hinsicht miteinander zu tun hatten, eine wechselseitige *pietas*-Verpflichtung. Unter engen Verwandten war sie natürlich besonders ausgeprägt, und vermutlich wurde nicht nur den Kindern, die den Literaturunterricht beim *grammaticus* besuchten, die Symbolik des römischen Nationalheros Aeneas vermittelt, der dem Mythos zufolge seinen greisen, geschwächten Vater auf den Schultern aus dem brennenden Troja gerettet hatte – ein Bild des pflichtbewussten *pius Aeneas*, das in der römischen Öffentlichkeit tausendfach präsent war und wohl nicht nur in der Oberschicht als verpflichtendes *exemplum* wahrgenommen und befolgt wurde.

Allerdings nicht von jedem Kind. Es gibt Hinweise darauf, dass schon in der frühen Kaiserzeit nicht alle Söhne und Töchter ihrer moralischen Verpflichtung zum Elternunterhalt nachgekommen sind – und das in einem Umfang, der den Gesetzgeber auf den Plan rief. Der verfügte einen Unterhaltsanspruch der Eltern im Rahmen dessen, was ein Kind leisten konnte, und begründete das ausdrücklich mit dem Gebot der *pietas* (Dig. XXV 3, 5, 15). Bei „größter Not des Vaters" galt das sogar für die Erben des Sohnes (Dig. XXV 3, 5, 17; allgemein Cod. Iust. V 25, 1f.).

Eine ähnliche Unterhaltsverpflichtung bestand zwischen dem Freigelassenen und dem Freilasser; beide standen in einem Treueverhältnis zueinander, das in Notlagen wechselseitige Versorgungsansprüche begründete. Die stärkere Verpflichtung lag indes beim ehemaligen Sklaven gegenüber seinem „Wohltäter“, der ihm die Freiheit geschenkt hatte. Auch unabhängig vom Freilassungsvertrag, der bestimmte Dienstleistungen für den ehemaligen Sklaven vorsehen konnte, hatte der Freigelassene (der ja auch den Vor- und Familiennamen seines *patronus* übernommen hatte) den einstigen Herrn zu unterstützen. Die Notlage musste allerdings ggf. vor Gericht nachgewiesen werden; eine „Luxus-Alimentation“ für einen nicht bedürftigen Freilasser war niemandem zuzumuten (Dig. XXV 3, 5, 18). Wie diese Rechtsnorm in die Alltagswirklichkeit umgesetzt wurde, wissen wir ebenso wenig, wie es verlässliche Schätzungen hinsichtlich der Zahl der in Altersarmut Geratenen und Unterhaltsbedürftigen gibt. Dieses soziale Problem war sicher weitverbreitet, aber es spielte sich unterhalb jener Bühne der Oberschicht ab, auf die der Blick unserer Quellen gerichtet ist.

Der Staat griff nur sehr zurückhaltend mit eigenen Regelungen zugunsten seiner im Alter nicht mehr so zahlungskräftigen Bürger ein. Das betraf etwa das Auslaufen der Kopfsteuer, die allen Provinzbewohnern ohne den Status des römischen Bürgers abverlangt wurde, mit Ablauf des 65. Lebensjahres. Ferner wurden die Angehörigen der Führungsschicht in den Provinzstädten ab 60 Jahren von der Übernahme kostspieliger *munera*, „Leistungen für die Allgemeinheit“, befreit (Dig. L 15, 3). Dazu gehörte das Pflichtsponsoring für bestimmte Kommunalbauten, die Ausstattung von Festen und ähnliche zeitlich begrenzte „Sonderaufgaben“. Das waren spürbare Entlastungen, doch wären die dadurch Begünstigten auch ohne diese *immunitates* („Freistellungen“) kaum in jene bedrückende Form der Altersarmut abgerutscht, die es vielen kleinen Leuten erschwert oder unmöglich gemacht haben, einen sorgenfreien Lebensabend in Würde zu verbringen.

Angeber

Bescheidenheit, Mäßigung, Maßhalten (*modestia, moderatio, modus*) – das waren Wertbegriffe, die in der großbürgerlichen Ethik Roms weit oben rangierten und denen auch Philosophenschulen sämtlicher Couleur kräftig Beifall zollten. Im wahren Leben wurden dieser ethischen Norm nicht allzu viele Römer gerecht, wobei wir hier notgedrungen von der Oberschicht sprechen. Zumindest in materieller Hinsicht hatte die einfache Bevölkerung nichts, mit dem sie den *modus*, das „Maß", hätte überschreiten können. Tatsächlich herrschte in der „feinen" Gesellschaft Roms ein intensiver Wettbewerb in Sachen Statussymbole und Luxusentfaltung, der das Her- und Vorzeigen prächtiger Villen und Bankette, wertvoller Kleidung und einer großen Zahl von Sklaven geradezu notwendig machte. Hast du was, dann bist du was – diese Devise galt auch schon im Alten Rom, allerdings mit dem Zusatz, dass man das, was man hatte, auch möglichst unübersehbar zur Schau stellte. *ostentatio* heißt dieses „Protzen" auf Lateinisch – und das ist bei genauem sprachlichem Hinsehen ein wunderbar anschaulicher Begriff. Er hat sich aus *obs-tentatio* entwickelt. Das ist das „Entgegen-Strecken". Man könnte auch sagen: das Unter-die-Nase-Halten. Man kann ohne Übertreibung formulieren, dass es in der Oberschicht tagtäglich darum ging, sich wechselseitig die wertvollen Dinge, die man sich leisten konnte, unter die Nase zu halten, von der sündhaft teuren Perlenkette bis zum repräsentativen, vorsichtshalber schon zu Lebzeiten errichteten Grabmal.

Bei römischen Historikern, Philosophen und anderen Intellektuellen finden sich herbe kritische Abrechnungen mit dieser Üppigkeit (*luxuria*). Indes kam diese Kritik stets aus luxuriösem Ambiente. Das hatte zumindest den Vorteil, dass die Kritiker wussten, wovon sie sprachen, diente aber nicht unbedingt der Überzeugungskraft und Glaubwürdigkeit derer, die rhetorisch vehement für *modestia* und gegen *iactatio* oder *vanitas* („Prahlerei"; „Eitelkeit") zu Felde zogen.

Immerhin war das ein Angeben, Protzen oder, vornehmer ausgedrückt, Renommieren mit Substanz: Man zeigte etwas, das man tatsächlich hatte, und spiegelte nicht nur dessen Besitz vor. Aber es gab in der römischen Gesellschaft auch den anderen Typ des Angebers: den, der wirklich nur durch Großsprecherei und Aufgeblasenheit auffiel, ohne etwas Konkretes vorweisen zu können. Eine Mittelstellung zwischen den beiden Formen des Angebens nimmt der wohl berühmteste Angeber aus dem Alten Rom ein – der neureiche Freigelassene Trimalchio. Er ist zwar „nur" eine literarische Schöpfung Petrons in seinem Schelmenroman „Satyrica", aber ohne Zweifel entsprechenden „Typen" der Realität herrlich nachempfunden. Das „Gastmahl des Trimalchio", gehört zu den unterhaltsamsten Perlen der lateinischen Literatur, ein Stück Sozialkritik, das mit flottem satirischem Florett daherkommt.

Wir erleben Trimalchio als Gastgeber, der im Kreise anderer Freigelassenen mit allem protzt, das sich denken lässt. Ein Spiegel jenes Renommierens im aristokratischen Umfeld, das auch dort jedes – zumindest fast jedes – Gastmahl prägte –, nur mit dem Unterschied, dass man in den Kreisen der etablierten Elite kultivierter und geschmackvoller zu prahlen verstand, während der Aufsteiger Trimalchio den Bogen pausenlos überspannt und eine peinliche Angeberei an die andere reiht. Er ist tatsächlich schwerreich, ein Multimillionär, der finanziell blendend dasteht. Seine Gäste haben keine Chance, das zu übersehen. Aber Trimalchio begnügt sich nicht mit diesem augenscheinlichen *obs-tendere,* sondern kommentiert seine Erfolgsstory auch noch ständig selbst – und übertreibt zudem maßlos, wenn er etwa von Gewinnen von zehn Millionen Sesterzen und der Geburt von 70 ihm gehörenden Sklavenkindern an einem einzigen Tag schwadroniert (Petr. 53) oder überlegt, „jetzt noch Sizilien an meine Grundstückchen anzuschließen" (48, 3). Gänzlich hohl dagegen ist seine Angeberei mit Bildung: Er besitzt schlicht keine und entlarvt sich indirekt selbst, wenn er Hannibal mit der Eroberung Trojas in Verbindung bringt, Trojaner und Tarentiner in Homers Epos gegeneinander kämpfen lässt (50, 5; 59, 4) oder sich als Hobby-Astrologe in furchtbarem Quatsch ergeht (39).

Hat Trimalchio wenigstens in Sachen Reichtum eine gediegene Basis für seine Aufschneidereien vorzuweisen, so ist ein anderer bekannter Angeber in der lateinischen Literatur jener Sorte aufgeblasener Selbstdarsteller zuzurechnen, die die Römer als *grandiloquentes* oder *magniloquentes* bezeichneten: „Großsprecher". Die Rede ist von dem *miles gloriosus*, der Titelfigur einer Komödie des Plautus aus dem 3. Jh. v. Chr.: ein „ruhmreicher Soldat", der bei genauem Hinsehen ein erbärmlicher Maulheld ist, ein Angeber mit großer Klappe und nichts dahinter. Hört man ihm selbst zu, so „sehnen sich meine Arme danach, aus den Feinden Hackfleisch zu machen". Sein Parasit, der ihm gewöhnlich zum Munde redet, weiß es in einer nur an die Zuschauer gesprochenen Passage besser: „Wer je ein größeres Lügenmaul als dieses sah, so vollgepfropft mit Prahlerei wie dieser Kerl, dem geb' ich mich sofort zum Sklaven hin" (Plaut. mil. glor. 21ff.; Ü: W. Binder).

Blender, Angeber und Großsprecher wurden auch von den Satirendichtern aufs Korn genommen, ebenso bevölkern sie die Spottepigramme Martials: Ob es ein Afer ist, der mit riesigen, angeblich von ihm verliehenen Summen protzt und eigentlich dafür zur Kasse gebeten werden müsste, dass er diese Lügen tagtäglich seinen Bekannten auftischt (IV 37; ähnlich IV 61), ein Diodorus, der angeblich Senatoren und Ritter in großer Zahl zu seinem Geburtstag zu Gast hat, den aber in Wirklichkeit kein Mensch kennt, ein Phoebus, der „mit einem nichtigen Geschenk angibt" (*vano munere iactes*; IX 102, 3) oder ein lyrisches Ich, das mit Liebesabenteuern prahlt, tatsächlich aber kaum sexuelle „Erfolge" aufzuweisen hat. Sein Name: Martial (z. B. XI 97).

iactatio, „Prahlerei", beschränkt sich bekanntlich nicht nur auf materielle Werte, auf gesellschaftliche Kontakte und amouröse Eroberungen. Es gibt auch eine *iactatio* der Intellektuellen, und dieses Angeben – nein, sagen wir: Renommieren – war auch römischen Geistesgrößen nicht fremd. Martial selbst birst mitunter vor Selbstbewusstsein, wenn er darauf hinweist, dass in ganz Rom „jeder Gewandbausch, jede Hand mich (d. h. seine Gedichtbücher) hält" (VI 61, 2).

Die *iactatio* der künstlerischen oder intellektuellen Koryphäe kam nicht bei allen gut an. Quintilian warnt in seinem berühmten Rhetorik-Handbuch alle Redner eindringlich: „Vor allem ist das Großtun mit der eigenen Person (*sui iactatio*) ein schwerer Fehler, beim Redner aber ganz besonders, denn es bereitet den Zuhörern nicht nur Widerwillen, sondern kann sogar oft Hassgefühle auslösen" (inst. or. XI 1, 15). Um prominente Beispiele ist Quintilian nicht verlegen. Er nennt an erster Stelle Cicero, „der in dieser Hinsicht manch herben Tadel einstecken musste, auch wenn er sich mehr mit seinen Taten als mit seiner Beredsamkeit großtat" (XI 1, 17). Im Lateinischen steht da *iactator* für Cicero. Streng übersetzt: „Angeber". So ganz unrecht hatten die Tadler nicht, die Quintilian erwähnt. Cicero geht wegen seiner Neigung, ständig mit seinen eigenen Verdiensten zu renommieren, auch manchem heutigem Leser auf die Nerven. „Angeber" erscheint uns aber als zu hartes Wort dafür. Wer es dennoch benutzt, sollte wenigstens eines einräumen: ein „Angeber" mit Substanz.

Ausziehen, ausziehen!

Man kennt diese abstoßenden Szenen grölender, meist schwer alkoholisierter Männerrunden zur Genüge, die auf Partys, in Kneipen oder bei anderen Gelegenheiten eine Frau oder mehrere im Chor auffordern, sich auszuziehen. Eine sexistische Geschmacklosigkeit, die im Alten Rom undenkbar gewesen wäre?

Von wegen. Eben diese Chöre erschollen auch aus altrömischen, nicht minder vom Alkohol „beflügelten" Männerkehlen – und zwar, was die Sache vielleicht weniger abstoßend, vielleicht aber sogar umso abstoßender macht, in organisierter, ja institutionalisierter Weise. Tatort war das Theater, die „Chance" dazu bot das Fest der Frühlingsgöttin Flora, das seit augusteischer Zeit sechs Tage lang vom 28. April bis zum 3. Mai gefeiert wurde. Ähnliche Feste gab es auch anderswo. Sie passten zur Jahreszeit: Das Getreide stand in Blüte, und mit dem Fest sollte der Vegetationsgottheit Flora (*flos*, „Blüte") die Ehre erwiesen werden, damit sie „ihr" Reich vor Schäden bewahrte und eine reiche Ernte gedeihen ließ.

Das hervorstechende Merkmal der Floralia war ihre *lascivia*, ihre „Ausgelassenheit": Rosen, Wein und Flirts prägten das Fest und seine Stimmung. „Trunken tanzt der Zecher", beschreibt Ovid die Atmosphäre dieser Tage, „trunken singt der Liebhaber an der Schwelle seiner schönen Freundin" (fast. V 337ff.). Flora liebt die leichte Muse, es ist ein ausgesprochen volkstümliches Fest, stellt Ovid fest. Und ein freizügiges: Die beliebten Mimen-Schauspiele, derbe, obszöne Komödien, die auch vor Gossensprache nicht haltmachen, sind die Unterhaltungs-„Renner" und stellen klar, worum es geht: Spaß und gute Laune. „Die Göttin will", sagt Ovid, „dass ihre Feier dem einfachen Volk offen steht" (fast. V 352).

Den Höhepunkt der Ausgelassenheit bringt der letzte Tag. Da treten statt der Schauspielerinnen Prostituierte auf die Bühne – und die Zuschauer fordern sie lautstark zum Striptease auf. Die Quellen sagen es klipp und klar: Sie sprechen vom *postulare Florales iocos nudandarum meretricium* (Sen. ep. 97, 8), der „Forderung nach Floralienspäßen in

Form sich entkleidender Dirnen", bzw. dass *exuuntur etiam vestibus populo flagitante meretrices* (Lact. div. inst. I 20, 10), „dass sich Dirnen auf Verlangen des Volkes ihrer Kleider entledigen". Die Ausdrucksweise macht klar, dass sich das *flagitare*, „Fordern", von heutigen vulgären „Ausziehen, ausziehen"-Chören kaum unterschieden haben dürfte. Das Ganze war eine erzwungene Inszenierung, bei der die Dirnen wohl oder übel mitspielen mussten. Die Prostituierten hatten keine Wahl: Sie mussten den Striptease-Forderungen nachgeben und anschließend aufreizende Tänze „bis zur Sättigung der schamlosen Augen" aufführen, wie der christliche Kirchenvater Laktanz empört notiert. Oder, um noch einmal dem „heidnischen" Ovid das Wort zu geben: „Die Bühne zeigt die üblichen ausgelassenen Scherze" (fast. IV 946).

Dieses von Moralisten scharf angegriffene Ritual wiederholte sich jedes Jahr im Mai. Oder auch nicht, wenn moralische Autoritäten vom Schlage des Jüngeren Cato, eines wegen seiner Sittenstrenge und philosophischen Geradlinigkeit als Stoiker ebenso gerühmten wie gefürchteten Zeitgenossen, den Flora-Festivitäten beiwohnten? So deutet es jedenfalls eine berühmte Anekdote an. Weil sie Cato im Theater erblickt hatten, trauten sich die üblichen Schreihälse nicht aus der Deckung. Es wurde verdächtig still im weiten Rund des Theaters. Cato erkundigte sich bei seinem Begleiter Favonius, was denn los sei. Der klärte seinen Freund auf – woraufhin Cato sich entschied, nicht länger die Spaßbremse zu spielen, sondern den Schauplatz der bevorstehenden Unmoral zügig zu verlassen. Rauschender Beifall begleitete ihn, als er dem Ausgang zustrebte. Die Leute waren froh, dass die Show jetzt weitergehen konnte (Val. Max. II 10. 8).

Eine hübsche Geschichte. Aber war Cato wirklich so naiv und weltfremd, dass er nicht wusste, auf welche Sprechchöre die Leute warteten? Der Spötter Martial glaubt nicht daran. Er unterstellt dem Moralapostel, ganz bewusst seine eigene Show inszeniert zu haben: „Warum bist du denn, gestrenger Cato, überhaupt ins Theater gekommen? Oder warst du nur deshalb dort, um fort zu gehen?" (pr. 1).

Behörden der Stadt Rom

→ Bürgerservice in Rom

aediles

In der Zeit der Republik fielen fast alle wichtigen innerstädtischen Ordnungsaufgaben in die Kompetenz der vier Aedilen, darunter Bauten und Straßen, Marktaufsicht und öffentliche Spiele. In der Kaiserzeit verloren die Aedilen viele Aufgaben an spezielle Magistrate. Ob und wie sich die konkurrierenden Behörden in den Kompetenzen voneinander unterschieden, bleibt im Einzelnen unklar.

cohortes urbanae

Die paramilitärisch organisierte Truppe geht auf eine Gründung des Augustus zurück. Ursprünglich bestand sie aus drei, später aus neun Kohorten zu je 500 Mann. Zu Beginn des 3. Jh.s n. Chr. wurde die Kohortenstärke auf 1500 aufgestockt. Die „städtischen Kohorten" hatten im Wesentlichen polizeiliche Aufgaben. Sie unterstanden dem *praefectus Urbi*. In der Besoldung standen sie zwischen Legionären und Prätorianern.

curatores aedium sacrarum et operum locorumque publicorum

An der Spitze standen zwei *curatores*; ihre Kompetenzverteilung bezog sich wohl einerseits auf die *aedes sacrae*, die „sakralen Gebäude", andererseits auf die „öffentlichen Gebäude und Örtlichkeiten". Der Behörde unterstand das gesamte städtische Bauwesen einschließlich der Bauauftragsvergabe an private Unternehmer.

curatores alvei Tiberis et riparum et cloacarum

Tiberüberschwemmungen gehörten zu den leidvollen Erfahrungen der Hauptstädter. Danach war vieles wieder in Ordnung zu bringen. Wichtig war zudem, dass die Fahrrinne für die Getreidefrachter frei blieb. In diese beiden Bereiche fielen die Aufgaben dieser „Behörde für das Tiberbett und die Tiberufer"; im 2. Jh. n. Chr. kam noch die Instandhaltung der öffentlichen Abwasserkanäle (*cloacae*) hinzu. An der Spitze der Behörde standen fünf *curatores*; einer von ihnen hatte leitende Funktion.

curatores aquarum

Die Behörde bestand aus drei *curatores* und 700 ihnen unterstellten Fachkräften, die für die Wasserverwaltung und den Unterhalt der Aquädukte und Wasserverteiler zuständig waren.

curatores locorum publicorum iudicandorum

Die Behörde „für die Beurteilung öffentlicher Örtlichkeiten" kümmerte sich um die Abgrenzung und Verwaltung des Bodeneigentums der Stadt Rom. Sie stand unter der Führung eines leitenden *curator* und vier weiterer Behördenchefs.

praefectus annonae

Die Versorgung der ungewöhnlich großen Bevölkerung Roms vor allem mit dem Grundnahrungsmittel Getreide / Brot war eine hochsensible Aufgabe. Dazu gehörten die Sicherstellung einer ausreichenden, aus Übersee bezogenen Menge, die Preiskontrolle und die Verteilung der Getreiderationen an die 200.000 Empfangsberechtigten. Die Behörde hatte Vorgänger in republikanischer Zeit; ihr Leiter war einer der höchsten Beamten in der Gesamtverwaltung des Staates. Er verantwortete die Logistik, die an private Auftragnehmer (*negotiatores*, „Kaufleute", und *navicularii*, „Reeder") delegiert wurde. Die großen *horrea* (Getreidespeicher) am Tiberhafen standen unter seiner Aufsicht, ebenso die (wohl) 45 Schalter der Getreideausgabe an der Porticus Minucia. Die Organisation dieser Behörde, der etliche Tausend Menschen zuarbeiteten, muss angesichts der gewaltigen logistischen und administrativen Leistungen (Umschlag von rund 150.000 t Getreide pro Jahr) eine der effizientesten gewesen sein.

praefectus Urbi

Der *praefectus Urbi* war der „Stadtkommandant“, der in Rom als Vertreter des Kaisers fungierte. Er übte die Strafgerichtsbarkeit in der Hauptstadt aus und war vor allem für Ruhe und Ordnung zuständig. Ihm unterstanden die *cohortes urbanae*. In gewisser Weise könnte man ihn als Chef der römischen Stadtverwaltung oder als Oberbürgermeister bezeichnen.

praetoriani

Die legendäre militärische Elitetruppe wurde von Augustus ins Leben gerufen. Er stellte neun *cohortes* à 500 Mann (später 1000 Mann) auf; drei von ihnen taten ständig Dienst. Die von zwei *praefecti* kommandierte Truppe verstand sich als Schutzgarde des Kaisers. Als Staat im Staate wurde sie aber auch manchem Kaiser zum Verhängnis. Die Prätorianer fungierten als Geheimpolizei, wurden aber auch bei (drohenden) Unruhen eingesetzt.

quattuorviri (IVviri) viis in Urbe purgandis

Das Beamtencollegium der „Viermänner für die Reinigung der Hauptstadtstraßen“ wurde wohl im 1. Jh. v. Chr. geschaffen. Es überwachte die Sauberkeit der innerstädtischen Straßen, die im Wesentlichen von den Anliegern zu gewährleisten war. Die Behörde selbst verfügte über einen wohl recht überschaubaren Mitarbeiterstab. Mit einer Art städtischem Bauhof oder gar einer städtischen Müllabfuhr heutigen Zuschnitts ist sie keineswegs zu vergleichen.

vicomagistri (auch vici magistri)

Die „Bezirksmeister“ waren lokale Beamte, die an der Spitze der von Augustus eingerichteten 265 *vici* („Bezirke“) standen. Zunächst waren es jeweils vier *vicomagistri* pro *vicus*, also insgesamt 1060. Später sank ihre Zahl auf 48 für jede der 14 *regiones*, insgesamt also 672. Sie amtierten ein Jahr. Auch Freigelassene konnten dieses niedere Amt bekleiden.

Hauptaufgabe war die Organisation des dezentralisierten Laren- und Kaiserkults an den Straßenkreuzungen. Außerdem arbeiteten die *vicomagistri* vorgesetzten Behörden, vor allem dem *praefectus Urbi*, zu.

vigiles

In der Zeit der Republik gab es in Rom keine Berufsfeuerwehr. Augustus legte im Jahre 22 v. Chr. die Grundlage für eine staatliche Löschtruppe mit zunächst 600 Mann. Im Jahre 6 n. Chr. wurde sie auf 7000 *vigiles* („Wächter") aufgestockt. Die Feuerwehr war in sieben Kohorten zu je 1000 Mann gegliedert; jede Einheit war für zwei *regiones* zuständig. Wach- und Schlafräume befanden sich im jeweiligen Quartier. An der Spitze stand der *praefectus vigilum*, der mit seinen Leuten auch polizeiliche Aufgaben wahrnahm. Die „Wächter" taten vorwiegend nachts Dienst.

Beifallklatscher

Römische Zuschauer spendeten bei Vorführungen im Theater, im Circus und in der Arena gern und ausgiebig Beifall. Die allermeisten von ihnen taten das freiwillig und als überzeugte Fans von Wagenlenkern und Schauspielern. Aber nicht alle. Es gab auch gekauften Beifall. Solche Leute nennt man heute Claqueure – ein verachteter „Beruf", aber ein ziemlich einträglicher. Zu manchen Zeiten konnte man im Alten Rom davon leben, und zwar nicht schlecht.

Vor allem in der umkämpften, von vielen Rivalitäten und Reibereien geprägten Szene der Bühnenschauspieler war die Versuchung groß, sich durch bestellte *plausores* („Beifallklatscher") einen Image-Vorteil vor der Konkurrenz zu verschaffen: Wem viel und lauter Beifall entgegenscholl, der war ein guter Schauspieler – so dachten auch die „Neutralen" im Zuschauerrund, wenn sie nicht wussten, dass ein Beifallsturm organi-

Stimmt es, dass …

… Nero Rom in Brand gesteckt hat?

Nein. Die moderne Geschichtswissenschaft entlastet den Kaiser davon, die Schuld für die größte Brandkatastrophe zu tragen, die Rom je heimgesucht hat. Im Juli des Jahres 64 n. Chr. wüteten die Flammen tagelang so, dass nur vier von 14 Stadtbezirken gänzlich verschont blieben. Drei Bezirke – Circus Maximus, Palatin und der Bereich nördlich des Forum Romanum – wurden ganz und gar zerstört. Man schätzt, dass 100.000–200.000 Menschen obdachlos geworden sind.

Als das Feuer ausbrach, hielt sich Nero gar nicht in Rom auf, sondern weilte in seiner Sommervilla in Antium. Dass er auf die Schreckensnachricht hin nicht unmittelbar nach Rom fuhr und dass er, in der brennenden Stadt angekommen, auf seiner Hausbühne den Untergang Trojas besang, löste bei vielen Betroffenen nicht gerade Freude aus. Hinzu kam, dass aggressive Männer die Löscharbeiten behinderten und behaupteten, sie hätten einen Auftraggeber – sehr wahrscheinlich Plünderer, die freie Bahn haben wollten. Aber der Verdacht war in der Welt, dass Nero dieser Auftraggeber sei und auch der Befehl, die erste Brandfackel zu schleudern, von ganz oben gekommen sei. In diesem Gerüchtedschungel war viel ohnmächtige Wut im Spiel, die Verantwortliche für das Unglück suchte. Auch sahen Gegner Neros ihre Stunde gekommen, um die Position des Kaisers nachhaltig zu schwächen – im einfachen Volk hatte er ja durchaus starken Rückhalt. Zu dieser Diffamierungsstrategie passt das „Leck“ aus dem Kaiserpalast, mit dem Neros wenig glücklicher Theaterauftritt vor der Kulisse des brennenden Rom nach außen kolportiert wurde.

Nero erkannte die drohende Gefahr. Er agierte als zupackender, besorgter Katastrophenmanager, ein echter „Vater des Vaterlandes", der half, wo er nur konnte – später dann auch mit nachhaltigen Bauvorschriften und wirkungsvollen Verfügungen zur Bausicherheit. Aber das Gemurmel über den kaiserlichen Brandstifter hielt sich – auch weil Nero tatsächlich weitreichende urbanistische Pläne hatte und von einer neuen Stadtgründung träumte, bei der aus Roma „Neropolis", „Nero-Stadt", werden sollte. Die Gerüchteküche brodelte; die verzweifelte Lage der vielen Opfer gab ihr zusätzlich Nahrung. Die Leute wollten Schuldige sehen.

In dieser für ihn gefährlichen Lage griff Nero zu einem ebenso perfiden wie erfolgreichen Rezept. Er präsentierte eine ohnehin „verhasste" Minderheit (Tac. ann. XV 44, 2) als Schuldige: die Christen als Angehörige einer geheimnisvollen Religionsgemeinschaft, die durch ihre unkonventionelle, zurückgezogene Lebensweise Argwohn erregte. Skrupellos ließ der Kaiser sie ins Gefängnis werfen und unter Folterqualen hinrichten. Manche wurden im nächtlichen Rom als lebendige Fackeln verbrannt. Der Historiker Tacitus macht keinen Hehl daraus, dass er die Christen nicht mag. Aber er sagt ebenso klar, dass Nero damals, „um dem Gerede ein Ende zu machen, Unschuldige vorschob und mit ausgesuchtesten Strafen umbrachte" (ann. XV 44, 3). Von *diesem* Verbrechen kann und will auch die moderne Geschichtswissenschaft den „extravaganten" Kaiser nicht freisprechen.

siert und gekauft war. Manche Schauspieler investierten skrupellos in Beifall; über Mittelsmänner schleusten sie *plausores redempti*, „gekaufte Beifallklatscher", ins Theater ein (Petr. 5, 7f.). Diese Unsitte gab es, seit in Rom Theater gespielt wurde (Plaut. Amph. 67f.), und sie scheint zur Spätantike hin eher zugenommen zu haben. Der Historiker Ammianus Marcellinus beklagt, dass im Rom des 4. Jh.s n. Chr. Schauspieler, die nicht zahlten, ausgepfiffen worden seien. Schenkt man ihm Glauben, so waren Claqueure bei allen Spielen, nicht nur im Theater ein selbstverständliches Übel (XXVIII 4, 32f.). Allerdings mochte der Geschichtsschreiber die römische Plebs so ganz und gar nicht; daher sind seine Aussagen mit Vorsicht zu genießen. Er neigt zu starken Übertreibungen. Das Phänomen der gemieteten Claqueure als solches aber war im 4. Jh. nichts Neues.

Einer, der es schamlos zur Selbstbeweihräucherung eingesetzt hat, war der große Künstler auf dem Kaiserthron, Nero. Jedenfalls sah er sich selbst so, und damit sich dieser Sicht möglichst viele Zeitgenossen anschlossen, half Nero seiner Anerkennung als Bühnenstar und Wagenlenker kräftig nach. Er stellte eine Truppe von rund 5000 Claqueuren zusammen, die sich *Augustiani* nannten, frei übersetzt „Kaiser-Fans". Etliche von ihnen stammten sogar aus dem Ritterstand: „Männer, die durch ihre Jugend und Körperkraft auffielen und teilweise von ihrem Wesen her aufdringlich waren. Diese ließen Tag und Nacht lärmenden Beifall erschallen" (Tac. ann. XIV 15, 5) – und wurden fürstlich dafür entlohnt. Die Anführer der Truppe – heute spräche man von „Cheerleadern" – bezogen für den ganzen Wahnsinn, den sie da inszenierten, ein Wahnsinnsgehalt von 400.000 Sesterzen pro Jahr – mehr als die Spitzenbeamten der kaiserlichen Verwaltung und Provinzstatthalter. Diese Riesenclaque begleitete Nero zu all seinen öffentlichen Auftritten. Selbst auf seine Griechenland-Tour, bei der er u. a. als Wagenlenker in Olympia auftrat, nahm er sie mit (Cass. Dio LXIII 8, 3). Natürlich feierten sie ihren Auftraggeber lautstark mit Sprechchören auch, als er als Olympiasieger triumphal in Rom einmarschierte (Suet. Nero 25).

plausores im Theater, freiwillige oder auch bestellte – das ist nicht ganz so verwunderlich, wenn es sich anders als bei Neros Claqueur-Truppe im Rahmen hielt. Aber gekaufte Claqueure vor Gericht? Das lässt doch aufhorchen, zumal in modernen Gerichtssälen gar nicht geklatscht werden darf. Da waren die Regeln im Alten Rom bedeutend liberaler. Beifallskundgebungen der Zuschauer gehörten durchaus dazu, zumal die Prozesse auch als veritable → Gerichtsshows konzipiert waren. Wenn die Anwälte ihr Plädoyer beendet hatten – oder auch schon bei rhetorischen Höhepunkten mitten in ihrem Vortrag –, erwartete man eine deutliche Reaktion der Zuhörer. Und die Geschworenen ließen sich durchaus von der Stärke des jeweiligen Beifalls beeindrucken. Wenn die juristische Abwägung der Standpunkte schwierig war und der Fall gewissermaßen auf der Kippe stand, konnte schon einmal die Lautstärke des Beifalls den Ausschlag bei der Mehrheitsentscheidung der Jury geben.

Dem ließ sich mit Geld nachhelfen, befand ein gewisser Larcius Licinus im 1. Jh. n. Chr. Ihm jedenfalls schreibt der Jüngere Plinius die Erfindung einer fragwürdigen Neuerung im Rechtswesen der Römer zu: die Einführung bezahlter Beifallklatscher auch vor Gericht. Manche Rechtsanwälte stellten Manager ein, die im Gerichtsgebäude auf Claqueurfang gingen. Sie sprachen Zuhörer oder auch Passanten ungeniert an: Ob sie sich nicht ein Zubrot als *plausor* verdienen wollten? Einige scheinen das regelrecht zum Beruf gemacht zu haben. Sie zogen von Prozess zu Prozess und boten ihre Beifallsdienste gegen klingende Münze an. Gelegentlich wurden sogar „Chorführer" eingestellt, die den Applaus organisierten. Sie gaben Zeichen, an welchen Stellen des Plädoyers „ihres" Rechtsanwalts besonders laut geklatscht werden sollte.

Wie verbreitet dieser gekaufte Beifall vor Gericht war, lässt sich nicht sagen. Außer dem – allerdings glaubwürdigen – Plinius (ep. II 14) gibt es kein einschlägiges Quellenzeugnis dafür. Umso eindeutiger ist das, was unser Zeuge dazu ausführt: „Für drei Denare" (den dreifachen Tageslohn eines Arbeiters) „werden sie zum Applaudieren geschleppt. So viel kostet es, wenn du ein bedeutender Redner sein willst. Für diesen Preis füllen sich beliebig viele Gerichtsbänke, für ihn lässt sich eine riesige Schar von Beifallklatschern organisieren, für ihn brechen endlose Beifallsstürme los, wenn der Regisseur das Zeichen gibt" (ep. II 14, 6).

Bürgerservice in Rom

→ Behörden der Stadt Rom

Wohin wendete sich der Bürger, wenn er etwas „vom Amt" wollte oder eine Beschwerde oder Anregung loswerden wollte? Welche Behörde schaute umgekehrt den Bürgern im Interesse der Allgemeinheit auf die Finger? Im Folgenden soll das an einigen Stichwörtern aufgezeigt werden. Große Teile heutiger Zuständigkeiten städtischer oder staatlicher Ämter fehlen indes in der Liste – weil sie Privatsache waren. So waren die Bürger in den Bereichen Erziehung und Bildung, Gesundheit und Sozialwesen weitgehend auf sich allein gestellt. Es gab keine öffentlichen Friedhöfe und dementsprechend keine Friedhofsverwaltung – und auch keine reguläre Polizei, die man wie selbstverständlich hätte rufen können.

Abrissgenehmigung	praefectus Urbi (?)
Allgemeine Sicherheit	vigiles, cohortes urbanae, praefectus Urbi
Aquädukte – Unterhalt und Reparatur	curatores aquarum
Aufenthaltsgenehmigung	wohl praefectus Urbi
Ausbaggern des Tibers	curatores alvei Tiberis et riparum et cloacarum
Ausländer-Register	unklar, wohl praefectus Urbi in Verbindung mit vicomagistri
Bäderhygiene	aediles, praefectus Urbi
Baugenehmigung	praefectus Urbi
Bauprojekte, öffentliche – Aufsicht	Ritter (equites) als Sonderbeauftragte
Bauprojekte, öffentliche – Durchführung	redemptores (Unternehmer) nach Bieterverfahren
Bauverwaltung für öffentliche Gebäude	curatores (...) operum locorum publicorum
Bauverwaltung für sakrale Gebäude	curatores aedium sacrarum et operum locorum publicorum
Behinderungen auf Straßen und Gehwegen	aediles; IVviri viis in Urbe purgandis
Beschwerden zur Sauberkeit und Pflasterung der Straßen	vicomagistri
Bewachung der Getreidespeicher	vigiles
Bordelle	aediles; cohortes urbanae
Brandbekämpfung und -vorbeugung	vigiles
Brotpreis-Kontrolle	praefectus annonae
Eichkontrolle Fleischmarkt, andere Märkte	aediles, später praefectus Urbi

Feuerpolizei	vigiles
Feuerwehr	vigiles
Fleischversorgung	praefectus Urbi
Gaststätten-Aufsicht	aediles
Gefahr durch Tiere	aediles, praefectus Urbi
Genehmigung, ein Grundstück für ein Grab zu nutzen	aediles, pontifices (Priester)
Getreideversorgung	praefectus annonae
Getreidetransport	navicularii, negotiatores in staatlichem Auftrag
Gräberaufsicht (keine staatlichen oder städtischen Friedhöfe)	aediles
Grenzsteine im Überschwemmungsgebiet des Tibers	curatores alvei Tiberis et riparum et cloacarum
Illegale Bauten	curatores locorum publicorum iudicandorum; später curatores aedium sacrarum et operum locorum publicorum
Illegales Anzapfen von Wasserleitungen	curatores aquarum
Justizvollzug; Gefängnis, Wachdienst	vigiles
Kanalisation, Kloaken	curatores alvei Tiberis et riparum et cloacarum
Konzession für private Wasseranschlüsse	Kaiser in Absprache mit curatores aquarum
Kriminalitätsbekämpfung	vigiles; cohortes urbanae, praefectus Urbi
Larenkulte an Straßenkreuzungen (mit Kult des Genius Augusti)	vicomagistri

Lebensmittelkontrolle	aediles, praefectus Urbi
Lebensmittelversorgung	curator, später praefectus annonae
Marktaufsicht	aediles, später praefectus Urbi
Massenunterhaltung (Leitung)	praetores
Massenunterhaltung (Spielstätten)	praefectus Urbi
Nachbarschaftsfeste	vicomagistri
Nächtliche Patrouillen	vigiles
Notankäufe von Wein, Öl, Getreide bei angespannter Versorgung	praefectus Urbi
Politisch motivierte Kriminalität	praefectus Urbi, praetoriani
Polizeiliche Aufgaben	cohortes urbanae, vigiles, praefectus Urbi
Registrierung von Prostituierten	aediles
Ruhe und Ordnung	praefectus Urbi
Ruhestörung (nächtliche)	vigiles
Stadtarchiv	curator tabularum publicarum
Straßenbau, Straßenzustand (innerstädtisch)	IVviri viis in Urbe purgandis
Straßenpflasterung	quaestores
Straßenreinigung (Kontrolle)	IVviri viis in Urbe purgandis, aediles
Tiberufer	curatores alvei Tiberis et riparum et cloacarum
Unruhen, allgemeine	praetoriani
Unruhen bei Spielen	cohortes urbanae
Verstopfte Abwasserkanäle	curatores alvei Tiberis et riparum et cloacarum
Wasserversorgung	curatores aquarum

Demonstration

Im Jahre 195 v. Chr. ereignete sich in Rom Denkwürdiges. Manch einer wertete es als geradezu Unerhörtes, Revolutionäres. Im Senat stand die Entscheidung über die Aufhebung der *lex Oppia* an. Dieses Anti-Luxus-Gesetz war in der Not des Hannibalischen Krieges beschlossen worden, um Solidarität mit all denen zu zeigen, die Opfer des Krieges und der kriegsbedingten Einschränkungen waren. Den Damen der Oberschicht waren Goldschmuck, Purpurgewänder und Spazierfahrten untersagt worden. Nun war der Krieg seit einigen Jahren vorbei – mit einem Triumph für Rom – und das Gesetz stand zur Aufhebung an. Die Meinungen waren geteilt; Befürworter und Gegner stilisierten die Abstimmung zu einer Grundsatzfrage hoch.

In dieser Situation platzte einigen Damen der gesellschaftlichen Elite der Kragen. Sie hatten schlicht keine Lust, sich dem Diktat der Männer in dieser für sie wichtigen Frage oder einer Zufallsmehrheit im Senat zu unterwerfen. Warum sollten sie weiterhin auf inoffizielle Statussymbole verzichten? Und so taten sie das, was heutzutage selbstverständlich ist: Sie gingen für ihre Forderung auf die Straße. Das Beispiel der ersten erzürnten Protestiererinnen machte rasch Schule: „Die Menge der Frauen wuchs von Tag zu Tag an", berichtet der Historiker Livius. Sogar aus den Nachbarstädten strömten Frauen zusammen und „belagerten alle Straßen der Stadt und alle Zugänge zum Forum Romanum". Wer politische Verantwortung trug, hatte keine Chance, sich zu drücken: Die Damen redeten auf jeden Politiker ein, der vorbeikam, und baten ihn, in ihrem Sinn abzustimmen (Liv. XXXIV 1, 1–6).

Der Druck, den sie mit ihrer Demonstration und ihrem direkten Zugehen auf die Politiker ausübten, war nichts Neues. So reagierten römische Bürger in politischen Stresssituationen regelmäßig und zeigten damit ihre Unzufriedenheit mit den Verhältnissen und mit „der" Politik – in Rom gleichbedeutend mit der gesellschaftlichen Elite – an. Das Muster sollte sich auch in den kommenden Jahrhunderten wiederholen: Die Plebs demonstrierte durch physische Präsenz an den politischen Entscheidungsorten ihren Willen, der mutmaßlich quer zum Willen der konstitutionellen Entscheider stand oder zumindest von denen zu wenig wahrgenommnen zu werden schien. Das lateinische Verb *demonstrare* heißt „zeigen". Die Leute zeigten auf diese Weise zum Beispiel, dass sie Hunger hatten. Sie demonstrierten gegen Kornknappheit und hohe Preise. Für die Herrschenden stellte sich das als Misstrauensvotum und als Gefahr dar, auch als Verletzung der traditionellen Ordnung. Sie sprachen daher lieber von einem *concursus,* dem „Zusammenlaufen" des Volkes. Das hatte die Konnotation von „Aufruhr", „Unbotmäßigkeit" der Masse. Es schien bedrohlich – und es sollte auch bedrohlich wirken. Die Leute waren sauer und eben das machten sie durch eine meist spontane Störung der öffentlichen Ordnung klar – eine Art von antikem Flashmob, der leicht aus dem Ruder laufen konnte und tatsächlich häufig genug in Handgreiflichkeiten und Steinwürfen endete.

So weit gingen die Frauen damals nicht. Aber der Skandal war auch so schon groß genug. Der Alte Cato sprach aus, was die allermeisten Männer – auch die Sympathisanten des Anliegens der Frauen – dachten: Die Freiheit der Männer werde „durch Herrschsucht der Frauen hier auf dem Forum zermalmt und mit Füßen getreten"; eine Verschwörung sei im Gange, eine schlimme Revolte, dass Frauen da mit einer Demonstration „die Straßen belagern und fremde Männer ansprechen". Allenfalls könnten sie versuchen, ihren eigenen Mann daheim in ihrem Sinn zu becircen. So aber sei ihr Verhalten eine unerträgliche Disziplinlosigkeit. Gebe man der nach, dann werde man die Frauen künftig nicht mehr in Schranken halten können (Liv. XXXIV 2, 1–10).

Catos Empörung richtete nichts aus. Die Frauen erhöhten am Tag der Abstimmung sogar noch den Druck der Straße. Sie bedrängten zwei Volkstribunen, die den Antrag ihrer Kollegen, die *lex Oppia* aufzuheben, blockieren wollten, so massiv, dass die ihren Widerstand aufgaben. „Zwanzig Jahre, nachdem es erlassen worden war, wurde das Gesetz aufgehoben", fasst Livius das Ergebnis der Abstimmung zusammen.

Die Demonstrantinnen hatten sich durchgesetzt. Catos Menetekel, dass sich die Frauen fortan verstärkt in die Männerdomäne Politik einmischen würden, sollte sich in den kommenden Jahrhunderten als pure Schwarzmalerei erweisen. Von Frauendemonstrationen hören wir nichts mehr, wohl aber von ähnlich verlaufenden Manifestationen der Masse, ihre Unzufriedenheit, Wut und Sorgen durch *concursus* zum Ausdruck zu bringen.

In der späten Republik gehörten Demonstrationen in der Hauptstadt zur Normalität. Weil in den Jahrzehnten zwischen 133 und 50 v. Chr. fast stets Gewalt oder zumindest die Androhung von Gewalt im Spiel war, mag der Begriff sogar verharmlosend klingen. Bei manchen Aktionen muss man von Aufruhr oder sogar von Aufständen sprechen, die sich bis zu Straßenkämpfen und zum Terror verfeindeter Banden ausweiten konnten. Die lateinischen Begriffe dafür sind *tumultus* oder *seditio*. Manchmal waren es Hungerrevolten, bei denen die Protestierenden nicht nur die Fäuste fliegen ließen – „der menschliche Magen ist weder der Vernunft zugänglich noch lässt er sich durch Gerechtigkeit besänftigen", wird Seneca später feststellen (brev. vit. 15, 5) –, manchmal ging es um missliebige Beamte, um deren Amtsführung und um Korruptionsvorwürfe. Häufig aber wurden die Unruhen von Drahtziehern aus den Reihen der politischen Prominenz ausgelöst und gesteuert, die ihre Ziele mithilfe der Mobilisierung der Masse oder besser: einer, der ihnen nahestehenden Masse durchsetzen wollten und dabei vor Gewaltanwendung nicht zurückschreckten.

Beide politischen Lager der späten Republik, die Optimaten wie die Popularen, verstanden es, auf dieser Klaviatur zu spielen. Viele Demonstrationen und Tumulte, bei denen Amtsträger beleidigt und bedrängt, Menschen verletzt oder sogar getötet, Geschäfte geplündert und Häuser in Brand gesteckt wurden, waren alles andere als spontane Wutausbrüche „der" Plebs. Sie wurden vielmehr, auch wenn sie sich gegen „die" Politik und „die" Politiker zu richten schienen, von einflussreichen Männern aus eben dieser Politik förmlich ausgerufen und gelenkt.

Ganz gleich, ob es sich um einen solchen Stellvertreter-Aufruhr oder um ungesteuerte Kundgebungen gegen einen tatsächlichen oder vermeintlichen Missstand handelte, eines war doch allen gewaltsamen wie gewaltfreien Demonstrationen gemeinsam: Sie stellten nie das politische System Roms grundsätzlich infrage. Es waren punktuelle Misstrauensbekundungen, die da vehement auf die Straße getragen wurden, aber keine strukturellen Forderungen nach Umsturz und Entmachtung der politischen Klasse.

Mit dem Übergang zur Monarchie endeten die Demonstrationen nicht – und auch nicht die gewaltsamen Übergriffe, die sich mit manchen Protesten verbanden. So musste Kaiser Claudius im Jahre 51 n. Chr. einen wahren Hagel von Brotkrusten über sich ergehen lassen. Die Menge, die ihn vorher auf dem Forum Romanum am Weitergehen gehindert und mit Schimpfworten verfolgt hatte, demonstrierte auf diese Weise sehr handfest gegen einen bevorstehenden Versorgungsengpass (Suet. Claud. 18, 2). Wie ein solcher *concursus* wütender Bürger ablief, hat auch Augustus mehrfach erfahren müssen – das erste Mal noch als Triumvir Octavian, einige Jahre bevor er die alleinige Macht in Händen hielt. Auch damals war drohender Hunger der Auslöser: „Mit lautem Geschrei rotteten sich die Menschen zusammen, bewarfen alle, die nicht mitmachen wollten, mit Steinen und drohten, deren Häuser anzuzünden und niederzubrennen. Schließlich befand sich die ganze Masse in hellem Aufruhr. Octavian aber begab sich mitten unter die Leute (…). Doch als die Masse ihn erblickte, begann sie, ihn ohne jede Rücksicht mit Steinen zu bewerfen" (App.b.c. V 68).

Die Situation spitzte sich seinerzeit so dramatisch zu, dass Octavian um sein Leben fürchten musste. Dieses und ähnliche Erlebnisse in späteren Jahren machten ihm klar, dass er als Kaiser unbedingt eine möglichst stabile Versorgungssicherheit mit Getreide und anderen Grundnahrungsmitteln gewährleisten musste. Das gelang in der Kaiserzeit weitgehend; eine Reihe von „Hungerprotesten" ging nicht von tatsächlicher, sondern nur befürchteter Knappheit aus. Doch wurden diese

Demonstrationen von den Kaisern sehr ernst genommen. Meistens wurden Ad-hoc-Maßnahmen ergriffen, die die Menschen schnell wieder beruhigten.

Man sah aber auch, dass solche Proteste fruchteten und vom Herrscher letztlich zähneknirschend als Manifestation der Stimmung im (stadtrömischen) Volk akzeptiert wurden.

Deutlich friedlicher verliefen zumeist die Demonstrationen des Publikums bei den Massenunterhaltungen. Besonders das Theater bot Raum dafür – und wurde kräftig dazu genutzt. Schon in der späten Republik entwickelte sich das Theater zu einer Art Stimmungsbarometer. Das Theaterpublikum galt als besonders ausgelassen; die *theatralis licentia*, „Zügellosigkeit des Theaters", war geradezu sprichwörtlich. Umso leichter gingen die Leute dort aus sich heraus, umso spontaner

taten sie ihre Freude und ihren Ärger kund und sagten den Mächtigen die Meinung. Führende Politiker und später die Kaiser konnten eine Menge über Stimmungstrends, über ihre Popularität und über konkrete Sorgen, Nöte und Anliegen der Menschen erfahren, wenn sie sich im Theater blicken ließen. Das war keine offizielle, aber eine sehr informative und effiziente Form der Kommunikation zwischen den Mächtigen Roms und ihrem Volk.

Die Theaterdemonstrationen waren eine Interaktionsform, die die Volksmasse in Rom ein bisschen an der Macht teilhaben ließ, ihr eine gewisse Form der Mitbestimmung ermöglichte und ihr zumindest das Gefühl vermittelte, etwas zu sagen zu haben und von den Entscheidern ernst genommen zu werden. Bei Missstimmung, Ängsten und Unzufriedenheit waren sie ein wichtiges Ventil, durch das Unmut kanalisiert und dadurch leichter beherrschbar wurde als bei den vorhin geschilderten *concursus* und *seditiones*. Man mag ideologiekritisch einwenden, dass dieses weitgehend argumentationsfreie kommunikative Pingpong etwa zwischen Kaiser und „Volk“ ein bloßes Surrogat für echte politische Partizipation war, das vor allem dem Kaiser in die Karten spielte. Das lässt sich kaum bestreiten, aber in Rom schien dieser Austausch beiden Seiten sinnvoll und nützlich zu sein. In der Sprache des Volkes formuliert, „brachte er was“.

Wie sehr sich die Kaiser als Erben dieser rudimentären demoskopischen Theater-Tradition sehen mussten, zeigen Äußerungen Ciceros über die Bedeutung dieser Publikumskundgebungen. An einer Stelle spricht er vom *theatrum populusque Romanus*, dem „Theater und Volk von Rom“ (Sest. 119). Das Theater als gewissermaßen politisches Forum noch vor der Volksversammlung – das war kühn. An anderer Stelle sagt er über den Politiker, dass *populo et scaenae, ut dicitur, serviendum est*, „man dem Volk und der Bühne (wie ein *servus*, „Sklave“) dienen müsse“. Das eingeschobene *ut dicitur*, „wie man sagt“, lässt erkennen, dass Cicero nicht der Einzige war, der diese „Tyrannei“ empfand (Cic. ad Brut. 17, 2): Wer in der Politik erfolgreich sein will, muss sich der Masse „andienen". Das sagt ein taktisch gewiefter Politiker, der beileibe kein Demokrat ist. Cicero kann auch ganz anders, wenn er die vermeintlichen „Herren der Welt" auch einfach einmal *sentina urbis* nennt, das „Brackwasser, die Jauche der Stadt" (leg. agr. II 70, allerdings als Zitat).

Wie sahen die Demonstrationen des Theaterpublikums im Einzelnen aus? Es waren z.T. schlichte, aber nicht falsch zu interpretierende affektive Gesten, Signale der Zustimmung oder der Ablehnung, die dort von der Masse ausgingen: Applaus und stürmische Zu- und Hochrufe beim Eintreten hochgestellter Persönlichkeiten und Angehöriger der kaiserlichen Familie zum einen oder eisiges Schweigen, Auspfeifen, Schmährufe und Verwünschungen auf der anderen Seite, nicht selten in skandierender Form. Drohend in den Himmel gereckte Fäuste Tausender zeigten an, dass der damit Gemeinte zumindest vorübergehend den begehrten *favor populi*, die „Volksgunst", verloren hatte.

Wichtige Botschaften verliefen auch über die Reaktion der Zuschauer auf bestimmte Verspartien, die die Schauspieler vortrugen. Spontaner Beifall für ein zur politischen Situation passendes, sie scheinbar kommentierendes Zitat war ebenso eine Demonstration der allgemeinen Stimmung wie die Forderung danach, eine bestimmte Stelle zu wiederholen. Solche *revocationes*, „Rückrufe", konnten sich zu wahren „Wiederholungsorgien" (Flaig, Entscheidung 121) steigern. Der Kontext spielte in diesem Augenblick keine Rolle mehr; die fragliche Passage wurde hemmungslos aktualisiert. Cicero war mächtig stolz darauf, dass ihm diese Ehre einst nach der Rückkehr aus dem Exil zuteil wurde. Das Theaterpublikum verlangte, den Vers „Tullius hatte seinen Mitbürgern die Freiheit fest gesichert" unzählige Male zu wiederholen. Die Aussage des Stücks bezog sich auf den legendären König Servius Tullius, das Volk aber bezog sie auf „seinen" Marcus Tullius Cicero (Sest. 123). Der Vorfall zeigte: Man hatte ihn wieder lieb. Und es gab kaum etwas, das Cicero lieber war, als dass man ihn lieb hatte …

Derartige „Usurpationen" einzelner Verse durch das Theaterpublikum setzten sich auch in der Kaiserzeit fort. Sie gehörten sozusagen in jeder Hinsicht zum Spiel. Manche Stichwörter lösten einzelne Rufe aus, die sich rasch, mitunter von im Hintergrund agierenden „Regisseuren“ gesteuert, zu gewaltigen Sprechchören ausweiteten. Theaterdemonstrationen waren aber auch unabhängig von solchen Stichwörtern üblich, darunter auch offenkundig mit mehr oder weniger eingeübten Sprechchören vorbereitete. Das Volk forderte etwas oder lehnte etwas vehement ab. Die Historiker verwenden Standardformeln häufig im Ablativus absolutus dafür; *incusante populo* als Formel für die Missbilligung oder Beschwerde, *flagitante populo* als Formel für ein Habenwollen – offenkundig routinierter Alltag im „Gespräch“ zwischen Volk und Kaiser.

Im Prinzip kamen alle Gegenstände der jeweils aktuellen politischen und wirtschaftlichen Agenda als Inhalte von Massendemonstrationen infrage, gelegentlich auch sehr spezielle Anliegen, die etwa die Spiele selbst oder einen bestimmten Akteur des Showbusiness betrafen. Häufig wiederkehrende Forderungen betrafen (befürchtete) Versorgungskrisen und Hunger, Steuerdruck, aber auch die Lebensführung prominenter Repräsentanten der Macht einschließlich des Kaisers selbst sowie Fragen von Krieg und Frieden. „Wie lange führen wir denn noch Krieg?“, setzte das Theaterpublikum Kaiser Septimius Severus zu Beginn des 3. Jh.s unter Druck. Und: „Wie lange sollen wir all das noch hinnehmen?“ Der Historiker Dio Cassius war Ohrenzeuge dieser Demonstration. Er war überzeugt, dass göttliche Inspiration dabei im Spiel gewesen sein müsse: Wie anders ließen sich diese aus Tausenden von Kehlen gleichzeitig erschallenden Rufe erklären? (LXXVI 4, 5f.)

Wie gesagt: Hinter den Kulissen gab es durchaus Kräfte, die solche Proteste steuerten. Umgekehrt war auch der Kaiser bemüht, seine Position durch professionelle → Beifallklatscher lautstark unterstützen zu lassen. Selbstverständlich war diese „Basisdemokratie“ im Theater ausgesprochen anfällig für Manipulationen der einen wie der anderen Seite. Andererseits schaffte es auch der geschickteste Demagoge nicht, dauerhaft eine öffentliche Meinung vorzutäuschen, die von der tatsächlichen Stimmungslage der Leute abwich – zumal dem Theaterpublikum klar war, dass es nur etwas erreichen konnte, wenn es mit einer Stimme sprach. Eben das scheint bei den allermeisten Demonstrationen, ob pro oder contra, der Fall gewesen zu sein.

Auf diese Weise gelang es der Masse, im Einzelfall sogar „kulturpolitische“ Forderungen durchzusetzen. So hatte Kaiser Tiberius die berühmte Skulptur des Apoxyomenos (des „sich abschabenden“ Athleten) aus den Thermen Agrippas in seinen Palast bringen lassen. Er war in das Kunstwerk vernarrt und ließ es in seinem Schlafgemach aufstellen. Aber er hatte die Rechnung ohne den Wirt gemacht. Der hieß in diesem Fall Theaterpublikum. Das fand sich mit der Privatisierung der Statue nicht ab, sondern forderte ihre Restitution. Tiberius gab nach. Er beugte sich dem „Geschrei der Theaterbesucher“ (Plin. NH XXXIV 62) und gab das Kunstwerk an seinen rechtmäßigen Eigentümer – das Volk von Rom – zurück.

Ein bemerkenswert konkreter Demonstrationserfolg, und wahrhaftig nicht der einzige. Jeder Kaiser war gut beraten, wenn er den in diesen Manifestationen aufscheinenden Volkswillen ernst nahm. Vermutlich haben Demonstrationen in der Weltgeschichte selten solch einen großen und unmittelbaren Erfolg gehabt wie in der römischen Kaiserzeit. Sie waren eine vergleichsweise billige Form der Mitbestimmung, kaum mehr als ein Zipfel der Macht, den die Demonstranten da zu fassen bekamen, aber immerhin wurden sie in diesem Rahmen vielfach erfolgreich genutzt.

Deodorant

Schweiß war in der nostalgischen Vorstellung vom kernigen alten Römertum positiv konnotiert. Für Seneca ist klar, dass sich die alten Römer lediglich Arme und Beine nach der Landarbeit abwuschen und ansonsten nur alle neun Tage ein Vollbad nahmen. Wonach sie demnach gerochen haben? Auch das ist für Seneca offenkundig: „Nach Kriegsdienst, Arbeit und Mann" (ep. 86, 12). Das habe auch für die vornehmen Herren gegolten, glaubt er zu wissen – während man zu seiner Zeit im 1. Jh. n. Chr. tagtäglich ins Bad renne: Hygiene des Körpers – die werde großgeschrieben, Hygiene des Charakters dagegen – daran fehle es überall. In seiner herben Moral-Botschaft hätte sich Seneca zusätzlich auf das hoch angesehene s-Duett *sudor et sanguis* stützen können, „Schweiß und Blut". Das stand für äußersten Einsatz und Anstrengung im Dienste der Freiheit und Expansion Roms (z. B. Cic. leg. agr. II 16).

In der zivilen Gesellschaft der Großstadt war der Schweiß dagegen weniger gefragt. Allenfalls in den Thermen war er beim Sport und beim → Sauna-Schwitzen willkommen, aber in der bürgerlichen Welt fanden er und seine Ausdünstung nur wenige Anhänger. Über Menschen, die nach Schweiß oder aus dem Mund rochen, rümpfte man im wahrsten Sinne des Wortes die Nase. Es dürfte trotzdem genug einfache Menschen gegeben haben, die auch in der Stadt – auf dem Lande ohnehin – Körpergeruch ausströmten. Eine flächendeckende „Deodorierung" konnten sich viele schwer schuftende – und damit schwitzende – Menschen nicht leisten. Spiegel dieses Alltags sind Spottgedichte, in denen sich Martial über stinkende Zeitgenossen lustig macht, wobei die Satire natürlich zu Übertreibungen neigt. Martials drastischstes Gedicht ist in dieser Hinsicht das Epigramm VI 93, wo er eine (fiktive) Thais an den Geruchspranger stellt: Sie stinke wie ein zerbrochener Pisspott, wie der Bock nach vollbrachter Sexualtat, wie ein Löwe aus dem Maul, wie ein im Ei verfaultes Küken. Kurzum, ein Gifthauch umwehe Thais geradezu. Und was tut sie dagegen? Sie eilt ins Bad, reibt sich mit Enthaarungscreme, Essigkreide oder dick aufgetragenem Bohnenmehl ein, um über ihren Körpergeruch hinwegzutäuschen. Aber ihre Deodorants verfangen nicht: Trotz aller Täuschungsversuche „riecht Thais – nach Thais" (VI 93, 12).

Es mussten also andere Mittel her, um den „Bock unter den Achseln" (*hircus sub alis*) wirkungsvoll zu bekämpfen. Sich rasch einen Umhang umzulegen, wenn sich dieser Bock meldete – damit war es auf Dauer nicht getan (Plaut. Pseud. 738f.). Und ob er sich meldete! Immer wieder wird dieser Geruchs-Gau beschworen, und stets ist es der arme Bock, der als Stink-Vergleich herhalten muss. Das Adjektiv *hircosus*, „bockartig“, sagte alles (Pers. III 77; Cat. 71, 1).

Umso wichtiger war es bei der Partnerwerbung, dass „der Mann und Vater der Herde die Nase nicht verletzt“ oder „der üble Atem eines schlecht riechenden Mundes“ das Liebesspiel nicht zunichtemacht, bevor es überhaupt begonnen hat. So schärft es Ovid in seiner „Liebeskunst“ den Männern ein (ars I 521f.). Den Frauen ruft er nur in Erinnerung, „den trotzigen Bock nicht unter die Achseln kommen zu lassen“ (ars III 193). Aber er wende sich ja, fügt er beschwichtigend hinzu, nicht an barbarische Mädchen aus dem Kaukasus-Gebiet. Mit anderen Worten: In der kultivierten Oberschicht-Gesellschaft – für sie schreibt Ovid – ist es selbstverständlich, etwas gegen widerwärtigen und einsam machenden Mund- und Körpergeruch zu tun. Oder sollte es zumindest sein.

Fragte sich nur: Womit? Moderne Deodorants, die transpiratorische „Sorgenfreiheit“ versprechen, gab es noch nicht. Waschen und Verwendung seifenähnlicher Substanzen sowie Zähneputzen mit Pulver auf Natronbasis waren sicher hilfreich. Aber wie lange ließ sich der „Bock“ damit in Schach halten?

Man kannte eine Reihe von Mitteln mit längerfristiger de-odorierender, d. h. „Geruch weg“-nehmender Wirkung. Der Ältere Plinius nennt drei. Zum einen den Alaun, ein natürliches Salz der Schwefelsäure, das „den unangenehmen Geruch der Achseln und des Schweißes vermindert“ (NH XXXV 185). Dieses Mittel wurde ebenso äußerlich aufgetragen wie das zweite, ein abgekochter Extrakt aus Raute, Aloe und Rosenöl (NH XX 142). Als drittes Deodorant beschreibt Plinius ein „Gebräu“ aus Distelwurzeln und Falernerwein, das auf ein Drittel eingekocht und anschließend – getrunken wird. Beim Bad und nach der Mahlzeit oral verabreicht, „beseitigt es den üblen Geruch unter den Achselhöhlen“ (NH XXII 87).

Die üblichsten Deodorants dürften indes Salben und Parfüms gewesen sein, die den Schweißgeruch schlicht überdeckten. Die „feine" Gesellschaft Roms griff gern zu allen möglichen Düften. Es gab sie in allen Preislagen vom kampanischen Rosenöl bis zu sündhaft teuren *unguenta exotica*, „Salben" aus Arabien und Fernost – „Grundstoff des Luxus", wie die Moralisten beklagten, weil „sie rasch verdunsten und nach Ablauf ihrer Stunden zugrunde gehen" (Plin. NH XIII 20). Zuvor aber entfalteten sie die gewünschte Wirkung – nicht nur die deodorierende, aber auch sie.

Natürlich blieb es auch im Alten Rom nicht aus, dass manch einer es damit übertrieb und eine „verdächtige" Duftwolke hinter sich herzog. Das galt für Herren, wenn Horaz Übertreibungen am Beispiel einerseits des Gargonius deutlich macht, der schlicht nach Bock stinkt, und andererseits des Rufillus, der zu penetrant nach Pastillen, Marke Atemfrisch, riecht (sat. I 2, 27). Es galt aber auch und besonders für Frauen: Allzu aufdringlicher Parfümgeruch legte die Vermutung nahe, es handle sich um eine „Professionelle". Da erschien es manchem männlichen Beobachter doch „sicherer", mit Plautus festzustellen: *mulier recte olet, ubi nihil olet*, „eine Frau riecht gut, wenn sie nach nichts riecht" (Most. 273). Martial bestätigt dieses Credo auch im Hinblick auf einen männlichen „Verdächtigen": *non bene olet, qui bene semper olet*, findet er, „der riecht nicht gut, der immer gut riecht" (II 12, 4). Klar, dass sich ein Moralist wie Seneca an diese „Natur-Philosophie" in Sachen Geruch anhängt: *optimus odor in corpore est nullus*, „der beste Körpergeruch ist gar keiner" (ep. 108, 16), dekretiert er im Kampf gegen teure Wohlgerüche. Leicht gesagt, aber zumal unter südlicher Sonne nicht ganz so leicht zu verwirklichen.

Drogen

Die überall und immer präsente Alltags- und Zivilisationsdroge der Alten Welt war der Wein. Es gab, was seinen Konsum anging, keine gesetzlichen Verbote oder Restriktionen, also z. B. keinen entsprechenden Jugendschutz. Auch Jugendliche durften Wein trinken. Bei Kindern achtete man darauf, dass sie nicht zu viel tranken, aber ein Gläschen ließ man sie gelegentlich schon mittrinken.

Die einzige Ausnahme zu diesem bemerkenswert liberalen Umgang mit der Droge Wein betraf Frauen. Zu Zeiten der römischen Republik galt wohl ein offizielles, wenngleich nicht gesetzlich verankertes Weintrinkverbot für Frauen. Überwacht wurde es von den männlichen Verwandten, besonders vom Hausvater. Es gibt zwar Berichte über strenge Bestrafungen von Matronen, die sich über das Verbot hinweggesetzt hatten – angeblich bis hin zum erzwungenen Hungertod (Plin. NH XIV 89) –, aber in vielen Familien dürfte das Verbot gar nicht beachtet worden sein. In der Kaiserzeit jedenfalls war es de facto abgeschafft. „Frauen trinken ebenso viel wie die Männer", stellt Seneca etwas säuerlich fest (ep. 95, 20) und übertreibt damit vermutlich kräftig. Aber grundsätzlich fiel es wohl keinem männlichen Verwandten mehr ein, einer Frau seiner Familie nur deshalb einen Kuss zu geben, um die Einhaltung des Weinverbots zu überprüfen.

Manche Menschen tranken schon zum Frühstück Wein, allerdings stark verdünnten. Der Wein wurde zu allen Gelegenheiten mindestens zur Hälfte mit Wasser gemischt. *merum*, „ungemischten Wein", zu trinken galt als barbarisch oder als verräterisches Indiz für einen „Säufer". Allerdings hatte es der römische Wein auch in sich: Weil die Gärung nicht unterbrochen wurde, erreichte er bis zu 16 und mehr Prozent Alkoholanteil.

Man schätzt, dass erwachsene Männer im Durchschnitt 0,8 bis 1,0 l Wein pro Tag getrunken haben, und zwar ohne den „fälligen" Wasseranteil gerechnet. Das ist eine ganze Menge und wirft die Frage auf, wie verantwortungsvoll die Römer mit dieser Droge umgegangen sind. Die Antwort ist keineswegs alarmierend: Die meisten Menschen hatten ihren Weinkonsum im Griff. Es gibt kein Anzeichen dafür, dass viele Betrunkene die Straßen römischer Städte bevölkert hätten. Gewiss, da waren vor allem nachts immer mal wieder torkelnde Gestalten oder aggressiv grölende Betrunkene zu sehen, die nach ausgedehntem Kneipenbesuch oder feucht-fröhlichen Trinkgelagen, wie sie in den Häusern der Oberschicht üblich waren, Mühe hatten, sich auf den Beinen zu halten. Aber sie waren die Ausnahmen. Der normale Römer genoss die aufheiternde, entspannende Wirkung des Weins – der Weingott trug u. a. den Beinamen Lyaeus, „der (Sorgen-)Löser" –, aber sie tranken nicht bis zum Rausch. Der war gesellschaftlich nicht grundsätzlich verpönt, aber man sah schon, dass zu häufige *ebrietas*, „Trunkenheit", in eine gefährliche Suchtabhängigkeit münden konnte. Die hieß auf Lateinisch *ebriositas*, „Alkoholismus", und führte zu Missbilligung und Ausgrenzung.

Politiker, die als „Saufköppe“ aufgefallen waren, mussten sich auch in der Öffentlichkeit manches wenig Schmeichelhafte anhören. Die römische Geschichte kennt zwar einige prominente „Säufer“, aber im Ganzen ist ihre Zahl erstaunlich gering, wenn man sie an der Bedeutung des Weins als Grundnahrungsmittel und Alltagsdroge misst.

Was die Ärzte „Alkoholabusus“ und „Missbrauch“ nennen und was heutzutage umgangssprachlich als „Komasaufen“ bezeichnet wird, kam im Einzelfall durchaus vor. Etliche *comissationes*, „Trinkabende“, rutschten zu regelrechten Besäufnissen ab. Doch verstellt mancher „Sandalenfilm“, der solche Exzesse möglichst noch in Verbindung mit sexuellen Entgleisungen zur „Römerorgie“ stilisiert, den Blick auf die Normalität (auch der Trinkabende). Die war im wahrsten Sinne des Wortes deutlich nüchterner.

Mit einer Ausnahme: An den Saturnalien, dem bedeutendsten römischen Fest im Dezember mit seinen ausgelassenen, karnevalesken Zügen, trank fast jeder über den Durst. Das waren „tolle Tage“, an denen derjenige auffiel, der *keinen* Rausch hatte – so der Dichter Horaz augenzwinkernd (sat. II 3, 5). Sein Dichter-Kollege Martial ergänzt: Das seien ja die *madidi dies*, die „feuchten Tage“ (XIV 1, 9). Wobei das „Feuchte“ durchaus auf den hohen Weinkonsum an diesen Dezembertagen zielt. Höherprozentiges ist damit allerdings nicht gemeint – Schnaps und andere Spirituosen kannten die Römer nicht.

Die zweite Substanz, die nach heutigem Sprachgebrauch als Droge in der römischen Welt Verwendung fand, war das Opium. Es wurde jedoch eher als Medikament und medizinisches Narkotikum eingesetzt, denn als Rauschgift im modernen Sinn konsumiert. Weder der Anbau des Schlafmohns, aus dem das Opium gewonnen wird, noch der Besitz der Droge waren strafbar. Trotzdem scheint es so gut wie keine „Junkies“ oder gar Drogentote gegeben zu haben (sieht man einmal von ärztlichen Kunstfehlern und anderen Überdosierungen ab).

opium ist ein lateinisches Wort, das erstmals beim Älteren Plinius im 1. Jh. n. Chr. belegt ist. Es ist von griechisch *opós*, „Saft“, abgeleitet und bezeichnet die Milch, die aus der aufgeschnittenen Fruchtkapsel des Schlafmohns läuft. Ihre narkotische Wirkung war stark; bei der Dosis müsse man genau hinsehen, mahnt Plinius: „Es hat eine Schlaf erregende Wirkung, aber es führt auch, nimmt man zu viel davon, zum Tode" (NH XX 199). Entsprechend dieser Wirkung verabreichten die Ärzte das Opium bei Schlafstörungen; auch bei schmerzhaften Operationen erhielt der Patient ein oder zwei Opiumkügelchen als Betäubung. In geringerer Konzentration wurde Opium auch anderen Medikamenten beigemischt und zur Linderung vieler Krankheiten verwendet. Obwohl es nicht besonders teuer war, lohnte es sich für skrupellose Fälscher aber doch, es mit anderen Säften zu „strecken". Falsche Arzneien waren schon in der Römerzeit eine Gefahr für Patient und Arzt. Erfahrene Mediziner und Händler verstanden sich allerdings darauf, echtes von „gefaktem" Opium zu unterscheiden.

Opium war eines (von 64!) Bestandteilen des *theriac*, das in manchen Medizinerkreisen als wahres Wundermittel gehandelt wurde. Das war ein „Gebräu", das Neros Leibarzt Andromachos kreiert hatte. Es sollte primär der Immunisierung des Kaisers gegen Giftmordattentate dienen, entwickelte sich aber, als die Rezeptur bekannt wurde, wohl zu einer Art Modepräparat, zu dem Prominente auch bei „anderen" Indikationen griffen. Vom Kaiser Marc Aurel (168–181) ist bekannt, dass er täglich etwas *theriac* nahm. Als er den Mohnsaft eine Zeit lang aus der Mixtur wegnehmen ließ, weil er ihn müde machte, wurde er von schlimmer Schlaflosigkeit heimgesucht. Erst als er wieder zur ursprünglichen Mixtur griff, wurde er ruhiger und fand wieder in den Schlaf (Galen. XIV 4; Dio Cass. LXXI 6, 3f.). Aus diesen wenigen Notizen hat man auf eine Opiumsucht bei dem Kaiser schließen wollen – eine These, die jedoch von den meisten Historikern zurückgewiesen wird. Und das offenkundig nicht nur deshalb, weil man sich von der schönen Vorstellung vom „Philosophen auf dem Kaiserthron" nicht unbedingt zugunsten der deutlich weniger schönen vom „Junkie auf dem Kaiserthron" verabschieden möchte.

Eselsmilch

Sie gilt als der Klassiker unter den Anti-Aging-Produkten: die Milch von Eselinnen. Tatsächlich griffen die römischen Schönen – oder die, die ihre Gesichtsschönheit auffrischen wollten – bis zu siebenmal täglich zu diesem Zaubermittel und wuschen sich damit das Gesicht. „Man glaubt", schreibt der Naturforscher Plinius, „die Gesichtshaut werde dadurch frei von Runzeln, zart und weich" (NH XXVIII 183). Auch der Satiriker Juvenal kennt den verjüngenden Wundersaft: Kosmetiksüchtige Frauen bräuchten selbst im äußersten Norden die Begleitung zahlreicher Eselinnen, um jederzeit Nachschub für ihre pflegenden Gesichtsbäder zu haben, spottet er (VI 469f.).

Nur Gesichtsbäder? Ließ sich die phänomenale Wirkung der Eselsmilch nicht auch auf andere Hautpartien übertragen? Aber sicher doch. Wenn man über die notwendigen Ressourcen verfügte, waren auch Vollbäder in Eselsmilch eine willkommene Weiterentwicklung in der Anwendung – „beispielloser Luxus" zwar, wie ein Historiker mit Stirnrunzeln anmerkt, aber von einer Dame bezeugt, die „größte Mühe auf ihre Schönheit und den Glanz ihrer Erscheinung verwendete" (Cass. Dio LXII 28, 1). Und die deshalb, auch wenn sie auf Reisen war, ständig 500 trächtige Eselinnen mit sich geführt haben soll. So viele Eselsdamen brauchte es, um eine Wanne zu füllen und darin die Haut des gesamten Körpers weich und geschmeidig werden zu lassen (Plin. NH XI 238). Der Name der Herrin über die 500 Eselinnen? Nein, nicht Kleopatra, sondern Poppaea, die Gattin des Kaisers Nero (Plin. s.o.; Juv. VI 460).

Ob Kleopatra ebenfalls in Eselsmilch gebadet hat? Möglich, aber von keiner Quelle überliefert. Vielleicht hat sie sich aber auch nur mit einer anderen populären Anwendung getröstet: Eselsmilch wurde von vielen Ärzten auch als sanftes Abführmittel empfohlen (Plin. NH XXVIII 211).

Extremsport

Freeclimbing, Ultramarathon und ähnliche sportliche Herausforderungen für Physis und Psyche waren der römischen Zivilisation fremd. Ihre Mentalität richtete sich vorwiegend auf Nützlichkeit einerseits und Bequemlichkeit andererseits. Und ihre philosophischen Vordenker spornten eher zu geistig-moralischen als zu körperlichen Hochleistungen an. Ein bisschen Fitness-Training müsse sein, befand z.B. Seneca und verlegte sich vor allem aufs Joggen und Springen. Aber sobald man erhitzt sei und müde werde, sei es auch gut; dann solle man „rasch vom Körper zum Geist zurückkehren". Was *ihn* angeht, ist Seneca Höchst- oder sogar Extremleistungen nicht ganz so abgeneigt: „Ihn trainiere Tag und Nacht!" (ep. 15, 1ff.; 83, 3).

Als nützlich wurde der Sport empfunden und propagiert, wenn er die jungen Männer auf den Militärdienst vorbereitete. Dabei kam es auf Ausdauer, Geschicklichkeit und allgemeine Fitness an, nicht aber auf die Herausbildung einseitiger Talente oder ganz bestimmter Muskelgruppen. Und riskant brauchte diese sportliche Betätigung auch nicht zu sein; die Gefahr stellte sich noch früh genug im kriegerischen Ernstfall ein. Im Übrigen fehlte der Antike ein wesentliches Stimulans, das heutzutage die Motivation, sich einem Extremsport zu verschreiben, kräftig erhöht: Es gab keine Medien, die den ambitionierten Wettbewerb einerseits befeuert und andererseits durch Berichterstattung belohnt hätten.

Eine Ausnahme bildete nur der Zuschauersport. Da war das Interesse derer, die es für sich selbst gern bequem hatten, an Rekorden und Rekordleistungen der „Aktiven" groß. Kein Wunder, dass sich die wenigen Informationen, die zu römischen Extremsportlern vorliegen, auf diesen Bereich der öffentlichen Show-Darbietungen konzentrieren.

Dazu zählten legendäre Laufleistungen. Der Marathon-Lauf war bezeichnenderweise nie eine *reguläre* sportliche Disziplin im Athletensport. Er ist eine Schöpfung der Moderne, auch wenn er auf einen vermeintlich historischen Lauf des Jahres 490 v. Chr. zurückgeht. Dass professionelle Läufer in klassisch-griechischer Zeit manchmal extreme Ausdauerleistungen vollbracht hatten, wurde hier und da von Geschichtsschreibern festgehalten (Plin. NH VII 84). Für das römische Publikum zählte indes mehr, wenn es eine gute sensationelle Lauf-Show im Circus Maximus live miterleben und bestaunen konnte. Plinius berichtet von Extremsportlern, die eine solche Show zu bieten verstanden. Manche Circus-Läufer hielten 160.000 Doppelschritte durch, gibt er an. Das entspricht einer sagenhaften Strecke von 237 km. In welcher Zeit diese Laufleistung vollbracht wurde, erfahren wir nicht. Noch erstaunlicher ist das, was er von einem achtjährigen Knaben zu berichten weiß: Der sei im Jahre 59 n. Chr. von Mittag bis Abend 75.000 Schritte, mithin 111 km, gelaufen – ebenfalls im Circus vor einem Riesenpublikum (Plin. NH VII 84).

Dort traten auch jene *desultores* auf, die bei Galopptempo von einem Pferd aufs andere sprangen und mit weiteren akrobatischen Reiterkunststücken glänzten. Außer ihrer Bezeichnung „Abspringer" wissen wir wenig über ihre konkreten Darbietungen. Dass sie mindestens so gefährlich waren wie die halsbrecherische „Performance" der römischen Jockeys im Wagenrennen, dürfte klar sein und sie in die Nähe von – wenn auch professionellen – Extremsportlern rücken. Die equestrischen Darbietungen, die junge Römer vornehmer Abstammung zur Zeit Caesars vorgeführt haben, waren sicher auch eine bewundernswerte Mutprobe, dürften aber weder vom Risiko noch von der Artistik die routinierte Exzellenz der Profis erreicht haben (Suet. Caes. 39, 2).

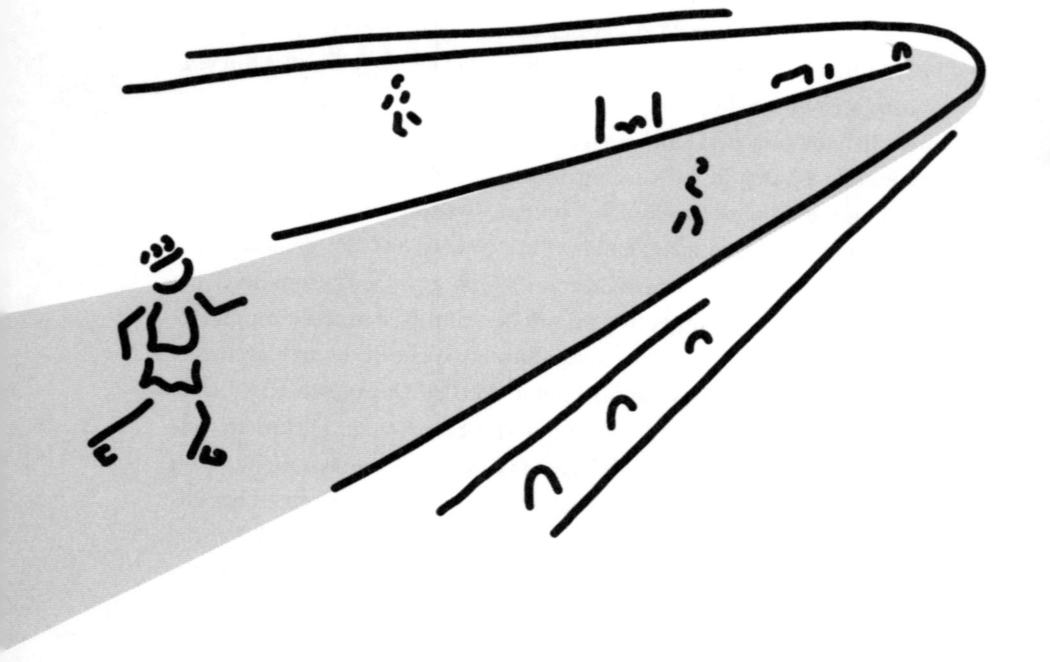

Auch wenn die Gladiatur nicht selten dem Bereich Sport zugeschlagen wird, scheint diese Kategorisierung problematisch. Gladiatorenkämpfe gehören nach moderner wie nach römischer Einschätzung eher zum kriegerischen „Handwerk“ und finden daher hier keine Berücksichtigung. Anders verhält es sich mit den schwerathletischen Disziplinen, die Teil der griechischen Agonistik waren: Ringen, Boxen und Pankration zählten zu den *certamina Graeca*, „griechischen Wettkämpfen“. Sie waren aufgrund dieser Tradition im griechischsprachigen Osten des Reiches deutlich populärer als im lateinischen Westen. Aber auch hier zählten sie zu den Massenunterhaltungen. In der Hauptstadt schuf Kaiser Domitian ihnen gegen Ende des 1. Jh.s n. Chr. mit dem nach ihm benannten Stadion, der heutigen Piazza Navona, eine Heimstatt, die mehr als 20.000 Zuschauern Platz bot.

Allen schwerathletischen Disziplinen könnte man wegen ihrer besonderen – schon von den Griechen praktizierten – Regeln den Status eines Extremsports zuweisen: Es gab keine Runden, die durch Pausen unterbrochen worden wären, und keine maximale zeitliche Kampfdauer. Jeder Kampf ging so lange, bis ein Kontrahent besiegt am Boden lag oder aufgab. Die Verletzungsgefahr war enorm. Tödliche Unfälle überschatteten schon im klassischen Hellas manche schwerathletischen Wettkämpfe. Eine besonders extreme Variante des hochriskanten Sports bot das Pankration: Beim „Allkampf“ war alles erlaubt außer „Beißen und Graben“ (Letzteres meint vermutlich das Bohren des ausgestreckten Fingers in Körperöffnungen). Kein Wunder, dass dort wie beim Faustkampf häufig Blut floss, dass aber auch erlaubte Tiefschläge, Beinscheren, Gliederverdrehen und andere im modernen Kampfsport als regelwidrig geltende Griffe eine Brutalisierung des sportlichen Geschehens bewirkten. Mindestens da kommt eine moderne Extremsportart ins Spiel, die erst jüngst neu erfunden worden ist: *mixed martial art* heißt sie oder *ultimate fighting*. Wobei sie ja bei genauem Hinsehen so neu gar nicht ist. In Olympia war sie unter dem Namen „Pankration“ seit 648 v. Chr. Teil des sportlichen Programms.

Falschgeld

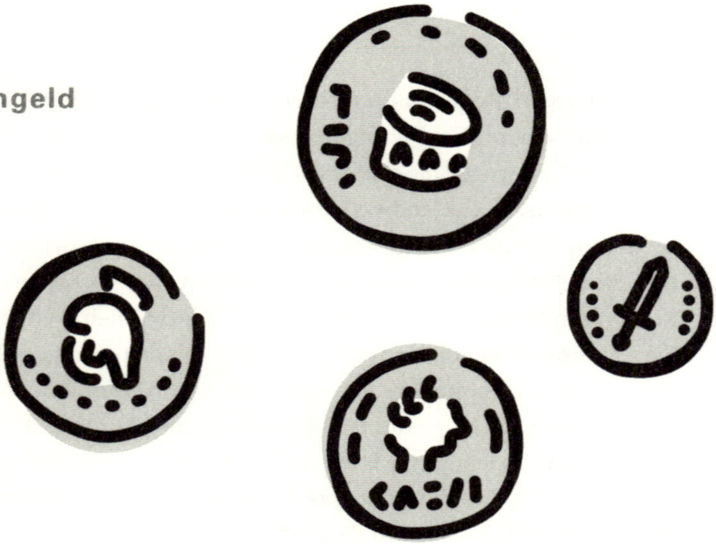

„Was halten wir nach den literarischen Wissenschaften für das schwierigste Geschäft?", fragt der neureiche Trimalchio in Petrons Schelmenroman und gibt selbst die Antwort: „Arzt und Geldwechsler. Den Arzt, weil er weiß, was die armen Menschen in ihren Eingeweiden haben (...), und den Geldwechsler, weil er unter dem Silber das Kupfer erkennen muss" (Petr. 56, 1ff.). Dafür bedurfte es in der Tat eines erfahrenen Spezialisten. Römische Geldfälscher mussten noch mit Metalllegierungen tricksen; Papiergeld gab es ja noch nicht. Den größten Gewinn machten sie, indem sie die Metallkerne von Gold- und Silbermünzen fälschten: Eine dünne Edelmetallschicht wurde auf eine Kupferlegierung (bei Silbermünzen) bzw. einen Bleikern (bei Goldmünzen) aufgetragen. Von der Differenz zwischen den Metallwerten ließ es sich ganz gut leben, auch wenn die Betriebskosten ziemlich hoch waren.

Allerdings war es ein riskantes kriminelles Geschäft. Auf Münzfälschung standen hohe Strafen. Wurden sie erwischt, so wurden *honestiores*, d. h. Angehörige der Oberschicht, auf eine Insel verbannt, *humiliores*, einfache Leute, wurden zur Bergwerksarbeit oder zur Kreuzigung verurteilt, Sklaven auf jeden Fall zur Todesstrafe (Paul. sent. V 25). Trotzdem war Münzfälscherei gang und gäbe; archäologisch nachgewiesen sind allerdings bisher nur zwei Fälscherwerkstätten im schweizerischen Augst und im französischen Châteaubleau.

Von Ersatzkleingeld abgesehen, das zwar nicht staatlich autorisiert, aber ohne Betrugsabsicht geprägt war und manche Provinzen zeitweise überschwemmte, ist auch „echtes" Falschgeld in nicht geringer Stückzahl durch Bodenfunde ans Tageslicht gekommen. Bei Hortfunden – bewusst angelegten Verstecken von Ersparnissen – sind falsche Silber- und Goldmünzen aber vergleichsweise selten. Bevor der Eigentümer die wertvollen Stücke in den „Sparstrumpf" steckte, ließ er sie offenbar vorsichtshalber auf ihre Echtheit prüfen – Arbeit für die anfangs erwähnten *nummularii* („Geldwechsler"), die sicher auch für gefälschte Exemplare ihr Prüfhonorar kassierten.

Familienessen

Mindestens einmal am Tag sollte die Familie eine Mahlzeit gemeinsam einnehmen und sich auf diese Weise auch ihrer Gruppenidentität versichern. So entspricht es der normalen bürgerlichen Vorstellung in der modernen westlichen Welt – nicht immer zur Freude von Kindern und Jugendlichen, die sich diesem „Zwang" nicht unterwerfen möchten, weil sie oft schneller fertig sind als die Erwachsenen oder weil sie Gleichaltrige als „Tischgenossen" vorzögen. Solche „Skeptiker" gegenüber gemeinsamen Mahlzeiten im Familienkreis hätten sich in Oberschichtfamilien im Alten Rom wohlgefühlt.

Denn da gab es diese mehr oder minder eherne Regel nicht. Wie es in den Haushalten der einfachen Leute zuging, wissen wir mangels einschlägiger Quellen nicht. Bei der gesellschaftlichen Elite aber war das gemütliche Essen im Familienkreis eher die Ausnahme als die Regel. Die Kinder verließen das Haus morgens schon sehr zeitig, weil die Schule notorisch früh anfing (Mart. IX 68; Ov. am. I 13, 1ff.; Juv. VII

222f.). Sklaven und Pädagogen kümmerten sich darum, dass sie rechtzeitig aufstanden und frühstückten (Herm. Pseudodosith. Coll. Monacens. 2). Manche Schulkinder holten sich beim Bäcker ein schnelles „Frühstück" auf die Hand (Mart. XIV 223). Das *prandium* als Mittags-Lunch war eher eine zügige Nahrungsaufnahme als ein in Ruhe eingenommenes Mahl.

Für ein gemeinsames Essen im Familienkreis hätte sich daher am ehesten die *cena* als Hauptmahlzeit am Nachmittag angeboten. Die Entscheidung darüber, in welchem Rahmen sie stattfand, traf der Vater. Im Normalfall war es ihm wichtiger, mit Bekannten und Freunden zu speisen und sie zu einem mehr oder minder förmlichen *convivium*, „Gastmahl", einzuladen. Das diente der gesellschaftlichen Kontaktpflege und Selbstdarstellung. Auch erhielt der Hausherr oft Einladungen und speiste auswärts.

Diesen gesellschaftlichen Verpflichtungen wurde das, was man heute Familienleben nennen würde, konsequent untergeordnet, sodass Ehefrau und Kinder eher selten mit dem *pater familias* zusammen speisten. Seit der späten Republik wurde es allerdings üblicher, dass Ehefrauen und männliche Kinder gelegentlich an den Gastmählern im eigenen Haus teilnahmen. Das war nicht der Regelfall, verstieß aber nicht mehr gegen die guten Sitten. Eine Inschrift in einem Speisesaal in Pompeji fordert die Gäste auf, „lüsterne Mienen und verführerische Blicke von der Ehefrau eines anderen fernzuhalten" (CIL IV 7698b). Das mag als Indiz für eine gewisse Normalität gewertet werden, dass nicht nur „Unterhalterinnen" beim Gastmahl dabei waren. Auch war es seit augusteischer Zeit nicht mehr anstößig, dass Ehefrauen auf dem Speisesofa *lagen*. In früheren Zeiten hatten sie auf Sesseln zu sitzen (Val. Max. II 1, 2; Isid. Orig. XX 11, 9).

Diese neue Gemütlichkeit kam allerdings für Kinder und Jugendliche nicht infrage, wenn der Vater sie ausnahmsweise zu einem Gastmahl hinzunahm. Sie saßen hinter dem Speisesofa des Vaters (bzw. Großvaters; vgl. Suet. Aug. 64) oder auf den Sofaenden (*fulcra*; Suet. Claud. 32). Mitunter setzte man mehrere Kinder an einen separaten Tisch und servierte ihnen weniger aufwendige Speisen (Tac. ann. XIII 16, 1) – eine Diskriminierung, die mitunter auch anderen Angehörigen gesellschaftlich weniger anerkannter Gruppen unter den Gästen widerfuhr und die durchaus zur römischen Klassengesellschaft passte (Plin. ep. II 6; Mart. I 20, XII 27). Die Distanz, die damit im räumlichen wie im übertragenen Sinn zu den Kindern aufgebaut wurde, war sichtbarer Ausdruck der Tatsache, dass sie (noch) nicht zum Kreis der voll berechtigten Tischgenossen zählten.

Der wesentliche Grund dafür, halbwüchsige Söhne zum *convivium* mitzunehmen, war der Wunsch, sie in die gesellschaftliche Etikette einzuführen. Sie sollten den „Großen" zuschauen und lernen, wie man sich in der „besseren Gesellschaft" verhielt, worüber man plauderte, welche Punkte es beim *gestus edendi*, den „Tischsitten" (Ov. ars am. III 755), zu beachten galt. Dazu gehörten: Hände, Kinn und Wangen beim Essen sauber zu halten, nur zu kleinen Bissen zu greifen, nicht gleichzeitig zu essen und zu trinken, langsam zu trinken, die Sklaven zu rufen und sie nicht herbeizupfeifen oder mit den Fingern zu schnippen, nicht zu spucken und zu husten, nicht laut zu rülpsen, sondern allenfalls mit geschlossenem Mund aufzustoßen, den Becher nicht mit einem einzigen Zug zu leeren, nicht gierig nach dem Essen zu greifen, sondern zu warten, bis man an der Reihe war (Clem. Alex. Paed. II 13; 31; 55; 60) – und sich im Ganzen bescheiden, höflich und still zu verhalten und den Aufforderungen der insoweit erziehungsberechtigten Bediensklaven zu folgen.

Ansonsten konnte der Heranwachsende nur hoffen, dass sein Vater ihm keine Rolle in der Unterhaltung seiner Gäste zugedacht hatte oder plante, ihnen die schulischen Fortschritte seines Sprösslings stolz zu präsentieren. Der Satiriker Persius erinnert sich jedenfalls, wie er sich als Knabe Öl ins Auge zu träufeln pflegte, „wenn ich keine Lust hatte, die schwülstigen Reden des sterbenden Cato (…) zu lernen, damit sie mein vor Aufregung schwitzender Vater vor eingeladenen Gästen vernähme" (III 44ff.). Zumindest *das* dürften heutige Jugendliche ihren römischen Leidensgenossen nachfühlen können.

Fanartikel

Das Rheinische Landesmuseum in Trier besitzt mit dem sogenannten Circusbecher ein berühmtes Exponat, das besser „Arenabecher" heißen sollte. Denn das gläserne Gefäß zeigt neben einer Tierkämpferszene einen Gladiatorenkampf zwischen dem Netzkämpfer (*retiarius*) Pulcher („der Schöne") und seinem Verfolger (*secutor*) namens Auriga („der Wagenlenker"). Über der kriegerischen Szene zieht sich ein lang gezogenes *bibamus* hin, „lasst uns trinken!" Auf wen oder was da angestoßen werden soll, bleibt offen. Vermutlich hat es die beiden Gladiatoren tatsächlich gegeben; die Namen waren, wie es in der „Szene" und in anderen Sparten des römischen Showbusiness üblich war, wohl eher Künstlernamen.

Haben sich nur Anhänger des Pulcher oder des Auriga für diesen Glasbecher interessiert? Vermutlich ist der Adressatenkreis für solche →Souvenirs nicht so eng zu ziehen. Sie zielten allgemein auf Fans von Gladiatorenkämpfen als Käufer. In diesem Sinn kann man derartige Ereignissouvenirs als „Fanartikel“ bezeichnen. So etwas nahm man mit nach Hause, um sich bei jedem Schlückchen Wein an sein „Hobby“ zu erinnern, oder eben auch, um seinen Gästen deutlich zu machen, dass man *munera*, „Gladiatorenkämpfe“, mochte. Mit dem Trinken stellten sich Erinnerungen an spannende, erlebnisreiche Stunden in der Arena ein. Trier, wo der Becher gefunden und wohl auch hergestellt wurde, verfügte über ein ansehnliches Amphitheater, das noch heute zu den touristischen Höhepunkten eines Besuchs in der Moselstadt zählt.

Stimmt es, dass …

… die Gladiatoren den Kaiser als „die dem Tod Geweihten" grüßten?

Nein. Die viel zitierte angeblich „traditionelle" Begrüßungsformel *ave, imperator, morituri te salutant* („sei gegrüßt, Kaiser, die dem Tode Geweihten grüßen dich!") ist nur für eine einzige Gelegenheit bezeugt: eine künstliche Seeschlacht auf dem Fuciner See im Jahre 52 (Suet. Claud. 21, 6; Dio Cass. LX 33, 3) – sonst nirgendwo, auch nicht in einer anderen sprachlichen Variante. Und bei dieser einzigen Situation, in der die zum Kampf gezwungenen „Gladiatoren" – verurteilte Verbrecher – so grüßen, atmet gleichsam alles den Geist der Ausnahme. Naumachien, künstliche Seeschlachten, fanden wegen des Riesenaufwandes nur ganz selten statt. Das Geschehen spielte sich außerhalb Roms ab, die in die Tausende gehende Zahl der Kombattanten, vor allem Ruderer, war außergewöhnlich groß, und nicht zuletzt zeigt die ungeschickte Antwort des Kaisers, dass er von dem – eben nicht üblichen – Gruß völlig überrascht wurde. Er antwortete *aut non*, „oder auch nicht" – was die „Spieler" des zynischen Kriegsspiels als Begnadigung missverstanden. Sie weigerten sich zu kämpfen. Mehr mit Gewalt als mit guten Worten brachte man die „Streikenden" dazu, sich auf ihre Kriegsschiffe zu begeben und aufeinander loszugehen. Und wie reagierte der düpierte Spielgeber, dem seine „Spieler" fast davongelaufen wären? „Er sprang von seinem Sitz auf, rannte in seinem hässlichen, wackelnden Gang am Ufer des Sees entlang und trieb sie zum Kampf an" (Suet. Claud. 21, 6). Manchmal kann die Realität, die sich hinter einem berühmten Wort verbirgt, ganz schön peinlich sein – auch wenn das Wort seine Berühmtheit einer völlig verfehlten Verallgemeinerung verdankt.

Aus heutiger Sicht mutet es beklemmend oder gar abstoßend an, wenn sich jemand mit solchen in der eigenen Wohnung auf- und zur Schau gestellten Fanartikeln als Anhänger des brutalen Gladiatorenspektakels zu erkennen gab. Für Römer aber lag das im Bereich der Normalität – wie heutzutage der Fanwimpel eines bekannten Fußballclubs, den man ja auch nicht ängstlich versteckt, sondern stolz zeigt. Deshalb haben sich in vielen Ausgrabungsstätten solche Fanartikel zu Hunderten und insgesamt zu Tausenden gefunden: meist in Form von Arena-Darstellungen auf Öllämpchen, auf Keramik- und Glasprodukten, aber auch als Statuetten von Kämpfern und Szenen auf Kleinreliefs. All das konnte man in einem der Souvenirläden rings um die Arena erwerben. Meist war es „anonyme" Massenware, die keine konkreten Namen trug, sondern sich auf Kampfszenen mit den unterschiedlichen Gladiatoren-Typen beschränkte.

Das Gleiche trifft auf die Wagenrennen zu, ebenfalls eine überaus beliebte Massenunterhaltung. Für die Anhänger des Circus-„Sports" wurden zwar öfter personalisierte Fanartikel mit den Namen berühmter Wagenlenker und/oder Leitpferde produziert als für die „Abteilung" Arena. Doch überwiegen auch hier die namenlosen Darstellungen, wobei Öllämpchen auch hier die führenden Bildträger sind. Das ist nicht besonders verwunderlich, waren die *lucernae* („Öllämpchen") doch auch notwendige Bestandteile jedes Hausrats, die man bei Dunkelheit benötigte, um die Wohnung wenigstens etwas zu erhellen. Wenn sie zusätzlich ein bisschen „Circus-Flair" in die eigenen vier Wände brachten – umso besser. Solche Memorabilien des Showbusiness gab es für jeden Geldbeutel in unterschiedlicher handwerklicher Qualität zu kaufen. Es waren keineswegs nur einfache Leute, die sich solchen – manch einer mag aus heutiger Sicht formulieren: – Kitsch auf den Tisch oder ins Regal stellten.

Für die Anhänger der Bühnenkunst und die (im Westen des Reiches nicht allzu zahlreichen) Fans der *certamina Graeca*, der griechischen Schau-Athletik mit den Schwerpunkten Ringen, Boxen und Pankration

(„Allkampf"), waren ähnliche Gegenstände im Angebot. Sie bildeten Theatermasken oder Bühnenszenen ab und stellten Ringer oder Pankratiasten im Kampf dar. Im Ganzen war das ein Riesenmarkt des fragwürdigen Geschmacks, der sich von den entsprechenden Angeboten moderner Souvenirläden im Prinzip kaum unterscheidet – so wenig wie sich echte Fan-Mentalität in ihrem Wesen und ihren Ausprägungen über die Jahrtausende geändert hat. Schon deshalb darf man den modernen Begriff „Fan" durchaus auf die Antike „verlängern".

Ein zweiter Grund kommt hinzu: Der englische *fan* ist keine angelsächsische Wortschöpfung, sondern ein aus dem Lateinischen abgeleiteter Begriff. Das „Original" heißt *fanaticus*. Darunter verstanden die Römer einen „begeisterten", „schwärmerischen" Menschen, der sich in bestimmten Situationen am Rande des Wahnsinns bewegte. Die leidenschaftlichen Anhänger von Wagenrennen, Theateraufführungen und Gladiatoren-Shows nannte man so zwar nicht – sie heißen auf Latein *studiosi* oder *fautores* –, aber von deren „verrücktem" Verhalten her hätte auch *fanatici* gepasst. Nicht zuletzt, weil viele ihr mühsam verdientes Geld auch in Fanartikel investierten.

Farbe

Was Farben angeht, so ist die moderne Wahrnehmung des Alten Rom auf paradoxe Weise von Einseitigkeit bedroht: Auf der einen Seite überschätzt sie die Farbigkeit der römischen Welt, auf der anderen Seite unterschätzt sie sie. Die gravierendere Abweichung von der historischen Wirklichkeit dürfte die Unterschätzung sein.

Das betrifft vor allem die Kunst und die Architektur. Deren Welten waren ausgesprochen bunt; die Vorstellung von „reiner", „edler" weißer Marmorpracht ist schlicht falsch. Es betrifft aber auch die Kleidung der Menschen. Die Angehörigen der höheren Stände stellen wir uns meist in weißer Kleidung vor, die hier und da durch statusbedingte

Streifen einen farbigen Akzent erhielt. Tatsächlich aber war farbige oder zumindest farbig verzierte Kleidung vor allem bei Frauen das Übliche. Man braucht eigentlich nur die „Typberatung" des Liebeslehrers Ovid zu lesen, um eine Vorstellung von der im wahrsten Sinne bunten Vielfalt der weiblichen Kleidung zu gewinnen: „So viele Blumen die junge Erde im Frühling erzeugt (...), so viele Säfte und noch mehr trinkt die Wolle", fasst Ovid seinen Katalog farbiger Damen-Gewänder zusammen (ars am. III 185ff.) Andere Quellen bestätigen dieses Bild. Von dem lange Zeit vermittelten Fehlurteil, dass vornehmlich Prostituierte „knallige" Farben trugen, um auf sich aufmerksam zu machen, sollte man sich endlich frei machen. Diese besonderen Damen haben sich der farbenfrohen Damenmode wirklicher Damen durchaus bedient, um wahrgenommen zu werden. Aber sie waren nicht die Einzigen. Viel auffälliger war es, wenn sie sich nackt in der Öffentlichkeit präsentierten.

Die entgegengesetzte Wahrnehmung, die die Farbigkeit des römischen Alltags eher überschätzt, resultiert aus einem zu starken Fokus auf die Oberschicht und ihre Kleidung. Dabei gerät die große Masse der einfachen Römer – die kleinen Leute, die Freigelassenen und die Sklaven – aus dem Blick. Sie trugen gewöhnlich dunkle, derbe Tunicen; *pullati*, die „Dunklen" – und nicht nur farblich Unauffälligen –, nannte man diese „graue Masse" (Suet. Aug. 40, 5; 44, 2). Auch wenn es ihm nicht so recht passt, muss der Jüngere Plinius einräumen, dass man als Anwalt vor Gericht auch auf die vielen *sordidi pullatique*, „die schmutzigen Graukittel" (Ü: H. Kasten), im Publikum Rücksicht nehmen müsse (ep. VII 17, 9). Ähnlich äußert sich der Rhetorik-Professor Quintilian über die *pullata turba*, die „Schar der Grauröcke" (inst. or. VI 4, 6; vgl. II 12, 10: *pullatus circulus*): Man sollte vor Gericht nicht über deren Köpfe hinwegreden.

Im Folgenden seien ohne Anspruch auf Vollständigkeit einige Fakten zur Farbsymbolik bei den Römern zusammengestellt:

- **Weiß:** Reinheit, Licht, Freude, Glück, günstiges Vorzeichen
- **Schwarz:** Nacht, Tod, Unglück, Trauer, ungünstiges Vorzeichen

- **Grün:** Wachstum, Hoffnung
- **Rot:** Blut, Gesundheit, Heilkraft, Leben; Feuer, Gefahr, Feindschaft
- **Grau:** Armut, niedriger Rang, Alter
- **Purpur:** Macht, Prestige, hoher Rang, Reichtum.

Eine wichtige Rolle spielten die Rennparteien des Circus, die nach Farben unterschieden wurden: die *prasina* (*factio*), „grüne Partei", die *veneta*, „blaue Partei", die *russata*, „rote Partei" und die *albata*, „weiße Partei". Die dominierenden Rennställe waren die Grünen und die Blauen. Sie fuhren mehr Siege ein und verfügten über größere Anhängerschaften. Kaiser Domitian versuchte gegen Ende des 1. Jh.s n. Chr., zusätzlich die *aurati*, die „Goldenen", und die *purpurei*, „die Purpurnen", einzuführen (Suet. Dom. 7, 1). Diese Neuerung setzte sich aber nicht durch.

Fasten

Zur Zeit des Älteren Plinius (1. Jh. n. Chr.) gab es in Rom offenbar Modeärzte, die ihren Patienten strenge Fastenkuren verordneten. So lässt sich jedenfalls die Polemik deuten, mit der der Naturforscher den berühmten Arzt Hippokrates mit seiner Gerstengrütze-Diät von aus seiner Sicht windigen Kollegen abgrenzt, „deren Heilkunst im Hungern besteht" (NH XXII 136). Ein bisschen unrecht tut er den verspotteten Medizinern damit schon. Denn auch in der hippokratischen Tradition stand die Fastendiät als Heilmittel gegen bestimmte entzündliche Erkrankungen durchaus auf dem medizinischen Speiseplan. Kuren mit mehreren „Hungertagen" im Sinne deutlicher Kalorienreduktion waren in der wissenschaftlichen griechischen Medizin nichts Außergewöhnliches, ohne dass sie dort eine prominente Rolle gespielt hätten.

Auch die traditionelle römische Hausväter-Medizin, bei der die Grenzziehung zur Magie und zum Aberglauben nicht immer leichtfällt, sah für das Sammeln (!), Verabreichen und Einnehmen mancher Arzneien einen „Arzt" und/oder Patienten vor, der eine Zeit lang gefastet hatte – selbst wenn es sich im Einzelfall um einen tierischen Patienten handelte. Der Alte Cato verordnet einem kranken Rindvieh einen Medizincocktail aus geriebenem Lauch und Wein. Dessen Wirksamkeit sei aber daran gebunden, schärft er dem Benutzer seines landwirtschaftlichen Lehrbuches ein, dass der Bauer „es mit leerem Magen dem Rind mit ebenfalls leerem Magen verabreicht" (r.r.71). Na ja.

Wie lange das Fastengebot bei dieser etwas skurrilen Remedur galt, ist nicht überliefert. Andere Anlässe zu fasten ergaben sich vornehmlich aus religiösen Vorschriften. Die altrömische Religion kannte ein solches Fastengebot aber nur im Ceres-Kult. Das *ieiunium Cereris*, „Fastenfest für Ceres", fand alle fünf Jahre am 4. Oktober statt (Liv. XXXVI 37, 4). Obwohl nur der Verzehr von Brot an diesem einen Tage tabu war, gab es wohl genügend Menschen, die sich gar nicht darum scherten (Petr. 44, 16). Rigidere Fastenvorschriften galten nur für die Eingeweihten einiger Mysterienreligionen. Die Demeter-Ceres-Feiern Ende Juni verlangten von ihren Anhängerinnen neun Tage Enthaltsamkeit von Brot, Wein und Sex (Ov. Met. X 431ff.; am. III 10, 1f.). Für die Mysten der Kybele galt eine ebenfalls neuntägige Fastenperiode, in der sie kein Brot, keine Getreideprodukte, keinen Fisch und kein Schweinefleisch essen und möglicherweise auch keinen Wein trinken durften (Jul. or. 5, 16f.). Vor der Aufnahme in den Isis-Kult mussten Aspiranten sich zehn Tage lang des Fleisch- und Weingenusses enthalten (Apul. XI 23). Am konsequentesten verfuhren viele Christen, die regelmäßige Fastentage und auch längere Fastenzeiten zu bestimmten Anlässen und Terminen einlegten. Auch dieses Fasten gehört in der Systematik der Antike in den Bereich der Mysterienkulte, die reine Privatsache waren.

Wenn jemand – wie die (fiktive) Witwe von Ephesos (Petr. 111f.) – aus Trauer tagelang nichts zu sich nahm, so entsprach das seiner psychischen Verfassung, nicht aber einem allgemeinen Fastengebot. Viele Befürworter hatte das Fasten in der Antike nicht. Im Rahmen einer allgemeinen Verpflichtung des stoischen Weisen zu maßvoller und einfacher Lebensführung mahnte die Stoa zu Askese-Übungen von Zeit zu

Zeit, die auch eine Fastenaktivität einschließen konnten. Und ihre radikaleren Brüder im Geiste, die Kyniker, setzten konsequent auf die Bedürfnislosigkeit. Sie wollten sich in der Schlichtheit ihres Lebenswandels und der radikalen Reduktion leiblicher Genüsse von niemandem übertreffen lassen. Sich von nichts und niemandem abhängig zu machen, hieß eben auch mitunter, einen knurrenden Magen zu ertragen. Bewusstes Fasten sieht allerdings anders aus, fand aber, wie gesagt, nur wenige Anhänger. So ganz verwunderlich ist das nicht: Die meisten Menschen waren froh, wenn sie nicht aus Not gezwungen waren zu hungern.

Fluchtafel

Wie kann ich einem Konkurrenten, Nebenbuhler oder Prozessgegner indirekt schaden? Abergläubische Menschen setzten dabei im Altertum auf die Hilfe magischer Formeln, mit denen sie sich an Dämonen wandten, „Geister", die über bestimmte Örtlichkeiten – Gräber, Brunnen, Heiligtümer – herrschten. Sie wurden beschworen, den Schadenzauber auszuführen, mit dem man Feinde schädigen, verletzen oder vernichten wollte. Die häufig sehr ins Einzelne gehenden und brutalen Verwünschungen wurden meist auf Bleibleche geschrieben, die, gefaltet und häufig von einem Nagel durchbohrt, möglichst in der Nähe des Verfluchten vergraben wurden – und zwar im Rahmen eines Rituals, bei dem auch Zauberformeln aufgesagt wurden. Schon die Griechen praktizierten dieses Verfahren; von den rund 1600 bisher entdeckten Fluchtafeln sind sogar zwei Drittel in griechischer Sprache verfasst. Es gab wohl eine Art Rezeptbücher, in denen man sich über die „richtigen" Rituale und „aussichtsreichsten" Fluchformeln informieren konnte. Manchmal wurde der Fluchtafel noch eine Art → Voodoo-Puppe beigefügt.

Wessen Name gelangte warum auf ein Fluchtäfelchen? Grundsätzlich kam jeder infrage, dem man etwas nicht gönnte. Rivalität war ein viel häufigeres Motiv als Rache. Wissenschaftler unterscheiden fünf Anlässe: Liebesbeziehungen, Auseinandersetzungen vor Gericht, Wettkämpfe vor allem sportlicher Art sowie Verfluchungen von Dieben und Verleumdern. Man spricht heute von *defixiones* (*defigere*, das Verb, heißt „jemanden bannen", „unbeweglich machen"); die Römer selbst sprachen von *devotiones*, „Verfluchungen". Juristisch waren Verfluchungen heikel. Die meisten dieser Praktiken waren untersagt; konnte der Nachweis geführt werden, so wurde der Schuldige vom Gericht verurteilt. Meist aber spielte sich das Verfluchungsritual heimlich ab. Die drastische Wortwahl zeigt, dass die Verfluchenden es sehr ernst meinten. Hier einige Beispiele:

- Der Pulica, Tochter der Rufa, nagle ich mit diesem Täfelchen ihre Hände und Zähne fest, ihre Augen, Arme, ihren Bauch, ihre Brüste (...), Füße, Stirn, Nägel, Finger, (...) Gebärmutter, Eingeweide (aus Latium; Audollent 135).
- (Dämonen), ergreift den Maurussus! (...) Möge er in jedem Kampf die Kräfte verlieren und stürzen! (...) Möge er nicht mehr in der Lage sein, Schlingen über Bären zu werfen oder sie festzubinden! (...) Möge er in jedem Kampf zerfleischt, verprügelt und verwundet werden (...), möge er mit dem Gesicht vor den Augen des Publikums im Amphitheater auf die Erde stürzen! (aus der Arena von Karthago; Audollent 250).
- Die Wagenlenker der roten Partei Castor, Aelius, Repentinus (...) sollen nicht lenken, ihre Pferde nicht beherrschen, die Zügel nicht festhalten können. Sie sollen sich die Knochen brechen und die Siegespalme nicht erringen können (aus Hadrumetum, Nordafrika; Audollent 284).
- Ich beschwöre dich, Dämon, wer du auch bist, und vertraue auf dich, dass du von dieser Stunde an, von diesem Tage an, von diesem Augenblick an die Pferde der Grünen und der Weißen quälst und tötest, dass du die Jockeys Clarus, Felix, Primulus und Romanus umbringst, sie Unfälle bauen lässt und ihnen keinen Lebenshauch mehr zurücklässt (aus Hadrumetum, Audollent 286).
- Ich weihe dir, Proserpina, Gattin des Pluto, Maxima Vesonia zum Opfer. Ich gebe dir ihre Zunge und Zähne, damit sie nicht mehr aussprechen kann, was ihr weh tut; ihren Hals, ihre Schultern, Arme, Finger, damit sie sich selbst nicht mehr helfen kann (...), ihren Unterleib, damit sie nicht mehr Urin lassen kann (...), und ihre Beine, Füße, Zehen, damit sie nicht mehr ordentlich stehen kann (aus Rom, gekürzt; AE 1912, 140).
- Ich binde fest (mache unbeweglich) das Geschäftslokal dieser Leute; ich binde sie so, dass sie nicht arbeiten können, sondern arbeitslos sind und unglücklich werden (es folgen die Namen von 17 Ärzten)

(aus Metapont, Unteritalien, SEG 30, 1175, in griechischer Sprache).

- Atthis, größter aller Götter, und ihr alle zwölf Götter, ich lege mein ungerechtes Schicksal in eure Hände. Rächt mich an Priscilla, der Tochter des Carantus! Sie hat den großen Fehler gemacht, (nicht mich) zu heiraten (...). Für mich ist Priscilla ein Nichts. Sie hat einen Kerl geheiratet, weil Priscilla so geil wie irre ist (aus Groß-Gerau, 1999 entdeckt; aus Kropp, defixiones 5.1.3/1).
- Ich überantworte der Minerva, der Göttin von Sul, den Dieb, der meine Kapuze geklaut hat, egal, ob er ein Sklave oder ein freier Mensch, ein Mann oder eine Frau ist (aus Bath, England; Kropp 3.2/79).

Folter

Im April des Jahres 52 v. Chr. fand in Rom ein spektakulärer Mordprozess statt. Annius Milo war angeklagt, seinen Erzfeind Clodius erschlagen zu haben. Beide waren berüchtigte Anführer von Schlägertrupps, die Rom mit ihrem Bandenterror jahrelang unsicher gemacht hatten. Cicero stellte sich Milo als Verteidiger zur Verfügung. Das überraschte wenig, denn Clodius war auch sein erbittertster Feind im politischen „Ring“ gewesen.

In seinem Plädoyer geht Cicero auch auf Zeugenaussagen von Sklaven ein, die den Angeklagten schwer belasten. Er erschüttert deren Glaubwürdigkeit: Das seien ja samt und sonders Unfreie des Anklägers Appius gewesen, die da gegen seinen Mandanten ausgesagt hätten. Die Gegenseite kann indes darauf verweisen, dass die Sklaven beim Verhör gefoltert worden seien. Das erhöhe das Vertrauen in die Zuverlässigkeit ihrer Angaben. „Was war denn das für ein Verhör?“, fragt Cicero zurück und schildert mit einigem Sarkasmus, wie er sich dieses Folterverhör vorstellt: Bringen die Sklaven Entlastendes vor, so ist ihnen die Kreuzigung sicher, weil sie ihrem Herrn in den Rücken fallen. Belasten sie Milo dagegen ordentlich, dann dürfen sie mit ihrer Freilassung aus

Dankbarkeit rechnen. Mit anderen Worten: Unter Folter sagen sie eher das aus, was derjenige hören will, der sie foltern lässt – zumal wenn er sie selbst als Zeugen benannt hat (Cic. Mil. 60).

Die Passage wirft ein grelles Schlaglicht auf den Nachteil jedes peinlichen Verhörs (wenn man von dem aus heutiger Sicht menschenverachtenden Charakter des Instruments als solchem absieht): Den Römern war dieser Schwachpunkt der Zeugen- und Beschuldigtenaussage unter Zufügung körperlichen Schmerzes wohl bewusst. Aber sie wendeten die *quaestio per tormenta*, die „Befragung unter Folterqualen", trotzdem mit einer gewissen Regelmäßigkeit an. „Regelmäßig" bedeutet, dass die Folter als zulässiges, „normales" Mittel der Wahrheitsfindung galt. Juristen warnten allerdings davor, sofort zu diesem Mittel zu greifen. Es musste zumindest eine Art Anfangsverdacht vorliegen, dass überhaupt eine Straftat begangen worden war und dass der unter Schmerzen Verhörte zur Aufklärung beitragen konnte (Dig. XLVIII 10, 1; 18, 18, 1). Wie sehr man sich in der Praxis an diesen Grundsatz gehalten hat, wie oft man tatsächlich vom Instrument der Folter Gebrauch gemacht hat, ist ganz schwer zu sagen. Ungewöhnlich war es sicher nicht, aber wohl auch nicht der tagtägliche Prozess-Standard – auch unter dem (reichlich zynischen) Gesichtspunkt, dass die Folter bei den so Verhörten bleibende Gesundheitsschäden zurücklassen konnte, die Haftungsansprüche begründeten.

Die „Selbstverständlichkeit" der Folter-*quaestio* („Befragung") bezog sich allerdings nur auf Sklaven. Deren Aussagen galten grundsätzlich als glaubwürdiger, wenn sie unter Folter (*tormenta, cruciatus*) zustande gekommen waren – ohne dass sie allerdings ohne Weiteres Beweiskraft gehabt hätten: Sie hatten den Rang wichtiger Indizien. Im Einzelfall konnte der zuständige Beamte anordnen, die Folter zu wiederholen. Allerdings gab es hinsichtlich der Zulässigkeit ihrer Anwendung deutliche Einschränkungen. Die wichtigste war: Aussagen gegen ihren eigenen Herrn durften von Unfreien im Normalfall nicht erzwungen werden. Ausnahmen galten nur bei Majestätsverbrechen gegen den Kaiser (*crimen laesae maiestatis*), die dem Hochverrat gleichkamen, bei Steuerhinterziehung und bei Ehebruch (Cod. Iust. IX 41, 1). Ferner waren bestimmte Personengruppen vor Folter geschützt: Kinder unter 14 Jahren, Schwangere, Alte, Kranke, Taube, Blinde und Stumme waren grundsätzlich ausgenommen (Dig. XXIX 5; XXXIV 9).

Freie Bürger durften in der Zeit der Republik nicht gefoltert werden. In der Kaiserzeit weichte dieses Bürgerprivileg an manchen Stellen auf. So war es gegen Räuber erlaubt, auch das Folterinstrument einzusetzen, außerdem bei Majestätsverbrechen. Dazu zählten Attentatspläne gegen den Herrscher sowie verschwörerische Aktivitäten, die auf Umsturz zielten. Mit diesem Verdacht rechtfertigte Plinius Folterverhöre gegen Christen schon im frühen 2. Jh. n. Chr. (mit Zustimmung des Kaisers: ep. X 97). In den Zeiten der Christenverfolgungen wurde häufig gefoltert; allerdings scheinen manche „Märtyrerakten" in dieser Hinsicht zu übertreiben, um die Standhaftigkeit der christlichen „Blutzeugen" hervorzuheben. Ob Angehörige der Oberschicht seltener einem Folterverhör unterworfen wurden als einfache Leute, wird in der Wissenschaft kontrovers diskutiert. Normalerweise verfuhr das römische Rechtswesen mit sozial Stärkeren milder; vermutlich galt dieses Prinzip auch bei der Anwendung der Folter.

„Natürlich" hatte der Herr jederzeit das Folter-„Recht" gegenüber seinen eigenen Sklaven. Von diesem – wohl auch nicht exzessiv angewandten – Sonderfall abgesehen, wurde die Folter-Entscheidung auf Antrag eines Klägers von einem Beamten mit richterlicher Kompetenz getroffen. Er bestimmte die Modalitäten der Tortur und überwachte ihre Durchführung durch *tortores*, „Folterer". Konkrete formale Abläufe der Folterung sind ebenso wenig überliefert wie bildliche Darstellungen und nähere Einzelheiten. Das übliche Folterinstrument war der *eculeus* („Pferdchen"), eine Streckbank, auf die die Opfer in der Horizontalen oder – seltener – der Vertikalen festgebunden wurden. Mittels Winden wurden ihre Gliedmaßen gedehnt und ausgerenkt. Verschärft wurde diese Folter durch gleichzeitiges Verbrennen von Körperteilen mithilfe von Fackeln oder glühenden Eisenklingen sowie durch Zerreißen der Haut mit Haken. Auch Ketten und Fesseln dienten als Folterwerkzeuge, indem sie den ganzen Körper oder einzelne Körperteile förmlich zusammenschnürten. Prügeln und Geißeln zählten ebenfalls zu den *tormenta*, gelegentlich mit Peitschen, die mit Bleikugeln beschwert waren.

Manche kaiserlichen Gerichtsherren dachten sich perverse Foltermethoden aus. So nötigte Tiberius einige Verdächtige, eine große Menge Wein zu trinken, ließ ihnen dann das Glied zuschnüren und „ihnen durch Harndrang unsägliche Folterqualen bereiten" (Suet. Tib. 62, 2). Die Grausamkeit Kaiser Caligulas wird an vielen Beispielen geschildert, u. a. daran, „dass er, während er speiste und zechte, häufig Verhöre unter Folter vor seinen Augen durchführen ließ" (Suet. Cal. 32, 1).

Wenn wegen angeblicher oder tatsächlicher Attentate auf den Kaiser ermittelt wurde, nahm sich manch ein in Verdacht geratener Angehöriger der Führungsschicht lieber selbst das Leben, bevor er sich einem peinlichen Verhör unterziehen ließ. Dabei spielte die Angst vor Schmerzen manchmal sogar die untergeordnete Rolle gegenüber der Schande und Würdelosigkeit, die sich mit diesem Folterverfahren verbanden. Ob die Folter tatsächlich die Menschen dazu brachte, die Wahrheit zu sagen, blieb – trotz der laufend geübten Praxis – eine theoretisch weiter intensiv diskutierte Frage. Die Gegner der Tortur argumentierten: „Erst das Foltern selbst sei der Grund, Lügen vorzubringen, weil manchen Gefolterten die Widerstandskraft das Lügen leicht, anderen aber die Schwäche das Lügen unvermeidlich macht" (Quint. inst. or. V 4, 1). Die Menschenwürde war in der Antike allerdings kein Grund, auf die Folterung zu verzichten: Als grundsätzliches Konzept und Richtschnur war sie Griechen und Römern unbekannt.

Gefängnis

„Wenn man im Staatsgefängnis links ein wenig hoch steigt, ist dort ein Raum, Tullianum genannt, etwa zwölf Fuß unter der Erde. Ihn sichern von allen Seiten Mauern und oben ein Gewölbe, von steinernen Bögen getragen. Durch Schmutz, Finsternis und Gestank ist sein Eindruck ganz entsetzlich. In diesen Raum wurde Lentulus hinabgeführt, und mit dem Strang erdrosselten ihn die Henker als Rächer von Verbrechen, die den Tod verdient haben" (Sall. Cat. 55, 3ff.; Ü nach W. Schöne).

Lentulus war einer der Anführer der Catilinarischen Verschwörung (63 v. Chr.). Sein „verdientes" Ende ist dem Historiker Sallust eine Schilderung des Gefängnisses wert, in dem Lentulus seine letzten Tage verbrachte und hingerichtet wurde. Dadurch ist uns eine ziemlich authentische Beschreibung des ersten und berühmtesten Gefängnisses in Rom erhalten. Der unweit des Forum Romanum gelegene *carcer Tullianus*, wohl nicht nach dem König Servius Tullius, sondern nach einer dort entspringenden Quelle (lateinisch *tullius*) benannt, ist noch heute zugänglich. Wer dort hineingeht, fühlt die Beklemmung, die von Sallusts Beschreibung ausgeht. Es ist eine trostlose Stätte, die vor allem als Verwahrort für die hochrangigen Gefangenen diente, die im zeitlichen Zusammenhang mit einem Triumphzug getötet wurden. Darunter befanden sich der Numiderkönig Jugurtha und der gallische „Freiheitsheld" Vercingetorix. Dass die Apostel Petrus und Paulus hier gefangen gehalten worden wären, ist, obwohl der *carcer* deshalb als christlicher *locus sacer*, „heiliger Ort" (mit Eintrittsgeld!), gilt, eine Legende, für die es keinen Nachweis in den Quellen gibt.

Das Tullianum, auch als *carcer Mamertinus*, „Mamertinischer Kerker", bezeichnet, war nicht das einzige Gefängnis in Rom (Juv. III 313f.). Die Kapazitäten dürften insgesamt bei mehreren Hundert Plätzen gelegen haben; von „Zellen" kann man kaum sprechen, da ein Großteil der Gefangenen gemeinsam untergebracht war. Fast jede Stadt verfügte über ein Gefängnis. Im Unterschied zur Moderne kannte das römische

Recht allerdings keine Freiheitsstrafe, die im Gefängnis für eine bestimmte Dauer abzubüßen war. Römische Gefängnisse dienten daher nicht dem Strafvollzug, sondern „nur" der Untersuchungs- bzw. Exekutionshaft. Die Inhaftierung eines Verdächtigen wurde von den zuständigen Polizei- und Militärorganen veranlasst. Römische Bürger konnten im Rahmen ihres Provocationsrechts an das Volk appellieren, um ggf. freizukommen oder unter Hausarrest gestellt zu werden. In bestimmten Fällen konnten auch Bürgen gestellt werden. Frauen waren in römischen Gefängnissen stark unterrepräsentiert. Für die Zeit der Republik ist nur eine einzige weibliche Insassin bezeugt (Plin. NH VII 121); später stieg die Zahl inhaftierter Frauen vor allem durch die Christenverfolgungen an. Die Bewachung oblag *servi publici*, „Gemeindesklaven", oder Soldaten.

Gefängnisse waren, weil die Eingekerkerten dort nur auf ihren Prozess oder den Vollzug des Urteils (Todesstrafe, Einsatz in der Arena oder im Bergwerk) warteten, reine „Verwahranstalten" ohne Resozialisierungsambitionen. Entsprechend entwürdigend waren die Haftbedingungen. Die Schilderung Sallusts trifft auch auf andere Haftanstalten zu: Schmutz und Finsternis, ständiger Lärm vom Klirren der Ketten, schlechte Luft und schlechte Kost, Überbelegung, mangelnde Hygiene, Läusebefall und Krankheiten ließen die Haft zur Tortur werden. Diese furchtbaren Haftbedingungen wurden vor der Öffentlichkeit gar nicht geheim gehalten. Gefängnisse lagen wie das Tullianum oft im Stadtzentrum: Das Elend der Gefangenen sollte der Abschreckung potenzieller Verbrecher dienen.

Häftlinge erkannte man an ihrem völlig ungepflegten Äußeren, ihren struppigen langen Haaren, ihrem Gestank und ihrer Lumpenkleidung. Das Baden wurde vielen ganz verwehrt. Mit Besuchserlaubnissen waren die Wärter großzügig: Angehörige brachten häufig zusätzliches Essen; die Klagen über Hunger sind zahlreich. Oft ließen sich die Aufseher bestechen; manche von ihnen waren Sadisten, die die ihnen schutzlos ausgelieferten Häftlinge quälten und misshandelten. Nicht wenige Gefangene waren aneinandergekettet; besonders peinigend waren Fußfesseln, die kaum Bewegungen zuließen. Andererseits wurde die Einzelhaft, in der man von jeder Kommunikation abgeschnitten war, als Isolationsfolter gefürchtet, ebenso der völlige Entzug von Essen und Trinken. In der Spätantike verschlimmerte sich die Lage vieler Häftlinge, weil die Prozesse auf sich warten ließen oder Urteile über lange Zeit nicht vollstreckt wurden. Manche Insassen vegetierten jahrelang dahin und starben in Haft, ohne dass ein Urteil gesprochen war. Selbsttötungen waren in dieser verzweifelten Situation keine Seltenheit.

Zum Tode Verurteilte wurden häufig in einem besonderen Trakt des Gefängnisses vom Henker (*carnifex*) getötet; ihre Angst- und Todesschreie hallten durch den gesamten Kerker und setzten die anderen Häftlinge einer zusätzlichen psychischen Tortur aus. Wenn man einen Vorgeschmack auf die Höllenqualen bekommen wolle, die Sünder im Jenseits erleiden müssten, brauche man, meint der Kirchenvater Johannes Chrysostomos, nur einen Blick in die Gefängnisse des Diesseits zu werfen. Dann werde man alles tun, um sich diese Pein nach dem Tode zu ersparen (in epist. II ad Cor. hom. 10, 4 = PG 61, 471).

Gerichtsshow

Wie kann man die Geschworenen zum Abschluss eines feurigen Plädoyers nicht nur durch Worte, sondern auch durch Taten aus der Reserve locken, wie ihren Richterspruch durch ein letztes Ziehen der „Mitleidskarte" beeinflussen? Cicero wusste Rat. Im *Orator*, einer seiner theoretischen Schriften zur Rhetorik, bekennt er: „Ich setzte das Mittel der Rührung gewöhnlich so ein, dass ich am Ende meiner Rede einen kleinen Jungen auf meinem Arm hielt, in einem anderen Fall den vornehmen Angeklagten vortreten ließ, auch seinen kleinen Sohn hochhob und das Forum mit Jammern und Wehklagen erfüllte" (or. 131; Ü: H. Merklin).

Man darf wohl skeptisch sein, dass solche melodramatischen Einlagen Richter und Schöffen heutzutage nachhaltig beeindrucken würden, ganz abgesehen davon, dass der oder die Vorsitzende solche „Aktionen“ schnell unterbände. In römischen Gerichtssälen war das anders. Dort wurde gut und gerne Theater gespielt – und wenn die Show gekonnt war, brachte das durchaus Sympathiepunkte ein. Mit Betonung auf „wenn“: Drifteten solche theatralischen Intermezzi ins Lächerliche oder Peinliche ab – weil der Anwalt etwa seinen Mandanten zu wenig instruiert hatte, die passende Miene dafür aufzusetzen –, dann wandte sich die Inszenierung gegen ihren Regisseur. Die Rhetorik-Handbücher machen jedenfalls eindringlich klar, dass man, je dramatischer die Szenerie gestaltet wurde, auf umso schmalerem Grat wandle. Quintilian

illustriert seine Warnung mit einer ganzen Reihe von gerichtlichen Bühneneffekten, die aufgrund schlechter Vorbereitung oder Koordination kräftig danebengegangen waren (inst. or. VI 1, 37ff.).

Grundsätzlich aber kamen pathetische Showelemente gut beim Publikum und bei den Geschworenen an. In gewisser Weise erwartete man vor allem vom Verteidiger nicht nur eine überragende Rhetorik, sondern auch gut gespielte emotionale Einlagen. Dass er selbst an einer bestimmten Stelle seines Plädoyers in Tränen ausbrach oder weinende Angehörige präsentierte, gehörte ebenso dazu wie dramatische Anrufe der Götter und der Geschworenen. Die physische Präsenz von Familienmitgliedern, Freunden und Klienten im Gerichtssaal signalisierte, dass da zahlreiche Bürger an die Unschuld des Angeklagten glaubten oder sich zumindest für ihn verwandten und um ein mildes Urteil baten.

Eine große Anzahl von *followers* zielte auf Mitleid ab, selbst wenn sich der Angeklagte etwas hatte zuschulden kommen lassen. Mit seiner Bestrafung, so eine häufige Argumentation der Rechtsanwälte, werde nicht nur der Schuldige bestraft, sondern auch und erst recht seine unschuldigen Kinder, seine unschuldige Ehefrau, seine unschuldigen Eltern und die vielen anderen unschuldigen Verwandten und Freunde, die da hinter der Verteidigungsbank Platz genommen hatten. „Welchen Schutz, welchen Trost wird diese unglückliche Jungfrau noch haben, wenn sie ihren Bruder verliert?", fragt Cicero und weist dabei auf die Vestalin Fonteia, die ja wegen ihres Dienstes für die Göttin keinen Ehemann an ihrer Seite hat. Fonteia weiß in diesem Augenblick, was sie zu tun hat, und Cicero zeigt erneut auf sie: „Eine Vestalin streckt bittflehend ihre Hände zu euch aus – dieselben Hände, die sie sonst für euch zu den unsterblichen Göttern auszustrecken pflegt" (Font. 47f.).

Auch diese Rührszene fiele heute vor Gericht wohl durch. In Rom glückte sie – nicht zuletzt, weil die „arme Schwester" authentisch mitspielte. Obwohl es ein sehr übliches Mittel war, das Mitleid des Gerichts zu erregen, lief sich das Anlegen von → Trauerkleidung durch den Angeklagten, seine engsten Verwandten und ggf. sogar einen größeren

Kreis seiner „Anhänger" keineswegs tot. Die Demonstration von Empörung über die „unverschämte" Anklage und tiefe Trauer über sich selbst wirkten durchaus; manch ein Angeklagter lief schon Monate vor Prozessbeginn in dunkler, schäbiger Kleidung (*sordes*) in der Öffentlichkeit herum, um gegen die Anklage zu protestieren.

Natürlich machte auch die Gegenseite von ähnlichen Mitteln der Beeinflussung Gebrauch. Bei Kapitalverbrechen waren es gelegentlich die Angehörigen des Opfers, die so in Sack und Asche gingen, um den emotionalen Druck auf das Gericht zu erhöhen. In ihrem Fall war das Ausdruck der Forderung nach harter Bestrafung des Täters. Wunden und Narben machten sich als emotionalisierende „Beweismittel" auch gut vor Gericht – ein „altbewährtes, eindrucksvolles Verteidigungs-Rezept" nennt Cicero dieses Showelement und spottet, ob der Gegenanwalt damit am Ende noch die fragwürdige Leistung des gnadenlosen Provinz-Ausbeuters Verres als „Feldherr" beweisen wolle: „Wird Verres sich erheben, um seine Brust zu entblößen, damit das römische Volk seine Narben erblicken soll – die Spuren von den Bissen seiner Weiber, die Spuren seiner Wollust und Verdorbenheit?" (Verr. II 5, 32).

Noch drastischer sind die theatralischen Demonstrationen, die Quintilian ein gutes Jahrhundert später beschreibt: „Auch können wir es erleben, dass die Ankläger ein blutiges Schwert, Knochensplitter, die aus den Wunden stammen, und mit Blut überströmte Kleidungsstücke vorzeigen und dass man Wunden enthüllt oder durch Schläge misshandelte Leiber entblößt." Mit welchem Ergebnis? „All das macht meistens gewaltigen Eindruck, denn es führt ja den Menschen die Tat gleichsam leibhaftig vor Augen" (inst. or. VI 1, 30f.). Als neue „Masche" der Emotionalisierungsstrategie erwähnt Quintilian ferner schockierende Bilder von der Tat auf Holz oder Leinwand, die den Geschworenen und dem Publikum vorgehalten werden. Solche Schock-Bilder lehnt er persönlich indes ab: Der gute Redner müsse mit einer eindringlichen Schilderung der grausigen Bluttat den gleichen Effekt bewirken können (inst. or. VI 1, 32).

Wie erklärt sich der Erfolg solcher aus heutiger Sicht fragwürdigen und durchsichtigen Showelemente, die hier, auf engem Raum zusammengestellt, freilich nicht den Eindruck erwecken sollten, sie wären wichtiger gewesen als die argumentative Rhetorik oder sie wären gewissermaßen pausenlos eingesetzt worden? Gerade die gezielte – und eben nicht inflationäre – Verwendung theatralischer Rühr- und Empörungsszenen war eines der Erfolgsgeheimnisse, ferner, wie schon angedeutet, die Affinität des römischen Publikums zur Show schlechthin. Römer liebten Shows, und theatralische Einlagen vor Gericht kamen dieser Neigung entgegen. Hinzu kam, dass der römische Gerichtssaal viel öffentlicher, viel lebendiger und viel kommunikativer war als sein modernes Gegenstück. Gericht fand in großen Basiliken auf öffentlichen Foren statt – das Forum Romanum, das Forum Augustum, das Forum Iulium und das Forum Traianum waren die wichtigsten „Veranstaltungsorte". Sie waren für den Durchgangsverkehr von Fußgängern offen; auch zwischen den einzelnen Gerichtssälen gab es kaum Barrieren, sodass oft genug die in einem Saal gehaltenen Reden auch noch im nächsten zu hören waren.

Es herrschte ein ständiges Kommen und Gehen. Wer gerade Zeit hatte oder zufällig an einem interessanten Plädoyer vorbeikam, blieb neugierig stehen und wandte sich wieder ab, wenn es ihm langweilig wurde – für ehrgeizige Anwälte, die auch für sich selbst warben, eine Herausforderung, auch für die Zufallshörer durch blendende Rhetorik, aber eben auch durch theatralische „Mätzchen" den Spannungsbogen aufrechtzuerhalten. Prominente Redner waren von Anfängern und Rhetorik-Schülern umlagert, die vom „Meister" lernen wollten. Der Unruhe- und Lärmpegel in den Gerichtssälen war hoch, Showelemente halfen dabei, die Konzentration aller Beteiligten auf den Prozess zu richten – und sie nicht an einen der vielen Nebenschauplätze zu verlieren.

Manche Prozesse wurden von einem Einzelrichter geführt, andere von einer großen Geschworenenjury behandelt, die bis zu 45 Richter aufweisen konnte. Dabei gab es nicht die heute üblichen Schranken zwischen den Parteien und dem Gericht. Die räumliche Nähe und die unmittelbare Erreichbarkeit der Richterbänke luden geradezu dazu ein, dass der Angeklagte sich vor ihnen zu Boden warf, die Knie der Geschworenen umklammerte und so pathetisch um Gnade und Mitleid nachsuchte. Auch mit solchen Gesten durfte man es nicht übertreiben, doch gehörten sie zum selbstverständlichen Arsenal von *miseratio*-Szenen, in denen an das „Erbarmen" der Richter appelliert wurde. Der persönliche Kontakt baute Distanz ab; Angeklagter und Geschworene begegneten sich sozusagen auf Tuchfühlung.

Und es konnte ja durchaus ganz eindrucksvoll, ja sogar schmeichelhaft sein, wenn da ein hoher Herr in der Pose des verzweifelten Angeklagten vor einem Richter zu Boden sank, den er im normalen Leben kaum eines Blickes gewürdigt hätte. Zwar mussten alle Geschworenen relativ hohe finanzielle Standards erfüllen (200.000 Sesterze Besitz), mussten einen guten Leumund haben und zwischen 25 und 60 Jahren alt sein, aber juristische Vorkenntnisse benötigten sie nicht, und manche hatten einen Bildungsstand, der sie nicht gerade als Angehörige der gesellschaftlichen Elite auswies. Einige kamen vom Land – Juvenal spottet über *bubulci*, „Ochsentreiber", unter ihnen (VII 116f.; vgl. Quint. inst. or. V 14, 28) – und manche waren des Lateinischen nicht ganz so mächtig (Suet. Claud. 16, 2). Dass man solche Geschworenen erfolgreicher mit unterhaltsamen Showelementen auf seine Seite brachte als mit stringenter juristischer Argumentation, leuchtet ein.

Schließlich war auch die Reaktion des Auditoriums auf die Darbietungen beider Prozessparteien nicht zu unterschätzen. Viele Zuhörer brachten sich mehr oder minder ungeniert mit Zurufen in die Verhandlung ein. Auch das war Teil der Öffentlichkeit römischer Gerichtsverfahren und wurde in der Regel nicht beanstandet. Kaiser Claudius soll sogar einmal prompt auf die lautstark vorgetragene Aufforderung eines Zuhörers eingegangen sein, einem überführten Fälscher die Hände abhacken zu lassen: Der Vorsitzende zeigte sich „einsichtig" und ließ den → Henker rufen, der für den Vollzug auch solcher Strafen zuständig war (Suet. Claud. 15, 2). Viele Zwischenrufe und Meinungsäußerungen wurden laut, aggressiv und in, freundlich formuliert, volkssprachlicher Direktheit vorgetragen. Auch Gelächter und Beifall des Auditoriums waren keine seltenen „Interventionen".

Die Jury ließ sich von diesen „öffentlichen" Stimmungen durchaus beeindrucken und beeinflussen. Kein Wunder, dass manche Anwälte bezahlte → Beifallklatscher engagierten, die ihre Ausführungen bejubelten und damit ihrem Mandanten, aber eben auch der Reputation des Anwalts gute Dienste leisteten. Auch Mahlzeitenjäger witterten ihre Chance, eine Einladung zum Gastmahl zu ergattern, wenn sie sich zu Beifallsstürmen für einen Anwalt hinreißen ließen: „Perfekt, großartig, raffiniert!" brüllten sie. „Bravo! Gratuliere! So hab ich's mir vorgestellt!" (Mart. II 27, 3f., Ü nach P. Barié). Man braucht nicht viel Phantasie dazu, sich vorzustellen, wie Opportunisten dieser Art showartige Einlagen und emotionale szenische Kabinettstückchen mit Applaus belohnt haben, die nach heutiger Auffassung eher ins Theater als in den Gerichtssaal gehören. Allerdings war für römische Redner, zumal für Gerichtsredner klar, dass sie in gewisser Weise auf einer *scaena* agierten, einer „Bühne".

Gewalt gegen Kinder

Wahre Mutterliebe „geht anders", möchte man meinen. Aber Metrotime ist außer sich darüber, was ihr Sohn Kottalos wieder alles angestellt hat. Sie sucht und findet Hilfe bei dessen Lehrer: „Leg diesen Bengel übers Knie", fleht sie ihn an, „und verbläue ihn, bis ihm die Seele, die schlechte, kaum noch auf den Lippen hängen kann!" Darum lässt sich der Lehrer Lampriskos nicht zweimal bitten. Er ordnet zwei Klassenkameraden ab, den Übeltäter während der Züchtigung festzuhalten, und beginnt damit, ihn mit dem Ochsenziemer zur „Raison" zu bringen: „Ich werd' dich zahmer als ein Mädchen machen, dass du nicht mehr piep sagen kannst, wenn du's so haben willst!" Irgendwann hält der

Lehrer mit den Schlägen erschöpft inne. Schon Schluss?, fragt sich die Mutter des Delinquenten irritiert. Und sie bittet Lampriskos um mindestens weitere 20 Schläge: „Hör noch nicht auf, Lampriskos! Prügle ihn, bis die Sonne untergeht!"

Diese Szene stammt aus einen sogenannten Mimiambus, einer Art Sketch, aus der Feder des hellenistischen Dichters Herodas aus dem 3. Jh. v. Chr. Er soll das Publikum zum Lachen bringen – und tatsächlich ist man ja geneigt, gerade aufgrund der Übertreibungen (und der Frechheiten, die sich Kottalos noch während der Tortur herausnimmt), Spaß am Prügel-Schauspiel zu empfinden, vielleicht auch eine Form von Schadenfreude, dass es da einem rotzfrechen, trotzigen Schulverweigerer, einem dem Würfelspiel deutlich mehr als den Musen huldigenden Halbwüchsigen einmal so richtig „heimgezahlt" wird. Aber was in der literarischen Fiktion amüsant wirkt, war in der Alltagsrealität der Antike nicht ganz so amüsanter Ernst. Der im griechisch-hellenistischen Raum spielende Sketch ist problemlos auf das gleichzeitige und spätere Rom zu übertragen. Benennt man Kottalos in „Aulus" oder „Septimus" um, so kann das Stück auch in Rom oder einer anderen Stadt des lateinischen Westens spielen.

Die körperliche Züchtigung war selbstverständlicher und nur sehr selten hinterfragter Teil der Erziehung römischer Kinder und Jugendlicher. In einer stark von Gewalt geprägten Gesellschaft ist das kein überraschender Befund, zumal wenn man bedenkt, als wie „natürlich" Ohrfeigen, Schläge und Prügel bis vor nicht allzu langer Zeit auch in den meisten Staaten des „aufgeklärten" modernen Europas galten und bis heute gelten. Römer hätten die heute verbreitete Ablehnung der Gewalt gegen Kinder kaum verstanden; für sie war es Teil der umfassenden *patria potestas*, „väterlichen Gewalt", ungezogene oder uneinsichtige Kinder mit Körperstrafen auf den „rechten Weg" zu bringen. Oder sie „nicht nur mit Worten, sondern auch mit Schlägen" zu züchtigen, wenn sie sich unschicklich verhielten und gegen gesellschaftliche Konventionen verstießen. In einem Trauerhaus haben Stille und Ernst zu herrschen; notfalls „werden Kinder von ihren Müttern und Lehrern gezüchtigt (…) und zum Weinen gebracht, wenn sie in einer häuslichen Trauer etwas Fröhliches gesagt oder getan haben“ (Cic. Tusc. III 64).

Auch der Philosoph Seneca hält den durch körperliche Züchtigung zugefügten Schmerz für ein geeignetes Erziehungsmittel – als Lehre für noch unvernünftige Wesen, wie sie sich fortan richtig zu benehmen haben. Die Sanktion hat bei ihm insofern weniger strafende als erzieherische Funktion – ähnlich wie auch Tiere durch Schläge gezähmt werden müssten, die der Vernunft nicht zugänglich seien und nur mithilfe des Schmerzes in ihrer „Widerspenstigkeit“ gebrochen werden könnten (const. sap. 12, 3). Allerdings spricht sich Seneca für eine moderate Anwendung körperlicher Straßen aus: „Mit ständigem Prügeln und Brutalitäten sogar bei geringfügigsten Anlässen“ stellen sich alle zum „Herrschen“ Berufenen – ob Vater, Lehrer, Offizier oder Kaiser – selbst ein Armutszeugnis aus. Gerade Menschen seien besonders widerspens-

tig, glaubt Seneca, sodass eine zu harte Hand leicht das Gegenteil dessen bewirke, was man anstrebe: Brutal „Beherrschte" begehren auf und verweigern den Gehorsam aus Trotz (clem. 14,2–15, 1).

Mädchen waren sicher viel seltener Opfer körperlicher Gewalt, blieben aber nicht grundsätzlich davon verschont (Fronto ep. ad Caes. IV 12, 5; Tac. ann. V 9) – auch nicht in christlichen Familien, in denen der Vater als Haushaltsvorstand „alle Hausgenossen zum häuslichen Frieden anzuhalten hatte", wobei er gelegentlich „durch Worte und Schläge (*verbis et verberibus*) oder ein anderes gerechtes und erlaubtes Zuchtmittel, wie es das Herkommen gestattet", strafend eingreifen musste (Augustin CD XIX 16).

Augustin, der diese christliche Position formuliert, wusste aus eigener Erfahrung, wovon er sprach, allerdings mehr aus der Schule als aus dem Elternhaus. Die römische Schule war ein berüchtigter Prügelort; die *ferula*, „Rute", lag stets griffbereit in der Nähe des Lehrers. Sie galt geradezu als sein Zepter (Mart. X 62,10). Und sie wurde auch unerbittlich eingesetzt; *verbera saeva*, „grimmige Schläge", erwarteten die Schüler an jedem neuen Morgen (Ov. am. I 13, 17f.). Dass „die Schule von vielen Schlägen widerhallt", vermittelt Ausonius seinem Enkel mit der Aufforderung, sich trotzdem nicht in →Schulangst zu flüchten (protrept. ad nep. 24ff.). Und der von Horaz berühmt gemachte *Orbilius plagosus*, der „schlagreiche Orbilius" – passender wäre aus heutiger Sicht die Übersetzung der „Schläger Orbilius" – war alles andere als eine Ausnahmeerscheinung in seinem Berufsstand als Literatur- und Grammatiklehrer (Hor. epist. II 1, 70f.; Suet. gramm. 9, 4). Und wie reagierten die Eltern, wenn sich die misshandelten Kinder in ihrer Not an sie wandten, um wenigstens ein wenig getröstet zu werden? Augustin erinnert sich: „Es gab Gelächter bei den großen Leuten, bei meinen Eltern sogar (…) über meine Schläge, damals für mich das große, schwere Übel" (conf. I 14). Er dürfte nicht der Einzige gewesen sein, der diese traumatische Erfahrung machen musste.

Ebenso wie die Lehrer durften auch die *paedagogi*, die Aufpasser und

Begleiter von Kindern aus der Oberschicht, ihre „Schützlinge" körperlich züchtigen. Grundsätzlich gesehen, war das bei beiden pädagogischen Berufen keine Selbstverständlichkeit. Denn sie wurden häufig von Freigelassenen oder sogar Sklaven ausgeübt, die den ihnen anvertrauten Kindern damit gesellschaftlich gewissermaßen unterlegen waren. Diese soziale Asymmetrie wurde durch das Züchtigungsrecht noch verstärkt: War es hinzunehmen, dass ein Sklave einen freien Menschen schlug, ohne dafür zur Rechenschaft gezogen zu werden?

In seiner Funktion als Lehrer oder Erzieher ja, sagte das römische Recht. Da wurde sozusagen die väterliche Gewalt in diesem pädagogischen Raum auf ihn delegiert. Und damit galten Prügel aus erzieherischen Gründen im juristischen Sinne nicht als *iniuria*, „Unrecht", „Übergriff". *Dass* in Elternhaus und Schule körperliche Gewalt zur Normalität der Erziehung gehört hat, ist völlig unstrittig. Offenbleiben muss dagegen, in welchem Umfang sie ausgeübt worden ist. Da gibt es kein verlässliches Quellenmaterial, das eine seriöse Aussage zuließe.

Immerhin hat es einige wenige Stimmen gegeben, die von körperlicher Züchtigung abgeraten haben. Am deutlichsten gibt sich der berühmte Rhetorik-Lehrer Quintilian als grundsätzlicher Gegner des Schlagens und Prügelns zu erkennen: „Dass aber die Schüler beim Lernen geprügelt werden, wie sehr es auch üblich sein mag (...), möchte ich auf keinen Fall" (inst. or. I 3, 14). Quintilian führt mehrere Gründe für seine Haltung an. Zum einen sei die körperliche Züchtigung eines freien Menschen unwürdig – bei Sklaven hält er sie für angemessen –, zum anderen werde durch Prügel nicht mehr erreicht als durch Worte, schließlich machten motivierende Unterrichtsmethoden so strenge Strafen unnötig. „Dazu kommt, dass den Geprügelten aus Schmerz oder Angst oft hässliche Dinge passieren (...), derer sie sich dann schämen" (inst. or. I 3, 14ff.). Eine ähnliche Position vertritt ein weiterer Intellektueller des 1. Jh.s n. Chr., der griechische Schriftsteller Plutarch: „Ich meine, Kinder sollten durch Ermahnungen, keineswegs durch Schläge oder Misshandlungen zu lobenswerten Bestrebungen angehalten werden. Das Schlagen passt eher für Sklaven als für Freigeborene (…). Bei Freigeborenen bringen Lob und Tadel mehr Nutzen hervor als alle Misshandlung, da das eine zum Guten motiviert, das andere vom Schlechten abhält“ (lib. educ. 12 F).

Damit vertraten Quintilian und Plutarch indes eine Minderheitenposition, die sich im Schulalltag nicht durchzusetzen vermochte. Im Gegenteil. Selbst in Rhetorenschulen, in denen 16–20-jährige „Studenten“ saßen, war die körperliche Züchtigung zumindest für einen Teil der Professoren eine Option, wenn die Disziplin ihrer Zuhörer allzu stark nachließ. Das war freilich angesichts der Aggressivität mancher Studenten (→ Studentenunruhen) ein riskantes Unternehmen. Bei manch einem seiner Schüler konnte sich der schlagende Rhetorik-Lehrer nicht ganz sicher sein, dass der nicht zurück schlug. Juvenal „berichtet“ das sogar schon von den deutlich jüngeren, 13–15-jährigen Schülern des Grammatiklehrers – freilich in einem satirischen Kontext, der doch wohl nicht die Realität widerspiegelt. Aber immerhin stellt er die Gegenwehr keineswegs als absoluten Ausnahmefall dar: „Der Rufus aber und andere Schulmeister kriegen von ihrer eigenen Schuljugend Haue“ (VII 213f.).

Gift

In Massilia, dem heutigen Marseille in Südfrankreich, konnten Bürger offiziell vom Stadtrat Gift beziehen – auf Antrag, versteht sich, der streng geprüft wurde. Voraussetzungen für die Genehmigung waren: 1. Man wollte das Gift haben, um sich selbst umzubringen. 2. Man brachte plausible Gründe für den geplanten Freitod vor – Spontanentschlüsse aus Liebeskummer oder anderen vorübergehenden depressiven Verstimmungen sollten nicht gefördert werden (Val. Max. II 6, 7). Im Übrigen wurden die Giftvorräte der Stadt gut bewacht und es galten die gleichen Vorsichtsmaßnahmen wie im gesamten Römischen Reich.

Danach war es aufgrund der *lex Cornelia* „über die Meuchel- und Giftmörder" aus dem Jahre 81 v. Chr. verboten, Gift fahrlässig und unbefugt in Umlauf zu bringen. Besonders hohe Anforderungen wurden an die Salben- und Farbenhändler gestellt, zu deren Warenbestand auch Gifte gehörten (Dig. XXXXVIII, 8, 3, 3). Sie trugen die Verantwortung dafür, dass Gift nicht in falsche Hände kam, sondern hauptsächlich zu therapeutischen Zwecken genutzt wurde. Konnte der Nachweis geführt werden, wer einem Giftmörder die tödliche „Waffe" verschafft hatte, so wurde auch der Verkäufer – selbst wenn er ganz arglos gehandelt hatte – vor Gericht gestellt und mindestens wegen Beihilfe verurteilt (Inst. IV 18, 5).

Gifte waren also, modern gesprochen, apothekenpflichtig; ihr Verkauf unterlag strengen Sicherheitsbestimmungen, die im Einzelnen nicht bekannt sind. Auch Ärzte mussten größte Vorsicht walten lassen, wenn sie potenziell tödliche, weil giftige Medikamente verabreichten. Entscheidend war (und ist) ja oft die Dosis, ob es eine lindernde Arznei oder ein todbringendes Mittel war, das sie ihren Patienten gaben. Nicht zufällig ist *venenum* im Lateinischen eigentlich eine sogenannte *vox media* („ein Wort in der Mitte, ein neutraler Begriff"), bei der erst das dazugestellte Adjektiv entscheidet, ob es ein gutes (*bonum*) oder ein schlimmes (*malum*) „Tränkchen" war. Ein *venenum somniferum* konnte ein ganz harmloses Schlafmittel sein (Apul. Met. X 11). Allerdings lief der normale Wortgebrauch schon auf die Bezeichnung „Gift" hinaus.

Die rigiden gesetzlichen Bestimmungen waren das Eine, die Lebensrealität war das Andere. Natürlich spielte sich in dieser heiklen Sache vieles im Verborgenen ab. Aber es spricht doch manches dafür, dass es nicht besonders schwierig war, an Gift zu kommen, wenn man genügend Energie darauf verwendete und den Giftmischern die geforderten Preise zahlte. Es gab genügend Menschen, die sich auskannten und wussten, wo die Natur entsprechende „Rohstoffe" zur Verfügung stellte – für legale medizinische Zwecke, aber eben auch für kriminelle Vorhaben. Giftpflanzen gab es reichlich. Die wichtigsten waren Eisenhut und Schierling, daneben auch Koriander und Bilsenkraut, Eibe und Mohn, Herbstzeitlose und Pilze. Tierische Gifte spielten in der „Nutzung" eine deutlich geringere Rolle, ebenso giftige Substanzen wie Blei, Bleiweiß und Quecksilber. An die einschlägigen Adressen professioneller Giftmischer und Giftmischerinnen gelangte man ohne große Mühe. Manche führenden Politiker und Feldherren hatten, will man dem Historiker Livius Glauben schenken, stets eine Portion Gift dabei, um bei einem radikalen Sinneswandel der Glücksgöttin Fortuna rasch aus dem Leben scheiden zu können (XXX 15, 4 über Massinissa).

Manche „Kräuterweibchen" waren nicht so harmlos, wie ihr „Kräuterverkauf" es vorgaukelte. Sie hatten auch Giftmischungen im Angebot und reisten damit umher wie die berüchtigte *venifica* („Giftmacherin") Martina aus Syrien im 1. Jh. n. Chr., die eines Tages selbst eines mysteriösen, vermutlich durch Gift ausgelösten Todes starb (Tac. ann. II 74; III 7, 2). Noch berüchtigter war eine Gallierin namens Lucusta. Sie war mit ihrem Gift an der Ermordung des Kaisers Claudius im Jahr 54 ebenso beteiligt wie an Neros geplantem, dann aber zunächst nicht durchgeführtem Selbstmord („Lucusta musste ihm Gift bringen", weiß Neros Biograph Sueton (47, 1)). Lucusta brachte es als Inbegriff der Giftmischerei fast zu sprichwörtlichem „Ruhm" (Juv. I 71). Neros Nachfolger Galba legte ihr schließlich das kriminelle Handwerk; er verurteilte die vielfache Giftmörderin zum Tode.

Es ist kein Zufall, dass aus dem verschwiegenen Giftmischer-Milieu zwei weibliche Protagonisten namentlich herausragen. Die sonst so männlich dominierte römische Zivilisation ist in Sachen Giftmischerei und Giftmord ein ausgesprochen weibliches Pflaster. Der keine Gewaltanwendung erfordernde, heimtückische Giftmord war nach allgemeiner römischer Ansicht geradezu eine weibliche Domäne. Nicht, dass man nicht auch den einen oder anderen Mann zu den Giftmördern zählte – aber der normale Bürger dachte sofort an eine Täterin, wenn er „Giftmord" hörte. Cicero bedient sich dieses Vorurteils geschickt, aber einigermaßen fies: Vor Gericht versucht er wegen Giftmordes angeklag-

te Mandanten dadurch zu entlasten, dass er den Verdacht auf Zeuginnen lenkt: Passt eine solche Tat nicht viel eher zu einer Frau? (Cluent. 188ff.; Cael. 60).

Tatsächlich hatte schon der Alte Cato im 2. Jh. v. Chr. die bösartige These vertreten, jede Ehebrecherin sei auch eine potenzielle Giftmischerin (Quint. V 11, 39). Etliche Generationen später warnt der Satiriker Juvenal Stiefkinder vor der verbrecherischen Stiefmutter: „Traut keiner Speise! Vom Gift der Stiefmutter glüht das fette Gebäck – Leichenfarbe ist's, die es hervorbringt" (VI 630f.). Wenn es ums Erben ging, war der Griff zum Gift oft nicht weit – das behaupten jedenfalls viele antike Autoren, und sie werden nicht müde, vor Giftanschlägen zu warnen. Gefährdet waren naturgemäß besonders die reichen Leute. Tatsächlich war der Giftmord ein Verbrechen, das vor allem in der „feinen" Gesellschaft zu Hause war. Mancher Argwohn und manche Furcht entsprangen sicherlich purer Hysterie, aber die Verunsicherung war da: In etlichen Familien regierte das Misstrauen.

Stimmt es, dass ...

... die römische Zivilisation an Bleivergiftung zugrunde gegangen ist?

Nein. Das ist eine spektakuläre Untergangstheorie, die als widerlegt gelten muss – wie auch andere Hypothesen, die den „Untergang" Roms mit einer einzigen Ursache begründen wollen. Es war ein ganzes Bündel von Ursachen, das den weströmischen Staat im 5. Jh. n. Chr. hat zusammenbrechen lassen. Dass ein Großteil der Oberschicht an einer „pandemischen" Bleivergiftung gelitten haben dürfte, gehört zu diesem Ursachenbündel, hat aber sicher nicht den Ausschlag gegeben.

Wie kam das Blei in den Körper vieler Römer vor allem der gesellschaftlichen Elite? Im Wesentlichen auf zwei Wegen. Zum einen durch Wasserleitungen aus Blei; hier waren die Reichen besonders gefährdet, weil sie – freilich bei Weitem nicht alle – einen direkten Wasseranschluss im eigenen Haus hatten. Diese Hausanschlüsse bestanden meist aus Bleirohren. Allerdings hing es wesentlich vom ph-Wert des Wassers ab, ob das gefährliche Blei starke Kontaminationen verursachte. Bei hartem Wasser legte sich schnell ein schützender Ring aus Kalkablagerungen um das Innere der Rohre, sodass das Wasser vom Blei isoliert wurde. Wo das nicht der Fall war, schützte ein anderer Faktor vor einer sehr starken Bleikonzentration: Das Wasser floss kontinuierlich, wurde also nicht durch Absperrhähne dazu gebracht, längere Zeit in den Bleirohren zu stehen.

Der deutlich riskantere Einfluss ging von der Vorliebe der meisten wohlhabenden Römer für eher liebliche Weine aus. Man setzte den Weinen gern stark ausgekochten Süßmost (*defrutum*) zu. Dieses Aufkochen geschah vornehmlich in Bleigefäßen. Dabei gelangten Bleisalze in den Most – was insofern sogar ein erwünschter Nebeneffekt war, als diese Bleisalze den süßlichen Geschmack zusätzlich verstärkten. Kostbare, mit *defrutum* „veredelte" Weine aber waren eine „Domäne" der Reichen. Insofern waren Angehörige der Oberschicht eher Opfer einer allmählichen, über Generationen weitergegebenen Bleivergiftung als die kleinen Leute.

Hätte man das wissen können? Ein behutsamerer Umgang mit dem Risikostoff Blei hätte nahegelegen; denn er war als solcher bekannt. Man wusste nicht nur, dass die Arbeiter in den Bleigruben eine geringe Lebenserwartung hatten. Es lagen auch Hinweise, wenngleich keine Beweise dafür vor, dass es keine gute Idee war, Wasser durch Bleirohre fließen zu lassen. Schon der zur Zeit des Augustus lebende Architekturschriftsteller Vitruv empfahl unmissverständlich, darauf zu verzichten: „Es scheint ganz und gar nicht gut, Wasser durch Bleiröhren zu leiten, wenn wir der Gesundheit zuträgliches Wasser haben wollen" (VIII 6, 10).

Warum verhallte sein Warnruf – es war vermutlich nicht der einzige (vgl. Lukr. VI 831ff.) – ungehört? Weil Blei, abgesehen von seinem Gewicht, ein sehr bequemer und preiswerter Werkstoff war. Da nahm man das Risiko eben in Kauf – Parallelen zur modernen Welt sind vielleicht nicht nur Zufall.

Die Dunkelziffer war hoch. Giftmorde ließen sich kaum nachweisen. Bestimmte Verfärbungen an der Leiche und ein besonders übler Verwesungsgeruch galten als Indizien für einen Giftmord; aber es fehlte das gesamte kriminaltechnische Instrumentarium, das in unserer Zeit in solchen Fällen Gewissheit schafft.

Besonders hoch war das Risiko, einem Giftattentat zum Opfer zu fallen, ganz oben: Im kaiserlichen Palast gab es jede Menge Intrigen, Missgunst und skrupellose Gestalten, die unter dem zahlreichen Personal willige Helfer fanden. Tatsächlich ist die Reihe jener Mitglieder des Kaiserhauses bemerkenswert lang, die Opfer eines Giftanschlags wurden oder einem Giftattentat nur knapp entgingen, darunter Drusus und Claudius, Nero und Agrippina, Caligula und Domitian, Commodus, Caracalla und Elagabal. Manche Herrscher schützten sich, indem sie jeden Tag Gift in kleinen Mengen zu sich nahmen, um den Körper zu immunisieren. Andere vertrauten einem neuen Berufsstand, der sich durch eben diese Furcht vor Giftmord am Hofe etabliert hatte. Das waren die *praegustatores*, „Vorkoster", die eine giftige Speise gewissermaßen vor dem Kaiser „abfingen". Sie bildeten schließlich sogar ein Berufscollegium mit einem Ober-Vorkoster an der Spitze.

Eine absolute Überlebensgarantie verband sich mit diesem neuen Berufsbild am Kaiserhof allerdings auch nicht. Kaiser Claudius vertraute seinem Vorkoster, einem Eunuchen namens Halotus, blind. Das war ein Fehler. Denn der hatte sich bestechen lassen, seinem Herrn eine vergiftete Speise aufzutragen. Und die eigentlichen Urheber dieses Giftmordkomplotts? Waren – nach römischer Lesart: natürlich! – Frauen. Agrippina, die Gattin des Claudius, und Lucusta, die Giftmischerin, die sich ihrerseits von der Kaiserin hatte anwerben lassen.

Gladiatoren – Die Top Acht

Von den Zehntausenden Gladiatoren, die im Laufe der Jahrhunderte in den zahlreichen Arenen des Römischen Reiches gekämpft haben, sind nur ein paar Hundert Namen überliefert. Viele davon sind sprechende Künstlernamen wie Ferox, „der Wilde", Pugnax, „der Kämpfer", und Victor, „der Sieger". Auch entsprechende griechische Namen sind reich bezeugt: Anicetus, „der Unbesiegte", Exochus, „der Mächtigste", Amaranthus, „der Unvergängliche". Manche Gladiatoren nannten sich nach großen Kriegern der Mythologie: Aias und Hector, Turnus (der Gegenspieler des Aeneas) und Patroclus. Beliebt waren ferner Namen, die den „Wert" des Kämpfers deutlich machten: Smaragdus und Amethystus sowie zahlreiche Bildungen mit griechisch Chryso-(„Gold-") wie Chrysanthemus, „goldene Blüte", oder lateinisch Aureolus, „der Goldene". Ein Gladiator nennt sich Chryseros, „Goldene Liebe". Überhaupt waren Künstlernamen, die körperliche Attraktivität signalisierten, in Gladiatorenkreisen recht beliebt: Kallimorphus, „von schöner Gestalt", Euprepes, „gut aussehend", oder ganz einfach Eros bzw. Cupido, „Liebe" und „Verlangen". Unter Minderwertigkeitskomplexen litten *diese* Gladiatoren nicht.

Von den allermeisten nicht anonymen Arenakämpfern wissen wir allerdings nicht mehr als den Namen. Sie haben für uns keine Biographie – und das gilt sogar für die wenigen prominenten, über die sich ein paar Sätze in antiken Quellen finden. Anders als bei Wagenlenkern und Schauspielern erlaubt es die Quellenlage nicht, eine Top-Ten-Liste der besten oder erfolgreichsten Gladiatoren zusammenzustellen. Wir können im Folgenden nur sieben (bzw. acht; „Nr. 7" ist doppelt besetzt) Fallbeispiele „auffälliger" Gladiatoren anführen, die ihre Prominenz unterschiedlichen Gründen und Kriterien verdanken – manchmal einfach nur dem Zufall. Immerhin werden auf diese Weise einige wichtige Aspekte des Gladiatorenwesens skizziert, die ihrerseits verallgemeinerbar sind. Auf keinen Fall handelt es sich aber bei unserer Liste um eine Rangfolge.

Der Rebell: Spartacus

Der berühmteste Gladiator ist sicher Spartacus. Diesen Ruhm verdankt er allerdings nicht seinem Auftreten in der Arena (darüber erfahren wir nichts), sondern der Tatsache, dass er den erfolgreichsten Sklavenaufstand der römischen Geschichte angeführt hat. Spartacus war Kriegsgefangener aus Thrakien. Gemeinsam mit 70 anderen Fechtern brach er im Jahre 73 v. Chr. aus einer Gladiatorenschule in Capua aus. Zahlreiche Sklaven schlossen sich dem Aufstand an. Spartacus organisierte ein schlagkräftiges, diszipliniertes Heer, das mehrfach römische Truppen besiegte. Von 73 bis 71 v. Chr. zogen die Aufständischen mit einer Trup-

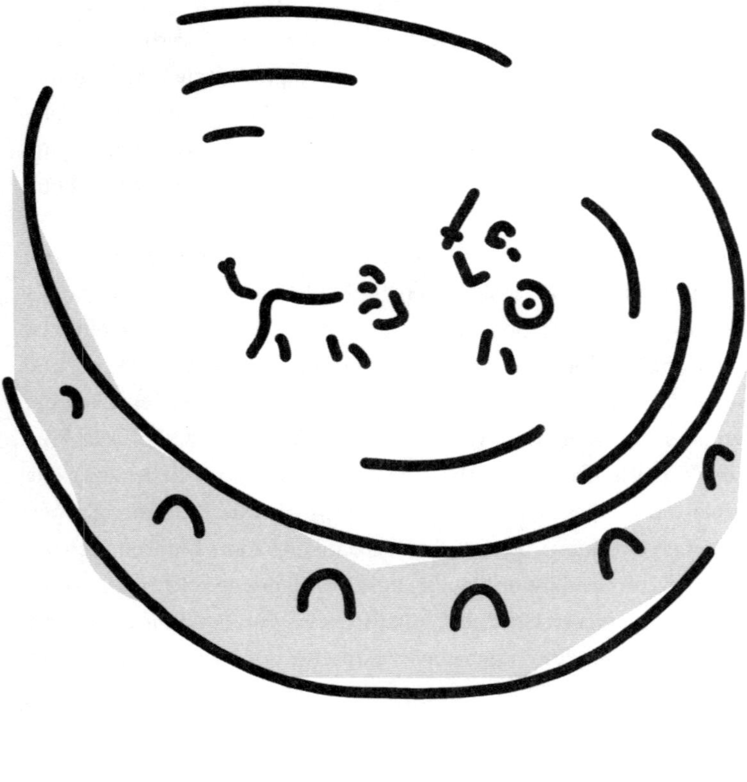

pe von mehreren Zehntausend Mann durch Italien. Im Jahre 71 v. Chr. brach der Aufstand zusammen. Spartacus kam in der entscheidenden Schlacht ums Leben. „Er kämpfte in vorderster Linie mit großem Mut", rühmt ihn ein römischer Historiker, „und fiel wie ein Feldherr" (Flor. II 8, 14).

Der Star: Hermes

Gladiatoren waren gesellschaftlich geächtet. Ihr Stand war *infamis*, „ehrlos". Trotzdem konnten hervorragende Kämpfer zu Publikumslieblingen mit einer großen Fangemeinde aufsteigen. Einer dieser Arena-Stars war gegen Ende des 1. Jh.s n. Chr. ein gewisser Hermes. Der Dichter Martial hat ihn in einem Hymnus verewigt (V 24) – 15 Verse lang, wobei jeder Vers mit „Hermes" beginnt. Martial rühmt ihn nicht nur als draufgängerischen, schier unbesiegbaren Kämpfer, sondern auch als „Generalisten", der in mehreren Waffengattungen antritt und alle Gegner besiegt – als Schwerbewaffneter, Netzkämpfer und als Leichtbewaffneter. Ganz gleich, welche Rüstung er trug, er war die *gloria Martis*, „der Ruhm des Kriegsgottes Mars" – ein Schrecken für jeden Gegner, ein Frauenschwarm, aktiver Gladiator und gleichzeitig Ausbilder junger Gladiatoren, Publikumsliebling und Kassenmagnet. Kurzum, *Martia saeculi voluptas*, „die kriegerische Freude des Jahrhunderts" (V 24, 1).

Tierkämpfer der Superlative: Carcophorus

Im Arena-Programm traten Gladiatoren meist am Nachmittag auf. Der Vormittag war für Tierhetzen (*venationes*) reserviert. Erfolgreiche Tierkämpfer (*bestiarii*) genossen nicht so großen Ruhm wie ihre Kollegen, die es mit menschlichen Gegnern zu tun hatten. Eine Ausnahme stellte *Carcophorus* dar, ein *bestiarius*, der im neu erbauten Colosseum während der Einweihungsfeierlichkeiten geradezu Wundertaten vollbrachte. So schildert es jedenfalls Martial in zwei Gedichten (spect. 15 und 27): ein Ausnahmekämpfer, der, hätte er in grauer Vorzeit gelebt, die

Menschheit vor all den legendären tierischen „Monstern" der Mythologie beschützt hätte. Der nemeische Löwe hätte ebenso wenig eine Chance gehabt wie der mänalische Eber oder Feuer speiende Stiere und Meeresungeheuer. Herkules wäre ob der Heldentaten des Carcophorus erblasst. Im „wirklichen" Leben nahm es Carcophorus in der Arena mit Raubtieren aller Art erfolgreich auf: mit Bären und Löwen, Panthern und wilden Ebern. Selbst eine ganze Armada gegen ihn aufgestellter „Bestien" schreckte ihn nicht: 20 von ihnen erledigte er in einem einzigen Kampf (spect. 27, 12). Darin steckt eine Menge Übertreibungspoesie. Die konnte Martial seinen Lesern aber nur zumuten, weil Carcophorus offenkundig schon zu Lebzeiten selbst ein Mythos der Arena war.

Der Frauenschwarm: Crescens

Gladiatoren galten als Ausbund an Männlichkeit. Manche Frauen schätzten den Sex-Appeal, der von ihnen ausging, und träumten von einer Nacht mit einem berühmten Gladiator. Der Satiriker Juvenal spottet über eine (fiktive) Senatorengattin Eppia, die ihren Mann und ihre Kinder verlässt, um ein neues Leben an der Seite eines Berufsgladiators anzufangen (Juv. VI 87) – obwohl dieser Sergiolus alles andere als eine Schönheit ist: ein entstelltes Gesicht, ein gewaltiger Höcker auf der Nase und zwei ständig tränende „Kitschaugen". Aber? *Sed gladiator erat*, „aber er war Gladiator!" (VI 107ff.). Während Sergiolus ein erfundener Frauenschwarm war, dürfte es einen gewissen Crescens tatsächlich gegeben haben: Ein Netzkämpfer (*retiarius*), der in der Arena von Pompeji auftrat und der in einigen Graffiti „angeschmachtet" wird:

Cr(escens), Cresce(n)s, puellarium (statt richtig: *puellarum*) *dominus* – „Crescens, Crecens, Herr über die Mädchen" (CIL IV 8916)

Cresce(n)s, puparru(m) dom(i)nus – „Crescens, Herr der Püppchen" (CIL IV 4356)

Cresce(n)s retiarius, puparum nocturnarum mat(utin)ar(um) aliarum (…) medicus – „Der Netzkämpfer Crescens, Arzt der Nacht-, Morgen- und anderer Puppen" (CIL IV 4353).

Der Routinier: Flamma

Flamma, „die Flamme", kennen wir aus seiner auf Sizilien gefundenen Grabinschrift (CIL X 7297=ILS 5113). Er starb im Alter von 30 Jahren. Seine Arena-Bilanz umfasste 33 Kämpfe, von denen er 21 gewann. Neunmal endeten seine Kämpfe unentschieden; dabei wurden die Gladiatoren „stehend entlassen" (*stantes missi*). Viermal unterlag Flamma seinem Gegner, wurde aber jedes Mal vom Publikum bzw. vom Veranstalter begnadigt. Begnadigungen waren keineswegs unüblich, sondern sogar der Regelfall – sofern der unterlegene Gladiator mutig gekämpft und eine gute, auch technisch anspruchsvolle „Performance" geliefert hatte. Flamma stammte aus Syrien, er war als *secutor*, „Verfolger" des Netzkämpfers, ausgebildet worden. Ob er freiwilliger Gladiator war und bei seinem letzten Kampf ums Leben gekommen ist, verrät seine Grabinschrift nicht. Wohl aber, dass er im Unterschied zu manch anderem (freiwilligen) Gladiator keine Familie hatte. Das Grabmal stiftete ein „Waffenbruder", *coarmio*.

Der Kaiser: Commodus

Es ist kein Ehrenname für einen überragenden Arena-Star, der als Überschrift dient, sondern der Titel eines der umstrittensten Gladiatoren, die je im Colosseum aufgetreten sind: Der Herrscher über das Imperium Romanum höchstpersönlich, Commodus, von 180 bis 192 n. Chr. römischer Kaiser, gab sich gelegentlich die fragwürdige Ehre als Schwert- und Tierkämpfer. Ein Teil des Publikums jubelte ihm zu; die meisten Senatoren, die er zwangsweise zum Zuschauen verpflichtete, fanden es dagegen unmöglich, dass ein leibhaftiger Kaiser in die Arena hinabstieg. Das hatten schon einige Vorgänger des Commodus getan: Caligula, Titus, Lucius Verus und (allerdings nicht öffentlich) Hadrian, aber keiner derart exzessiv – Kritiker hätten gesagt: derart schamlos – wie Commodus. Die Zahl seiner Auftritte soll an die 1000er-Grenze herangereicht haben, wobei die meisten allerdings im privaten Umfeld stattfanden. Trat Commodus öffentlich als Gladiator auf, so „verzichtete er

Stimmt es, dass …

… die Überlebenschance von Gladiatoren minimal war?

Nein. Eine gängige und von populären Medien weiter gefestigte Auffassung besteht darin, dass sich am Ende eines Arena-Tages wahre Leichenberge in den Lagerräumen des Colosseums aufgetürmt hätten. Das ist mit Sicherheit eine irrige Vorstellung, auch wenn es umgekehrt angesichts einer nicht unwesentlichen Opferquote keinen Grund gibt, den organisierten Mord in römischen Arenen in römischer Diktion als *ludus*, „Spiel", zu verharmlosen. Folgende Faktoren trugen indes dazu bei, die Zahl der tödlichen Ausgänge von Gladiatorenkämpfen zu reduzieren:

Das Publikum geriet, anders als vielfach geschildert, im Normalfall nicht in einen unkontrollierten Blutrausch. Die Qualität der *spectacula* wurde an spannenden, technisch hochwertigen und Draufgängertum spiegelnden Kämpfen beurteilt, nicht an der Zahl der auf dem Arena-Boden liegen gebliebenen Fechter. Augustus verbot Kämpfe *sine missione* (Suet. Aug. 45), in denen die Schiedsrichter auch nach einem erbitterten Kampf kein Unentschieden ausrufen durften. Tatsächlich galt das Urteil *stans missus*, „stehend begnadigt", nicht als Schande, sondern eher als Anerkennung für Gladiatoren. Aber auch wenn ein Kämpfer unterlegen war, neigten die Zuschauer dazu, ihn mit dem Daumenzeichen (s. S. 312) zu begnadigen. Voraussetzung war, dass er eine gute Show geliefert hatte.

Die Gladiatoren wussten, dass ihnen ein spektakulärer Kampf im Notfall die Chance der *missio* („Begnadigung") bot. Freilich erhöhte das so gesteigerte Engagement auch das Risiko einer (tödlichen) Verletzung. Die *lanistae*, „Betreiber der Gladiatorenschulen", hatten kein Interesse daran, gute, über längere Zeit ausbildete Kämpfer zu verlieren. Sie wurden zwar finanziell entschädigt, mussten aber verstärkt in die Ausbildung investieren und verloren ggf. Publikumslieblinge mit großen Anhängerschaften. Der Ausrichter der Spiele war schadenersatzpflichtig. Die Spiele waren teuer genug, an „unnötigen" weiteren Ausgaben hatte er kein Interesse. Zugegeben, diese Berechnungen wirken reichlich zynisch, da es um Menschenleben geht. Aber sie gingen in den Köpfen der damals „Verantwortlichen" vor sich.

Das einschlägige Quellenmaterial ist beschränkt. Doch lässt es den Schluss zu, dass die gerade vorgebrachten theoretischen Überlegungen mit der Praxis übereinstimmen. So belegen pompejanische Graffiti-Zeichnungen von Gladiatoren mitsamt ihren Siegesstatistiken, dass die *missio* häufig vorkam – und von den Fans dieser Gladiatoren offenbar als nichts Schmähliches erachtet wurde: Eine Graffiti-Statistik zu fälschen wäre ein Leichtes gewesen. Für das 1. Jh. n. Chr. hat G. Ville 100 Kämpfe ausgewertet. Dabei sind 19 Gladiatoren im Kampf oder als Folge des Kampfes ums Leben gekommen; bei 200 eingesetzten Fechtern lag die Mortalitätsquote mithin bei knapp 10%. Ville rechnet damit, dass sie in den nächsten Jahrhunderten höher lag, das Risiko für die Gladiatoren also anstieg (La gladiature en Occident, Rom 1981, 318ff.).

Die Zahl der jährlichen Kämpfe für den einzelnen Gladiator lag bei drei bis fünf. Das Risiko, in der Arena zu sterben, nahm mit jedem Kampf, statistisch gesehen, zu. Andererseits hatten Routiniers deutlich bessere Chancen als *tirones*, „Rekruten", zu Beginn ihrer „Karriere". Die Zahl der freiwilligen Gladiatoren stieg seit dem 1. Jh. n. Chr. an; sie dürfte im 2. Jh. etwa ein Drittel aller Arenakämpfer ausgemacht haben. Das waren nicht alles Lebensmüde, wohl aber Hasardeure, die sich auf ein hohes Risiko einließen, um nach drei, vier oder fünf Jahren als relativ wohlhabende „Veteranen" entlassen zu werden – wenn sie denn überlebt hatten.

Das Durchschnittsalter der von Grabsteinen bekannten Gladiatoren liegt bei 27 Jahren (Ville, 325) und damit um sechs bis acht Jahre niedriger als beim Rest der Bevölkerung (wobei alle diese Zahlen beträchtliche Unsicherheitsfaktoren aufweisen). Das alles zeigt die Gefährlichkeit des Berufes sehr deutlich auf. Aber dass, wenn Marcus Junkelmann richtig gezählt hat, in Ridley Scotts Film „Gladiator" aus dem Jahr 2000 von 59 (einmalig) eingesetzten Gladiatoren 34, also fast 60%, ums Leben kamen (Hollywoods Traum von Rom, Mainz 2004, 236), hat mit der Realität der römischen Arena nichts zu tun.

auf Eisen und Menschenblut“ (Cass. Dio LXXIII, 17, 2), d. h. es wurde mit Holzschwertern gekämpft. Nicht so, wenn er als *bestiarius* tätig wurde. Angeblich erlegte er an einem einzigen Tag 100 Bären (Cass. Dio LXXIII, 18, 1). Als er sich einmal aller Kleider entledigte und in heroischer Nacktheit im Amphitheater stand, fanden das auch seine Anhänger nicht mehr amüsant: Nicht kompatibel mit der Würde eines römischen Kaisers, meinten sie (Herod. I 15, 7). Mit 31 Jahren, am letzten Tag des Jahres 192, fiel der „Gladiator auf dem Kaiserthron“ einer Verschwörung zum Opfer. Der Attentäter, der ihn erwürgte, gehörte passenderweise zu der *spectacula*-Szene, die Commodus so geliebt hatte: Er war ein Berufsathlet namens Narcissus (Cass. Dio LXXIII, 22, 5).

Weibliche Gladiatoren: Achillia und Amazona

Die a-Endung zeigt es bei beiden an: Wir haben es mit weiblichen Gladiatoren zu tun. Sie sind die Einzigen, die namentlich überliefert sind – nicht weil sie besonders berühmt gewesen wären, sondern weil sie auf einem Relief „verewigt“ sind, das sich heute im Britischen Museum in London befindet. Das Relief wurde in Halikarnassos, dem heutigen türkischen Bodrum an der Westküste Kleinasiens, gefunden. Es stammt aus dem 1. oder 2. Jh. n. Chr. Es zeigt zwei barbusige Kämpferinnen mit Schwert und Schild, Beinschienen und Armschutz. Ihren Helm haben sie abgelegt. Eine griechische Beischrift erläutert den Grund: Der Kampf ist vorüber, er ist unentschieden ausgegangen, die kriegerischen „Damen“ sind vom Publikum „stehend entlassen“ worden – offenbar haben sie einen guten Kampf „hingelegt“. Unter den Reliefs stehen die Namen Achillia und Amazona. Ohne Zweifel Künstlernamen, die sich auf große mythologische Vorbilder beziehen: der eine auf Achill, einen der großen homerischen Helden, der andere auf das sagenhafte, mutig-„männliche“ Frauenvolk der Amazonen. Gladiatorenkämpfe waren – anders, als viele glauben – auch im griechischsprachigen Osten des Reiches eine äußerst beliebte Massenunterhaltung, nicht weniger populär als im Westen. Das Relief beweist, dass selbst fragwürdige, umstrittene

Neuerungen wie der Kampf von Gladiatorinnen im Osten Einzug gehalten haben.

Allerdings blieben weibliche Kämpfer in den Arenen der römischen Welt stets die Ausnahme. Wer diese neue Form des Nervenkitzels erfunden hat, wissen wir nicht. Wohl aber gibt es die Inschrift eines Hostilianus, der sich brüstet, in der Hafenstadt Ostia erstmals Frauen als Kämpferinnen aufgeboten zu haben (CIL XIV 5381). Unter Nero traten hin und wieder Frauen – selbst aus der vornehmen Gesellschaft Roms – als Gladiatorinnen auf (Tac. ann. XV 32). Eine weitere „Spezialität" ließ sich Kaiser Domitian einfallen: Dabei mussten Frauen gegen Zwerge kämpfen (Suet. Dom. 4, 1). Viele traditionsbewusste Römer lehnten diese Shows ab. Mit kriegerischer *virtus*, „Tapferkeit", hatten die „Weiber-Spektakel" in ihren Augen nichts mehr zu tun. Den Schlussstrich unter das Kapitel „Frauen in der Arena" zog Kaiser Septimius Severus im Jahre 200. Er verbot solche Auftritte (Dio Cass. 76, 16, 1). Was Achillia und Amazona angeht, so lebt ihr Ruhm in unseren Tagen sogar wieder auf: Eine Modefirma bietet ein „Kostümkleid" namens „Gladiatorin Achilla" (ohne „i"!) in den Größen 36 und 38 an. Mit den „Heels", die die „Dame" passend zum kämpferischen Outfit trägt, wäre sie im Sandboden der Arena allerdings schnell stecken geblieben.

Großstadtprobleme

Hätte man unter den Bewohnern Roms im 1. oder 2. Jh. n. Chr. eine Umfrage veranstaltet, ob sie die Hauptstadt als lebenswert empfänden, so hätte die überwiegende Mehrheit wohl mit „Ja!" geantwortet. Rom war auf der einen Seite eine prächtige Stadt mit wunderbaren repräsentativen Gebäuden, die sich durch ihren architektonischen Glanz als Sitz des Weltenherrschers präsentierte und jeden beeindruckte, der mit offenen Augen durch das Zentrum ging: Marmorfassaden und vergoldete Tempeldächer, luxuriöse Thermenpaläste und Säulenhallen mit wertvollen Kunstwerken, großzügige Foren und riesige Theater – *magnificentia*, „Großtun“, „Prachtentfaltung“, wohin man blickte. Die von den Mächtigen immer wieder beschworene *maiestas*, „majestätische Erhabenheit“, des römischen Volkes – in diesem architektonisch-künstlerischen Prunk nahm sie ganz konkrete Gestalt an.

Wer wollte, konnte Roms Größe förmlich fühlen, wenn er mit der Hand an den polierten Marmorsäulen entlang strich. Man wusste, dass dieser Marmor aus Ägypten, jener aus Kleinasien, der dritte aus Griechenland importiert war. Die Welt lag Rom zu Füßen und die Römer als Staatsvolk konnten (und sollten) stolz darauf sein: Das war die Botschaft, die von dieser kaiserlichen *munificentia*, „Großzügigkeit“, ausging. Und es spricht vieles dafür, dass die Stadtrömer diese Botschaft annahmen und Cicero zustimmten, wenn er formulierte, dass *populus Romanus (...) publicam magnificentiam diligit*, „das römische Volk Prachtentfaltung im öffentlichen Raum liebt“ (Mur. 76). Oder dass sie Ovid Beifall zollten, wenn er das „jetzt goldene Rom“ der „schlichten Einfachheit des früheren Rom“ vorzog und sich „beglückwünschte, erst jetzt geboren zu sein: Diese Epoche passt so recht zu meiner Lebenseinstellung“ (ars am. I 123ff.) – auch wenn bei Ovid und den anderen Schriftstellern, die die Stadt so schwärmerisch priesen, zum öffentlichen Luxus auch noch ein privater Luxus trat, den der kleine Mann entbehren musste.

Auf Besucher machte das „goldene Rom“ mächtig Eindruck. Die übliche Reaktion war die des Staunens und Bewunderns. Ein Hirte, der die Großstadt erstmals besucht, kommt aus dem Staunen gar nicht mehr heraus: „Wie gebannt blieb ich stehen mit offenem Munde, so erschütterte mich ringsum strahlender Glanz.“ Aber selbst sein Gesprächspartner, der in der Stadt alt geworden ist, gerät noch immer ins Staunen ob der Fülle an neuen prachtvollen Bauwerken, die immer noch dazukommen (Calp. Sic. VII 35ff.). Der Dialog ist eine literarische Fiktion, die auch Kaiser Nero schmeicheln sollte. Trotzdem dürfte er nahe am Stolz der Bürger über ihre einmalige Weltstadt und deren glänzende Fassa-

Stimmt es, dass …

… Rom die größte Stadt des Imperium Romanum war?

Ja. Rom war in vieler Hinsicht konkurrenzlos – auch im Hinblick auf seine Einwohnerzahl. Sie dürfte im 1. und 2. Jh. n. Chr. ihren Höchststand von rund einer Million erreicht haben. Manche Forscher rechnen mit „nur" 800.000. Rom war damit die mit Abstand größte Metropole des Reiches. Es folgten mit weitem Abstand Alexandria (ca 600.000 Einwohner) sowie Antiochia in Syrien und Karthago mit jeweils etwa 300.000 Einwohnern, danach Pergamon und Ephesos an der kleinasiatischen Westküste mit je 100.000. Die zweitgrößte Stadt Italiens war Puteoli (nahe Neapel) mit rund 50.000 Einwohnern. Trier, Köln und Lyon hatten zwischen 25.000 und 50.000 Einwohnern. Alle diese Zahlen sind grobe Schätzungen und dienen mehr als Größenordnung denn als exakte Angabe. Die antiken Quellen sind mit solchen Angaben extrem zurückhaltend.

Von den rund eine Million Einwohnern Roms dürfte gut die Hälfte aus Freigeborenen bestanden haben, die Zahl der Freigelassenen und ihrer Familien mag zwischen 150.000 und 200.000 gelegen haben, die der Sklaven bei 100–150.000. Hinzu kommen an die 100.000 „Fremde" aus anderen Provinzen. Rom zog, auch weil es Arbeitsplätze bot und über die weitaus größte Kaufkraft des Reiches verfügte, zahlreiche Provinzbewohner an; es war geradezu ein ethnischer Schmelztiegel (→ Multikulti). Auch hier sind alle Zahlen mit erheblichen Unsicherheiten belastet und können nur als Größenordnung dienen.

Damit lebte etwa jeder 60. oder 70. Bewohner des Imperium Romanum in der Hauptstadt, wenn man von 60–70 Millionen Menschen ausgeht, die im 2. Jh. n. Chr. in den Grenzen des Reiches gelebt haben. Zur Zeit des Augustus lag die Zahl bei schätzungsweise 50 Millionen. Der größte Teil der Menschen lebte auf dem Land, rund 80%. Wenn sich die römische Zivilisation in unseren Quellen wesentlich als urbane Gesellschaft spiegelt, so ist das, bezogen auf die Einwohnerzahl, eine verzerrte Wahrnehmung. Andererseits ist unstrittig, dass zwischen Stadt und Land ein erhebliches zivilisatorisches Gefälle lag. Den Ton gab in dieser Hinsicht ganz klar die Stadt an.

den sein, mochten sie selbst auch in aus heutiger Sicht schäbigen, winzigen Wohnungen leben müssen.

Ein weiterer Aktivposten in der Lebensqualitäts-Bilanz waren die öffentlichen Spiele. Zwar konnte der Einzelne aus dem Angebot von Theaterspiel, Wagenrennen, Athletenshows und Gladiatorenkämpfen aus Kapazitätsgründen maximal ein Dutzend Vorstellungen im Jahr besuchen. Aber das waren erlebnisreiche Tage, auf die man sich weit im Voraus freute und über die man noch lange sprach – eine gelungene Mischung aus grandiosem Ambiente, ausgelassener Stimmung und hohem Unterhaltungswert. Da wurde einem wirklich etwas geboten, das es in dieser luxuriösen Form nirgendwo sonst gab. Es kostete selbst eine (fiktive) Senatorengattin, die sich durch nichts sonst in ihrer leidenschaftlichen Liebe für einen schneidigen Gladiator vom Verlassen Roms aufhalten ließ, Überwindung, die Spiele und ihren Lieblings-Bühnenstar hinter sich zu lassen (Juv. VI 87). Und auch ein Sklave hat, obwohl er zum Gutsverwalter befördert worden ist, Heimweh nach der Großstadt: Auf dem Land vermisst er ihre Spiele und Thermen (Hor. epist. I 14, 15).

Freilich hatte der Großstadt-Moloch Rom auch seine Schattenseiten – für die große Masse der Bevölkerung mehr als für die Wohlhabenden, die sich manchen negativen Umwelteinflüssen entziehen konnten. Liest man die dritte Satire Juvenals, seine sogenannte Großstadtsatire, dann möchte man sich dem geplagten Großstädter schon anschließen und so schnell wie möglich Reißaus nehmen aus der „grausamen Stadt“ mit ihren hohen Mieten und allgemein hohen Lebenshaltungskosten sowie ihren „tausenderlei Gefahren“ (*mille pericula saevae urbis*, III 8f.). In anschaulich-bissiger Einseitigkeit stellt der Satiriker hier die Probleme und Beschwerlichkeiten zusammen, die die Millionenstadt ihren Bewohnern zumutet – die Kehrseite der glänzenden Fassaden des „goldenen Roms“.

Dabei nimmt Juvenal die Perspektive von unten ein – den Blick des kleinen Mannes, des einfachen Bürgers, der sich den belastenden, gesundheitsschädlichen Negativseiten der Großstadt nicht durch „Umweltflucht" entziehen kann. Dass Satire die Wirklichkeit nicht im Verhältnis 1:1 abbildet, ist bei all den Klagen, die auch andere Spötter gegen manche geradezu lebensfeindlichen Einflüsse Roms führen, stets zu berücksichtigen. Allerdings wird, was durch satirische Übertreibung und Vergröberung verzerrend wirken kann, im Kern auch durch andere, „realistischere" Quellen bestätigt: Es gab eine ganze Reihe von Faktoren, die das Leben im antiken Rom auch zum Alptraum werden lassen konnten.

Hektik, Stress und Krach prägten das Leben in einer quirligen, lauten, überfüllten Stadt. Rom war seit dem 2. Jh. v. Chr. stürmisch gewachsen – dynamisch, aber planlos, ohne ordnende urbanistische Hand. Dabei drängte alles ins Zentrum. Dort, um das Forum Romanum als Herz der Stadt, spielte sich das politische und wirtschaftliche Leben ab. Dort wurden Waren nicht nur verkauft, sondern auch produziert. Eine Trennung zwischen Gewerbegebieten und Wohnbebauung gab es nicht. Dem Vorteil der kurzen Wege stand der Nachteil der Lärm- und Geruchsemissionen gegenüber, die sich mit manchen Gewerben verbanden. Ein Schmied oder ein Tuchwalker in der Nachbarschaft – das müsste eigentlich nicht sein, meldeten Ohren und Nase. Da es im Unterschied zu modernen Metropolen keine Massenverkehrsmittel gab, die Menschen in kurzer Zeit von der Peripherie ins Zentrum hätten befördern können, sondern Gehen das übliche Mittel der Fortbewegung war, konnte man größere Teile der Bevölkerung nicht „auslagern". Dadurch war die City des antiken Roms chronisch überbevölkert und ständig überfüllt.

Die Quellen berichten von wahren Fußgängerstaus. Mitunter ging es nicht vorwärts und nicht zurück, weil alles verstopft war – für den Satiriker eine atmosphärisch dichte Situation, die er genüsslich in grellen Farben schildern konnte: „Haben wir es eilig, so steht uns die Menschenwelle vorn im Weg, hinten aber bedrängt unsere Lenden das Volk, das in großer Menge folgt" (Juv. III 243f.). Diese Situationsbeschreibung

ähnelt stark dem, was Horaz bereits 100 Jahre zuvor zu Protokoll gegeben hat: Hier hetzt ein Unternehmer mit Maultieren und Lastträgern daher, dort bahnt sich eine Prozession ihren Weg zwischen schwer beladenen Wagen, ein Schwein und ein tollwütiger Hund rasen durch die Menschenmenge – wie soll da ein Kreativer wie er zum Schreiben kommen? (epist. II 2, 70ff.). Muße ist in Rom Mangelware, Verkehrsgetümmel ist Trumpf, findet auch Seneca und beklagt, dass „die Masse, die sich ohne Unterlass durch die breitesten Straßen ergießt, förmlich erdrückt wird, sobald sich irgendein Hindernis entgegenstellt, das den gleich einem reißenden Gebirgsbach sich dahin wälzenden Menschenstrom zurück staut" (clem. I 6). Zu allem Überfluss nutzten zahlreiche Kaufleute den Bürgersteig für ihre Geschäfte und engten die ohnehin knappe Verkehrsfläche zusätzlich ein – bis Kaiser Domitian durchgriff und Rom sich sozusagen selbst zurückgab, das „vorher noch ein einziger großer Laden gewesen war" (Mart. VII 61, 10).

Das Gedränge auf den Straßen und die häufigen Staus hatten Caesar schon in den 40er-Jahren des 1. Jh.s v. Chr. veranlasst, ein rigoroses Tagesfahrverbot für Fuhrwerke zu verhängen. Mit nur wenigen Ausnahmen durften Last- und Reisewagen zwischen Sonnenaufgang und der zehnten Stunde am Spätnachmittag nicht in die City einfahren. Allein Baumaterialien-Transporte für öffentliche und kultische Gebäude waren von diesen Restriktionen ausgenommen (CIL I2 593, 56ff., → Verkehrsregeln). Eine besondere Entspannung der Lage scheint dadurch kaum eingetreten zu sein, weil auf der anderen Seite die öffentliche Bautätigkeit seit augusteischer Zeit stark zunahm. Das architektonische „Herausputzen" der Stadt zu einer des Weltenherrschers würdigen Residenz forderte einen hohen Tribut von der ohnehin chaosgefährdeten Infrastruktur Roms.

Auch auf die Nachtruhe zahlloser Römer wirkte sich dieses erste Tagesfahrverbot der Weltgeschichte nicht gerade förderlich aus. Wenn die Metallräder der Fuhrwerke nachts über das Basaltpflaster rumpelten und die Fuhrleute an Engpässen fluchten und schrien, hatten die Anwohner den Eindruck, direkt auf der Straße zu schlafen. Oder eben *nicht* zu schlafen – der *strepitus rotarum*, „Lärm der Räder", gehörte für viele Römer zu den fundamentalen Unerträglichkeiten im nächtlichen Rom (Hor. epist. I 17, 7; Mart. IX 64, 20). Die Bewohner der Mietshäuser (*insulae*) waren davon weitaus stärker betroffen als die Reichen in ihren Wohnpalästen (*domus*): Die hatten – im Unterschied zu vielen kleinen Mietwohnungen – verglaste Fenster und waren häufig von einem schallschluckenden Park umgeben.

Bei Tage setzten den Römern weitere Lärmquellen zu: Der durch die vielen Menschen, ihr Rufen, Schreien und Schimpfen verursachte hohe Lärmpegel, die lautstark vorgetragenen „Verkaufsargumente" der fliegenden Händler, der Krach aus den Werkstätten der Handwerker und nicht zuletzt das Getöse, das von *open-air*-Schulen mit brüllenden Lehrern, im Chor nachsprechenden und geprügelten Kindern und einer allgemein erhöhten Tonlage des Unterrichts-„Gesprächs" ausging, die die vielen anderen Umgebungsgeräusche ja übertönen musste (Mart. IX 68). Das alles summierte sich zu einem ständigen Lärm, der Rom zu einer wahrhaft *clamosa urbs* machte, einer „lärmerfüllten Stadt" (Stat. silv. IV 4, 18; vgl. *clamosa Subura*, Mart. XII 18, 1ff.). Wer Ruhe finden wollte, musste sich – in sein Landhaus an der Peripherie zurückziehen. Sofern er eines besaß. Von dort aus konnte man von erhöhter Position aus der Ferne das Gewimmel Roms und sein Verkehrsgewühl beobachten, aber man hörte nichts (Mart. IV 64, 19f.).

Aber wer konnte das schon? Den einfachen Leuten blieb nichts übrig, als sich in ihren Mini-Wohnungen im Stadtzentrum dem Krach zu stellen, der manchmal, satirisch überspitzt formuliert, zum Lebensüberdruss führen konnte: *negant vitam* beschreibt Martial diese Wirkung der vielen Krachfaktoren, „sie sagen nein zum Leben, machen das Dasein unerträglich" (XII 57, 4). Dass Lärm krank machen kann, erkannte man schon in der Antike. Rom war ein nicht zu überhörendes Warnsignal dafür (Juv. III 232ff.). Und die Reichen hörten darauf, indem sie sich all dem durch weitläufige Parks oder durch „Umweltflucht" an den Stadtrand oder in ihre Villa auf dem Land möglichst oft entzogen. „Großem Reichtum allein verdankt man in dieser Stadt den Schlaf", stellt Juvenal mit nur geringer satirischer Übertreibung fest (III 235).

Den Wohlhabenden widerfuhren auch zwei weitere Übel erheblich seltener, die wie Damoklesschwerter über dem Leben der kleinen Leute in der Metropole schwebten. Das waren, lateinisch formuliert, *ruina et incendium*, „Einsturz und Brand" – zwei elementare Schadenereignisse, die die Stadt immer wieder erschütterten und nicht wenigen

Betroffenen das Leben zur Hölle machten, weil sie dabei alles verloren. Oder besser gesagt: Das wenige, das sie überhaupt besaßen. Wenn Philosophen und Rhetoren von Schicksalsschlägen sprechen wollten, dann fielen ihnen neben „Schiffbruch“ und „Exil“ regelmäßig die Stichwörter „Brand“ und „Einsturz“ ein, zwei „für Rom typische Unglücke“ (Plut. Crass. 2; Sen. cons. Marc. 22, 3; Cat. c. 23, 9). Auch sie waren mindestens zum Teil Folgen der dichten Besiedlung des Zentrums und des „Drangs in die Mitte“.

Für Investoren war es eine lukrative Sache, dort Wohnblöcke hochzuziehen und teuer zu vermieten. Die Bauspekulation wucherte, die Nachfrage war hoch – und ebenso die Mieten. Manch einem war schnelles Geld wichtiger als die Sicherheit seiner Mieter, und so sparte er bei den Baumaterialien. Pfusch am Bau war keine Seltenheit – mit dem fatalen Ergebnis, dass diese kriminellen Praktiken immer wieder zu Einsturzkatastrophen führten, bei denen Menschen ihr Leben oder ihre Habe verloren. Bausachverständige warnten vor diesem Billigbau mit Fachwerk und schlechtem Kalkmörtel (Plin. NH XXXVI 176; Vitr. II 8, 1; VII 2, 1), aber wenn sich Risse auftaten, wurden sie vom Hausverwalter rasch überstrichen. „Keine Gefahr!“, beruhigte er die Mieter (Juv. III 194ff.) – bis das Haus endgültig zusammenkrachte. Da es keine Hausversicherung gab, blieb der Investor auf seinem Schaden sitzen – ein Teufelskreis, der dazu führte, dass er beim nächsten Hausbau eher noch mehr aufs Sparen drängte, um sein Kapital zu schonen, und damit die Weichen für den nächsten Einsturz stellte.

Brände gehörten in Rom zum Alltag. Es verging kein Tag, ohne dass irgendwo ein Feuer ausbrach. Manche Historiker schätzen die Zahl der größeren Brände auf rund zwanzig pro Tag (Kolb, Rom 557). Begünstigt wurde der Ausbruch von Bränden durch den geradezu flächendeckenden Gebrauch offenen Feuers zum Beleuchten, Kochen und Heizen. Die Wohnungen waren klein, ein Funke oder ein glühendes Stück Kohle konnte schnell zum Ausgangspunkt eines kleineren oder größeren Feuers werden. Manchmal weiteten sich solche Brände zu Großfeuern aus, die ganze Straßenzüge oder sogar Stadtviertel in Schutt und Asche legten. Im 1. Jh. n. Chr. wurde die Hauptstadt in fast jedem Jahrzehnt von einer großen Brandkatastrophe heimgesucht – auch wenn sie nicht die Publizität jener gewaltigen Feuersbrunst in neronischer Zeit erreichten, die Rom im Juli des Jahres 64 zu großen Teilen verwüstete. Nur vier von vierzehn Regionen der Stadt blieben damals vom Feuer gänzlich verschont, drei *regiones* wurden von Grund auf zerstört (Tac. ann. XV 38, 3ff.).

Auch die – erst von Augustus ins Leben gerufene – professionelle Feuerwehr von 7000 Mann (Cass. Dio LV 26, 4f.) war gegen solche Großbrände weitgehend machtlos. Die *vigiles* („Wächter") nahmen deshalb auch den vorbeugenden Brandschutz sehr ernst; sie informierten Hausbesitzer und Mieter über Möglichkeiten der Brandprophylaxe und kontrollierten, ob die vorgeschriebenen Löschgeräte in jeder *insula* zur Verfügung standen. Nachts patrouillierten sie mit ihrem wichtigsten Handwerkszeug auf den Straßen (Dig. I 15, 3, 3) und griffen, ohne lange zu fackeln, ein, wenn sie irgendwo einen potenziellen Brandherd entdeckten (Petr. 79). So gewissenhaft sie ihrer Arbeit auch nachkommen mochten, so blieb letztlich doch ein eher resignatives Fazit, das der Ältere Seneca so formuliert: „Die Leute haben Tag und Nacht Angst vor Feuer und Einsturz" (contr. II 1, 12).

Auch das dem Feuer konträre Element Wasser wuchs sich nicht selten zu einer veritablen Bedrohung für die Hauptstädter aus: In periodischen Abständen trat der Tiber über die Ufer und setzte große Teil Roms unter Wasser. Im Durchschnitt erlebte jede Generation eine Überschwemmungskatastrophe mit gewaltigen Überflutungen und Zerstörungen. Brücken wurden fortgerissen, Häuser unterspült und zerstört, zahlreiche Menschen wurden obdachlos. Das Tiber-Hochwasser war besonders tückisch, weil die Vorwarnzeit gering war. Mitunter wurden die Menschen im Schlaf überrascht. „Plötzlich und häufig schwillt der Tiber an", stellt Plinius fest, „und seine Wassermassen breiten sich nirgendwo mehr aus als in der Hauptstadt selbst" (NH III 55). Meist ging das Hochwasser so schnell zurück, wie es gekommen war, aber die Schäden waren beträchtlich. Bei besonders schweren Überflutungen stand sogar das Forum Romanum unter Wasser.

Als der Tiber im Jahre 15 n. Chr. wieder einmal „gewaltigen Schrecken" über Rom gebracht hatte, erhielten zwei Senatoren den Auftrag, zusammen mit Experten ein Konzept zur „Zügelung des Tibers" zu erarbeiten (Tac. ann. I 76). Sie legten tatsächlich einen Regulierungsplan vor, der u. a. die Ableitung von Nebenflüssen in künstliche Kanäle vorsah. Die Realisierung des kühnen Projekts stieß allerdings auf erhebliche Widerstände. Zum einen kämpften die flussaufwärts gelegenen Gemeinden gegen einen Plan an, der sie erheblich benachteiligt hätte, zum anderen gab es massive religiöse Bedenken, den als „Leben spendenden friedlichen Handelsherrn" gerühmten „Vater Tiber" (Plin. NH III 54; Verg. Aen. VIII 72ff.) auf diese Weise zu manipulieren, und schließlich erkannte man wohl auch die technischen Probleme, die sich mit diesem „Zähmungskonzept" verbanden (Tac. ann. I 79, 4). Sie wären aus heutiger Sicht mit dem Know-how der Antike vermutlich auch nicht zu lösen gewesen.

Also blieb alles so, wie es war. Erst im späten 19. Jh. wurde der Tiber im Stadtgebiet von Rom so kanalisiert, dass er die Stadt nur noch bei Extremwasserständen bedroht. *Ein* Problem hatte man indes in der Antike gut im Griff. Der üblicherweise durch Überschwemmungen drohenden Gefahr einer Kontamination des normalen Trinkwassers entgingen die Römer dadurch, dass sie sich an höher im Stadtgebiet gelegenen Brunnen bedienen konnten. Dort stand sauberes Trinkwasser in fast unbegrenzter Menge zur Verfügung. Die Aquädukte erwiesen sich gerade auch in diesen Notsituationen als wahrer Segen – wobei der Tiber als Trinkwasserreservoir schon seit der späten Republik nicht mehr zu gebrauchen war. Weil große Mengen des städtischen Unrats einschließlich Tierkadaver in den Fluss „entsorgt" wurden, war sein Wasser für Menschen nicht mehr genießbar.

Nicht zum Besten war es um die Luft in der dicht besiedelten Hauptstadt bestellt. Alle Quellen bestätigen deren unangenehme *gravitas*, „Schwere“: In Rom herrschte oft dicke Luft (*gravis aer Urbis*, Sen. ep. 104, 6; Front. aqu. 88). Ein unangenehmer Rauch (*fumus*) hänge in einer dichten Wolke über der Stadt, klagt Horaz schon in augusteischer Zeit (c. III 29, 12). Die Ursache für diesen *gravis aer* war eine Mischung aus dem Qualm vieler offener Feuerstellen, den Emissionen der stadtnah gelegenen *ustrina* (Krematorien), die keine besonders hohen Temperaturen erreichten, aufgewirbeltem Straßenstaub und den ungesunden Ausdünstungen der Pomptinischen Sümpfe, die die Luft über Rom gelegentlich auch mit Malariakeimen verseuchten. Dieser Smog erschwerte das Atmen und hatte offenbar auch Auswirkungen auf den Teint der Stadtrömer. Den Hauptstädter erkenne man an seinem blassen Gesicht und seiner fahlen Haut, stellt Martial fest. Selbst wer sich wochenlang eine Sommerfrische in gesundem Landklima gegönnt und frische braune Farbe „getankt“ habe, reihe sich schnell wieder in die *pallida turba*, die „bleiche Schar“ der Hauptstädter, ein, sobald er in Rom zurück sei (X 12) – bei aller satirischen Übertreibung doch wohl im Kern ein glaubwürdiges Indiz für die Luftverschmutzung in der Metropole.

Wie sah es mit der Siedlungshygiene im Alten Rom aus? In dieser Frage gehen die Meinungen der Wissenschaftler am weitesten auseinander. War das antike Rom eine dreckige, stinkende Millionenstadt, die mit abstoßenden Slumvierteln mancher Metropolen der sogenannten Dritten Welt vergleichbar ist? Oder entsprach es auch im Hinblick auf Sauberkeit und Hygiene jenem Image der „goldenen Stadt“, von dem viele Betrachter wegen ihrer architektonischen Pracht schwärmten? Die Wahrheit dürfte irgendwo in der Mitte liegen. *Eines* ist immerhin unstrittig: Slumsiedlungen hat es im Alten Rom nicht gegeben.

Im Unterschied zu manchen wenig einladenden Metropolen der Moderne verfügte Rom über ein recht effizientes Entwässerungssystem. Über die *cloaca maxima* und ihre Verzweigungen floss ein nicht unbeträchtlicher Teil der Abwässer in den Tiber ab. Griechische Besucher waren beeindruckt ob der Fortschrittlichkeit Roms in Sachen Entwässerung (Strabo V 3, 8; vgl. Plin. NH XXXVI 105ff.). Etliche Latrinen waren an dieses Kanalisationssystem angeschlossen, viele allerdings auch nicht. Sie funktionierten als Senkgruben, die von Zeit zu Zeit geleert werden mussten, und haben gewiss nicht zum Wohlgeruch in der Stadt beigetragen – ebenso wenig wie die schlechte Luft und mancherlei organischer Abfall auf den Straßen, der zumindest einige Zeit dort liegen blieb. Entscheidende Aufschlüsse für die Klärung der Hygiene-Situation könnten bessere Informationen über die Organisation der Müllabfuhr geben. Hier lassen uns jedoch die Quellen im Stich, sodass beide Seiten – die Pessimisten wie die Optimisten in der Hygiene-Frage – sich darüber in wenig substanziellen Vermutungen und Spekulationen ergehen können.

Die wenigen einschlägigen Nachrichten lassen erkennen, dass die Straßen nicht besonders sauber waren, aber auch weit davon entfernt, dass Passanten durch Dreck, Abfälle und Kot hätten waten müssen. Verglichen mit mittelalterlichen Städten, war das kaiserzeitliche Rom geradezu eine Oase der Sauberkeit. Die von den Römern selbst gerühmte *abundantia aquae*, der „Überfluss an Wasser", der durch die zahlreichen Aquädukte dauerhaft gewährleistet war (Plin. NH XXXVI 133; Front. aqu. 88), ist auf jeden Fall als enormer Vorzug einzuschätzen. Er entspannte gewissermaßen die herausfordernde Situation, die sich durch das Zusammenleben vieler Menschen auf so engem Raum ergab.

Als nachteilig erwies es sich dagegen, dass eine staatliche Gesundheitsfürsorge weitgehend fehlte. Die *salubritas Urbis*, „Gesundheitssituation der Stadt", war fast ausschließlich der Wasserbehörde anvertraut (Front. aqu. 1), aber eine Koordination von Prophylaxe und Bekämpfung oder gar ein siedlungshygienisches Gesamtkonzept gab es nicht. Epidemien brachen von Zeit zu Zeit aus; in republikanischer Zeit wird mehr darüber berichtet als in der Kaiserzeit. Etliche ansteckende Krankheiten dürften wegen des intensiven Handels- und Reiseverkehrs gerade in die Hauptstadt eingeschleppt worden sein. Aber von verheerenden Epidemien mit einer Vielzahl von Opfern ist das antike Rom weitgehend verschont geblieben, wenn man die wenigen besonders gravierenden Ereignisse in Beziehung zu seiner über 1000-jährigen Geschichte setzt.

Ein letztes Problem betrifft die Kriminalitätsrate. Wie sicher war das Rom der Kaiserzeit? Die Frage liegt nahe, da die Großstadt Kriminelle gewöhnlich stärker anzieht als das platte Land. Für das Römische Reich sollte man indes mit dieser Vermutung vorsichtig sein; denn die Präsenz von Sicherheitskräften im kaiserzeitlichen Rom und ihre Effizienz waren weitaus größer als in schwach besiedelten Gegenden. Gewiss, es gab keine reguläre Polizei, die man rasch hätte herbeirufen können. Vielmehr war man zunächst stark auf →Selbsthilfe angewiesen. Aber der Weg zu den Ordnungskräften war in Rom viel kürzer als anderswo, und auch das Abschreckungspotenzial durch Sicherheitskräfte dürfte in der Stadt deutlich größer gewesen sein als auf dem schlecht gesicherten Land.

Da es keine amtliche Strafverfolgung durch einen →Staatsanwalt gab, sondern die Anzeige von Verbrechen weitgehend der Privatinitiative überlassen war, ist mit einer relativ hohen Dunkelziffer zu rechnen. Es hat indes nicht den Anschein, als wäre die Gewaltkriminalität im Rom der Kaiserzeit besonders hoch gewesen und als hätte der normale Bürger für Leib und Leben fürchten müssen. Jedenfalls darf das weitgehende Schweigen der Quellen als Indiz dafür gewertet werden. Wenn Rutilius Namatianus im 5. Jh. n. Chr. mit Stolz davon berichtet, dass er in seiner rund einjährigen Amtszeit als Stadtpräfekt von Rom (und damit oberster Richter) kein einziges Todesurteil gefällt habe (red. I 159f.), so ist auch das mit aller Vorsicht als Beleg für eine eher niedrige Rate an Gewaltkriminalität zu beurteilen.

Dagegen dürfte die sogenannte Kleinkriminalität deutlich höher gewesen sein. Taschendiebe und Einbrecher machten die Stadt unsicher – auch wenn bei den meisten Leuten wegen ihrer Armut kaum etwas zu holen war. Andererseits waren Wohnungseinbrüche bei wohlhabenden Familien einigermaßen aussichtsreich, da Wertgegenstände und Bargeld in aller Regel zu Hause aufbewahrt wurden. Bankschließfächer und bargeldlosen Zahlungsverkehr gab es ja nicht. Auch Tempelraub war ein lukratives „Geschäft", da viele Heiligtümer über kostbare Weihegaben verfügten. Allerdings lagen hohe Strafen auf dem *sacrilegium* – bis hin zur Verurteilung zum Tode.

Zumindest zu bestimmten Zeiten trieben →Jugendgangs in Rom ihr Unwesen. In der englischsprachigen Literatur werden diese Kriminellen oft als „Hooligans" bezeichnet. Sie pöbelten Passanten an, verprügelten und beraubten sie, brachen in Läden ein und verwüsteten Nachtlokale. Auch wenn von ihnen in der Regel keine Lebensgefahr für die Opfer ausging, waren diese kriminellen Aktivitäten doch nicht auf die leichte Schulter zu nehmen. Sie verbreiteten durchaus Angst und Schrecken und verunsicherten die friedlichen Bürger erheblich, wenn sie gerade einmal wieder als „Mode"-Welle über die Stadt hereinbrachen.

Die „goldene Ewige Stadt", die *aurea Roma*, wir haben es zu Anfang gesehen, hatte durchaus ihre Reize. Sie bot ihren Bewohnern in einigen Bereichen eine Lebensqualität, die es anderswo so nicht gab. Aber sie machte ihnen in mancher Hinsicht das Leben schwer und stellte sich als Moloch dar, der vor allem den kleinen Leuten manchen Alptraum bescherte – gerade auch, selbst wenn der Begriff noch nicht erfunden und der entsprechende Problemdruck noch nicht so wahrgenommen wurde, in ökologischer Hinsicht.

Hahahae

Es mag ja sein, dass manchen Schülern im Lateinunterricht die Lust am Lachen vergeht (was aus pädagogischer und fachlicher Sicht ebenso bedauerlich wie unnötig ist), aber es wäre doch sehr kühn, daraus schließen zu wollen, dass die Römer gewissermaßen auf Kriegsfuß mit dem Humor gestanden hätten. Ganz vordergründig spricht schon der lexikalische Befund im deutschen Spracherbe dagegen. „Humor" ist ein lateinisches Wort, das die „Feuchtigkeit" und „Flüssigkeit" beschreibt, wie sie – allerdings erst in der mittelalterlichen Medizin – als gelungene Mischung der Körpersäfte im Sinne ausgeglichener Heiterkeit definiert wird. Die Römer selbst kannten den *(h)umor* in dieser Bedeutung noch nicht, wohl aber *gaudium*, die „Freude", die in der deutschen „Gaudi" weiterlebt, und *iocus*, den „Scherz", den das Deutsche als „Jux" oder in der neudeutsch-denglischen Variante als „Joke" übernommen hat.

Wenn Lachen und Humor früheren Lateinschülern nicht gerade als starke Seite der Römer vorgekommen sind, so lässt sich das außer mit manch einem humorlosen Lateinlehrer auch mit den Werken erklären, die lange Zeit den Schulunterricht dominierten. Caesars *Bellum Gallicum* und Senecas *epistulae morales*, Tacitus' *Annalen* und Sallusts *Verschwörung des Catilina*, Ciceros Abhandlung *Über den Staat*, die Briefe des Plinius und die *Aeneis* Vergils – das alles sind nicht gerade Höhepunkte der Komik. Und bei Ovids *Metamorphosen* kommt es sehr darauf an, welche Sage man liest und *wie* man sie liest. Und was ist mit Ciceros Reden? Viele empfinden sie als weitgehend humorfreie Zone – was sie indes beileibe nicht sind. Es ist nur nicht ganz so einfach, die vielfach zeitgebundenen Späße und voraussetzungsreichen Sarkasmen des großen Redners aufzuspüren. Wir werden darauf zurückkommen.

Kriegsberichterstattung, philosophische Traktate, Geschichtsschreibung und „hohes" Epos – wenn diese literarischen Genera im Vordergrund stehen, muss man sich nicht wundern, dass *ridere*, „Lachen", Lateinschülern fast als Fremdwort in der Muttersprache dieser Autoren erscheint. Das wäre bei anderssprachigen Literaturen nicht viel anders. Es ist aber wahrhaftig kein repräsentativer Ausschnitt aus der lateinischen Literatur, der in dieser weitgehend humorfreien Auswahl präsentiert wird. Eben das hat die Latein-Didaktik in den letzten Jahrzehnten auch gerade noch rechtzeitig bemerkt, und sie hat weitere Autoren ins Programm genommen, die vor Witz und Ironie geradezu sprühen.

Dazu gehören die Spottepigramme Martials, der Schelmenroman des Petron, aber auch die „Liebeskunst" Ovids, Catulls Liebeslyrik oder gelegentlich auch Senecas „Verkürbissung" des Kaisers Claudius. Die Entdeckung dieser „neuen", eher der leichten Muse zuzurechnenden Stoffe für den schulischen Lateinunterricht bedeutet übrigens nicht, dass all das alte (manchmal nur scheinbar) „Humorlose" über Bord geworfen würde. Es geht darum, einen zusätzlichen wichtigen Akzent zu setzen und damit auch die Breite der literarischen Produktion Roms zu repräsentieren, nicht darum, die „alten Ernsten" aus dem Paradies des Lateinunterrichts zu vertreiben. Dort haben Caesar und Seneca, Cicero und Plinius weiterhin ihren Platz. Nur sollten sie ein bisschen zusammenrücken und auch die Vertreter amüsanter „Leichtigkeit" willkommen heißen. Denn auch die gehören, Jupiter sei Dank, zur Weltliteratur der Römer.

Weitere literarische Zeugen römischen Humors, die eigentlich ganz vorn auf die Verteidigerbank im imaginären Prozess um das Lachen der Römer gehören würden, aus zeitökonomischen Gründen aber kaum noch Gegenstand des Lateinunterrichts sein können, sind die Komödiendichter. Im 3./2. Jh. v. Chr. begeisterten Plautus und Terenz die Römer mit Lustspielen in der Tradition der „Neuen griechischen Komödie". Das Ambiente, in dem diese Stücke spielen, ist griechisch, die Sprache aber ist Latein. *Maccius vortit barbare*, „Maccius (Plautus) hat es ins Barbarische übersetzt", teilt Plautus seine Leistung dem Publikum selbstironisch mit (Asin. 1; Trin. 9). Dabei geht die literarische Leistung weit über eine reine Übersetzung hinaus. 27 Komödien der beiden Spitzenautoren sind überliefert, sodass man nachvollziehen kann, worüber die Römer gelacht haben – und mitlachen kann. Sowohl von der Situationskomik als auch vom Wortwitz werden die Stücke auch heute noch als amüsant empfunden und auf modernen Bühnen gespielt.

Wir erfahren indes nicht nur, worüber die Römer da gelacht, sondern auch, wie sie gelacht haben. Den Ersatz für den fehlenden Live-Mitschnitt stellen ausformulierte Laute des Lachens dar – etwa wenn einem Mitspieler ein ironisches oder kommentierendes Lachen in den Mund gelegt wird. Dieses Hahaha hörte sich bei den Römern ziemlich deutsch an: Als „Lautschrift" für römisches Lachen taucht in den Manuskripten *hahahae* auf. Wenn der Gesprächspartner daraufhin fragt: *quid rides*, „was lachst du?", ist klar, dass er auf ein imitiertes Lachen reagiert (Ter. Eun. 497; vgl. auch 426). Die antiken Kommentare zu zwei Versen aus dem *Eunuchus* des Terenz bestätigen das ebenso wie einige Grammatiker: „*hahahae* ist der Ausdruck der Freude und des Lachens", heißt es da (GLK VI 447, 7; weitere Belegstellen bei Beard, Laughter 222). Als Variante zu diesem mehrfach bezeugten „Sound" findet sich noch *haha* (GLK VI 204, 23).

Neben dieser nach dem griechischen Mantel (*palla*) als *fabula palliata* bezeichneten literarischen Komödie gab es andere Ausprägungen des Lustspiels, die in Italien selbst entstanden waren. In der Kaiserzeit löste der Mimus ältere Formen der Komödie ab. Er setzte auf derberen und obszöneren Humor, auf Klamauk- und Prügelszenen – weg vom niveauvollen bürgerlichen Lustspiel, hin zum grober gestrickten „Kracher" und „Schenkelklopfer" von sehr volkstümlichem Zuschnitt. Das mochte Ovid verdrießen, der Augustus aus dem Exil vorwirft, diese „versauten" Stücke zu finanzieren, während er ihn selbst u. a. wegen der viel harmloseren „Liebeskunst" in die Verbannung geschickt habe (trist. II 497ff.), und das mochte erst recht die christlichen Kirchenväter verdrießen, die mit wüsten Attacken auf die „unsittlichen" Mimen einschlugen, zumal die auch vor scharfzüngigem Christen-Spott nicht haltmachten – die Zuschauer überall im Römischen Reich verdross es indes nicht.

Im Gegenteil, in der Popularität stand der Mimus dem Pantomimus nur wenig nach. Die Reaktion im Theaterrund auf das, was auf der Bühne geboten wurde, dürfte häufig vom normalen *risus* („Lachen") in schallenden *cachinnus* („gellendes, lautes Gelächter") übergegangen sein. Auch weil viel Aktionskomik und viele zeitgebundene politische Ad-hoc-Anspielungen in diese Stücke eingebaut waren, hatten sie keinen literarischen Rang. Die Textbücher sind samt und sonders verloren, sodass sich das „Hahahae" des Mimen-Publikums von der inhaltlich-komischen Seite nur in groben Zügen erschließen lässt.

Im literarischen Bereich stoßen wir mit der Satire auf ein humorvolles Genus, das die Römer als ihren genuinen Beitrag zur Literaturgeschichte gefeiert haben: *satura quidem tota nostra est,* sagt Quintilian (inst. or. X 1, 93), „die Satire gehört zur Gänze uns (Römern)" – und ist eben im Unterschied zu den meisten anderen literarischen Genera kein „Ableger" der griechischen Literatur. Anliegen der Satire ist die kritische Demaskierung von Missständen über das Medium des Humors. *ridentem dicere verum,* „lachend die Wahrheit sagen", beschreibt Horaz ihre Methode (sat. I 1, 24). Diesen Anspruch kann man auf sehr unterschiedliche Weise erfüllen: vom milden, geradezu plaudernden Spott des Horaz bis zum aggressiv-bösen, mitunter ungerecht und unversöhnlich daherkommenden satirischen Biss eines Juvenal, bei dem einem auch schon einmal das Lachen im Hals stecken bleibt, weil da – passagenweise, nicht durchgängig – auf ziemlich dumpfem Stammtischniveau kräftig vom Leder gezogen wird (gegen Ausländer, gegen Frauen, gegen sexuell „Deviante"). Starker Tobak, aber eben Satire, die ja – zumindest den üblichen Lippenbekenntnissen zufolge – alles darf.

In die respektable Reihe römischer Satiriker hat sich auch ein Mann eingereiht, dem viele unterstellen, er sei zum Lachen wohl in den Keller gegangen. Als Humorist ist Seneca jedenfalls für viele, die seine philosophischen Werke gelesen haben, kaum denkbar. Und doch hat dieser Autor zumindest einmal seine literarisch-philosophische *gravitas,* „Würde", „Gestelztheit", verlassen und ist ins Lager der Satiriker gewechselt, und zwar zu einer bitterbösen satirischen Abrechnung mit dem gerade verstorbenen Kaiser Claudius. Der wird nach allen Regeln der – nicht nur zart besaiteten – polemischen Kunst durch den Kakao gezogen. Statt der erhofften Apotheose, „Vergöttlichung", muss er sich bei Seneca mit einer Apokolokyntosis begnügen, einer „Verkürbissung". Claudius schafft es nicht auf den Olymp, er muss sich nach einem peinlichen Tribunal mit einer subalternen Stellung in der Unterwelt zufriedengeben – als Strafe für ein erbärmliches Regiment, über das Seneca schon sehr früh sein Urteil fällt: „Als sein letztes Wort hört man dies: Als er einen ziemlich lauten Ton aus dem Körperteil hatte entfahren lassen, mit dem es ihm leichter fiel zu sprechen, sagte er: ‚Weh mir, ich glaube, ich habe mich beschissen!' Ob er es wirklich getan hat, kann ich nicht sagen; aber ganz bestimmt hat er alle Welt beschissen!" (Apok. 4, 3). Wie gesagt: O-Ton Seneca!

Einer der gefeiertsten Dichter seiner Zeit war Martial (1./2. Jh. n. Chr.). Man darf ihn mit Fug als den Schöpfer des lateinischen Spottepigramms bezeichnen und gleichzeitig, was die literarische Qualität angeht, als seinen Vollender. Martial hat in vielen Sprachen Nachahmer gefunden – der berühmteste im deutschen Sprachraum ist Lessing –; was seine Mustergültigkeit in Sachen Pointentechnik, seinen Wortwitz, seine treffenden „Typen"-Charakteristiken angeht, so kommt niemand an ihm vorbei, der sich diesem satirischen Genus verschreibt. Und auch wenn manche Pointen voraussetzungsreich sind und einer inhaltlichen Vorklärung bedürfen, wird auch heute noch im Lateinunterricht geschmunzelt und gelacht, wenn dieser – manchmal durchaus bissig-rabiate, zotenliebende – Epigrammatiker gelesen wird, der seine Popularität bei den Zeitgenossen ehrlich genoss: *toto notus in orbe*, „auf der ganzen Welt sei er bekannt", stellt er fest (I 1, 2) und begeistert sich selbst daran, dass *me sinus omnes, me manus omnis habet*, „jeder Gewandbausch mich, jede Hand mich hält" (VI 61, 2). Eine nicht übertriebene Wahrnehmung, die sich indes nur auf die kleine Schicht der Gebildeten bezieht, die lesen konnten und das Geld hatten, teure Bücher zu kaufen.

In einem anderen Bereich des Alltagslebens war Humor gerade auch mit Rücksicht auf die einfachen Leute im Publikum „angesagt“ – dort, wo man es aus heutiger Perspektive vielleicht am wenigsten erwarten würde. Die Rede ist von der Justiz. Über Erfolg oder Misserfolg in Prozessen entschied nicht selten die individuelle Klasse eines Anwalts. Wer eine Spitzenkraft in diesem Metier zu engagieren verstand, hatte beste Aussichten, seinen Fall zu gewinnen – im Zivilverfahren nicht anders als im Strafverfahren. Der tüchtige Anwalt musste in der Lage sein, „belastbare“ Zeugen und stichhaltige Beweise aufzutreiben, aber er musste auch rhetorisch geschickt sein. Von seiner Fähigkeit, überzeugend zu plädieren, hing in römischen Gerichtsverfahren deutlich mehr ab als in modernen Prozessen. Die schwächere Sache über rhetorische Brillanz zur stärkeren zu machen – das war schon der griechischen Redekunst ein wichtiges Anliegen gewesen. Vor römischen Gerichten verhielt es sich nicht anders.

Eine wichtige rhetorische Strategie, Richter und Zuhörer (→ Gerichtsshow) auf seine Seite zu bringen, war die gekonnte Nutzung des *ridiculum* („Humorvollen“). Die rhetorischen Handbücher verwenden viel Mühe und Raum darauf, den Anwälten eben diese Einsicht zu vermitteln. Die Leute wollten unterhalten werden; Humor aber war eine exzellente Chance, sie für sich einzunehmen. Mit Witz, Schlagfertigkeit und amüsanten historischen Beispielen konnte der Redner die Zuhörer für sich und die Sache seines Mandanten gewinnen. Allerdings musste er aufpassen, dass er sich dabei nicht zum Clown machte (Macrob. Sat. II 1, 12; Cic. de or. II 239) und nicht zum Hanswurst oder professionellen → Spaßmacher herabsank. Von ihren prominenten Rednern erwarteten die Römer Esprit und geistreiche Witze, keine Dreistigkeiten, keine Obszönitäten und keine oberflächlich-lustigen Peinlichkeiten, die Zweifel an deren *gravitas*, „Seriosität“, begründeten. Was nicht heißt, dass man, wenn sich das satirische Bonmot als treffsicher erwies, nicht auch einmal unter die Gürtellinie zielen durfte. Wem es gelang, das auf amüsant-lockere Weise zu tun, hatte die Lacher auf seiner Seite.

Entsprechend ausführlich wird das *ridiculum*, „das „Lachbare", von den Theoretikern der Redekunst diskutiert und empfohlen. Cicero lässt dieses Thema in seinem Werk *de oratore*, „Über den Redner", eigens von Iulius Caesar Strabo behandeln, einem Spezialisten, „der allen anderen an Witz und Heiterkeit überlegen war" (Cic. Brut. 177). Dessen bzw. in Wirklichkeit Ciceros Darlegungen sind die vollständigste Theorie des *ridiculum*, die aus der Antike überliefert ist (de or. II 217–290).

Auch Quintilian beschäftigt sich in seinem umfangreichen Handbuch zur „Ausbildung des Redners" eingehend mit dem Thema „Humor in der Rhetorik". Warum ist es so wichtig? Weil es durch humorvolles Auftreten „häufig gelingt, die Aufmerksamkeit des Richters von der Sache abzulenken, zuweilen auch sein Interesse neu zu beleben und eine gewisse Müdigkeit zu überwinden" (inst. or. VI 3, 1). Ein Witz zur rechten Zeit – das löst Verkrampfungen (VI 3, 10), das würzt die Rede geradezu und beweist *urbanitas* – und das ist das Gegenteil von bäurisch-biederem und rechthaberischem Auftreten (VI 3, 104ff.). Und wer hat sich nach Quintilians Meinung in der Kunst, den Humor zur rhetorischen Waffe vor Gericht umzuschmieden, besonders erfolgreich hervorgetan? Man mag es kaum glauben, wie da ein Klassiker, der heutzutage nun wirklich nicht als Spaßvogel bekannt ist, gerühmt wird: Nach Quintilians Dafürhalten ist Cicero, „der unvergleichliche Meister der Redekunst", auch in diesem Punkte allen anderen überlegen. Ja, Quintilian muss sein großes Vorbild sogar in Schutz nehmen gegen Vorwürfe, Cicero habe es mit dem Humor in seinen Reden übertrieben. Die meisten Leute vom Fach seien der Meinung, räumt Quintilian ein, „Cicero habe hier den *modus*, das rechte Maß, nicht gewahrt" (inst. or. VI 3, 2).

Wieso teilt sich dieser Humor so wenigen heutigen Cicero-Lesern mit, wieso neigt man eher dazu, Amüsantes in Ciceros Reden zu vermissen – oder besser, wie wir gelernt haben: zu übersehen?

Der wesentliche Grund dafür ist gerade das Erfolgsgeheimnis von Ciceros Humor: Dass er auf konkrete Personen und Situationen anspielt, dass er auf (damals) aktuelle Argumente der Gegenseite schlagfertig repliziert und dass er Wortspiele in dem doch vielen heutigen Lesern nicht so vertrauten Latein verwendet. Kurzum, es fehlen dem modernen Rezipienten der Cicero-Reden vielfach die Hintergründe, Kenntnisse und Voraussetzungen, die Suppe der ursprünglichen Redesituation, wenn man so will, für die Cicero das Salz bereitstellt (*sal* ist im Lateinischen auch die „humorvolle Würze"). Die teilweise unerträgliche Eitelkeit Ciceros – sie erkennt man auch ohne den historischen Kontext und reagiert verstimmt darauf; das anspielungsreiche, zum Lachen herausfordernde *ridiculum* aber kriegt man nicht mit und reagiert auch darauf verschnupft. Schade, aber zumindest ist vielleicht deutlich geworden, dass es der römischen Rhetorik objektiv nicht an Humor gefehlt hat. Und damit auch nicht der römischen Gesellschaft. Denn diejenigen, die Ciceros und seiner Kollegen Rhetorik erreichen wollte und musste, waren Angehörige eben dieser Gesellschaft.

Ein Beispiel für einen auch heute leicht verständlichen „Redner-Witz" mag diesen etwas theorielastigen Abschnitt abschließen. Es stammt aus Ciceros rhetorischer Lehrschrift *de oratore*. „Als Nasica den Dichter Ennius einmal aufsuchte, teilte ihm eine Sklavin an der Tür mit, ihr Herr sei nicht zu Hause. Nasica war klar, dass sie das auf Befehl ihres Herrn gesagt habe und er in Wirklichkeit daheim sei. Ein paar Tage später kam Ennius zu Nasica. An der Tür fragte er nach ihm. Nasica selbst antwortete, er sei nicht zu Hause. ‚Wie?', erwiderte Ennius, ‚erkenne ich nicht deine Stimme?' Darauf Nasica: ‚Du bist ein unverschämter Kerl! Als ich neulich nach dir fragte, habe ich deiner Sklavin geglaubt, dass du nicht zu Hause seist. Du aber willst das nicht mal mir selbst glauben?!'" (de or. II 276).

Witze, Anekdoten, amüsante Erzählungen, Bonmots und heiter-verrückte Rätsel waren auch in der Freizeit der Römer nichts Außergewöhnliches. Im Gegenteil, sie gehörten – wie schon im klassischen Hellas – zu jedem anregenden Gastmahl und jeder gelungenen Party dazu – und sicher auch zu den Wirtshaustreffen der einfachen Leute, über die die Quellen nichts berichten. Es gab Gastgeber, die professionelle Spaßmacher engagierten, um die Gesellschaft in Stimmung zu bringen. Das entsprach indes nicht jedermanns Geschmack, weil man unterschiedliche Vorstellungen vom intellektuellen Niveau dessen hatte, über das man lachen konnte oder wollte. Bei vielen Gastmählern und sich anschließenden Trinkerrunden verließ man sich aber auch auf den Esprit und den Humor der Gäste – oder zumindest einiger Gäste, die mit Spaßigem und Amüsantem aufwarten konnten und die Gesellschaft unterhielten. Das war im Alten Rom nicht viel anders als heute: Der eine verstand es, Witze zu reißen und Schwänke aus wessen Leben auch immer zu erzählen, der andere hörte zu und belohnte den Erzähler durch sein Lachen.

Manch einer, der da Witziges zum Besten gab, war nicht unbedingt originell, sondern hatte sich zuvor mit genügend Humor-Munition ausgerüstet. Dafür gab es wie heute Bücher: Anekdotensammlungen, Aussprüche (*dicta*) prominenter Persönlichkeiten aus Geschichte und Gegenwart und reine Witzbücher. Von denen hat sich nur ein einziges – in griechischer Sprache – erhalten. Sein Verfasser namens Philogelos, „Lachfreund“, ist sicher ein Pseudonym. Ein großer Teil der 265 erhaltenen Witze baut auf dem Prinzip der falschen Analogie auf. Sie werden vornehmlich Bürgern der Narrenhochburgen Abdera, Kyme und Sidon sowie sogenannten *scholastikoi* in den Mund gelegt. Das sind manchmal hochgebildete, aber weltfremde Typen, die, im modernen Jugendjargon formuliert, alles andere als „Checker“ sind.

Dass es diese Witzsammlung gibt, ist auch in Fachkreisen nicht sehr bekannt. Natürlich werden sie in der Wissenschaft stiefmütterlich behandelt – mit so etwas gibt sich der seriöse Altphilologe doch nicht ab! Was dann wiederum das Vorurteil weiter zementiert, Römer und Humor – das schließe sich fast aus. Da die Philogelos-Sammlung im 3. oder 4. Jh. zusammengestellt wurde, ist sie trotz der griechischen Sprache Teil der allgemeinen Kultur dieser Zeit, also auch ein Dokument für „lateinisch-römischen“ Humor, der vielfach nicht anders „gestrickt“

war (vgl. Cic. Att. IV 19, 3). Ein paar Kostproben mögen am Ende dieses Artikels zum römischen Humor stehen.

„Ein Arzt hatte einen kranken Kymäer aufgegeben. Der genas aber und ging daraufhin seinem Arzt aus dem Wege. Nach dem Grund dafür befragt, antwortete er: ‚Du hast gesagt, ich würde sterben, und deshalb schäme ich mich, dass ich am Leben geblieben bin.'" (Nr. 174).

„Einem Scholastikos, der auf Reisen war, schrieb ein Freund, er möge ihm Bücher kaufen. Der Scholastikos vergaß das. Als er dem Freund nach der Rückkehr begegnete, entschuldigte er sich: ‚Den Brief, den du mir wegen der Bücher geschickt hast, habe ich nicht bekommen.'" (Nr. 17).

„Einem Scholastikos begegnete ein Freund und sagte: ‚Herzlichen Glückwunsch, dass dir ein Kind geboren ist!' Der aber antwortete: ‚Das verdanke ich euch, meinen Freunden.'" (Nr. 98).

„Als ein Scholastikos bei der großen Feier, die alle tausend Jahre in Rom stattfindet, einen unterlegenen Athleten weinen sah, tröstete er ihn: ‚Sei nicht traurig! Bei der nächsten Tausendjahrfeier wirst *du* siegen!'" (Nr. 62).

„Ein Frauenhasser bestattete seine Frau. Als jemand fragte: ‚Wer hat da ausgelitten?', antwortete er: ‚Ich, der Witwer.'" (Nr. 247).

Und? Hat es zum Schmunzeln gereicht? Oder sogar zum Lachen gereizt? Wie das auf Lateinisch geht, haben wir einige Seiten zuvor verraten. Bleibt nur noch, das Erfolgsgeheimnis erfüllten Lebens anzufügen, wie es ein Villenbesitzer im nordafrikanischen Timgad auf einen Mosaikfußboden hat schreiben lassen: *venari, lavari, ludere, ridere – occest (=hoc est) vivere* (CIL VIII 17938); „jagen, baden, spielen, lachen – das heißt leben!" Vielleicht ist es mehr als ein Zufall, dass die „Alltagsphilosophie" mit *ridere* abschließt. Denn das weiß man ja: Wer zuletzt lacht, lacht am besten.

Henker

Kaiser Claudius (41–54 n. Chr.) sei ein „grausamer und blutrünstiger" Herrscher gewesen, stellt sein Biograph Sueton fest. Als anschauliches Beispiel für dieses Urteil führt er u. a. an, dass Claudius einst in seinem Sommersitz Tibur (Tivoli) einer Hinrichtung nach alter Art beiwohnen wollte. Dabei wurde der Delinquent nackt in eine Art Gabelholz gespannt und so lange gepeitscht, bis er tot war. Die örtlichen Behörden taten dem Kaiser den Gefallen. Der Verbrecher wurde an einen Pfahl gebunden. Aber auf einmal gab es ein Problem. Man hatte keinen Henker zur Verfügung. Es dauerte Stunden, bis man aus Rom einen „Vollstrecker" herbeigeholt hatte. Bis dahin mussten beide warten, der Verurteilte und der kaiserliche Voyeur (Suet. Claud. 34, 1).

Wieso in Tibur seinerzeit kein Henker zur Verfügung stand, erfahren wir nicht. Möglicherweise hatte der kleine Ort schlicht keinen eigenen *carnifex*. Über die Organisation derjenigen, die Todesurteile vollzogen, ist nicht viel überliefert. In Rom und manchen anderen Städten waren es vorwiegend *servi publici*, „Gemeindesklaven", die im Auftrag der „Dreimännerbehörde für Kapitalverbrechen" (*tresviri capitales*) als Henker tätig waren. Sie waren auch für den Vollzug der → Folter zuständig, die bei gerichtlichen Untersuchungen nicht selten praktiziert wurde.

Für Minturnae, eine Stadt in Kampanien, ist ein Gemeindesklave ausdrücklich als *carnifex* bezeugt – und zwar weil er sich einmal der Anordnung seiner Vorgesetzten widersetzte. Auf der Flucht vor seinen mächtigen innenpolitischen Gegnern war der einst als Retter Roms gefeierte Marius im Gebiet von Minturnae gefasst und als „Vogelfreier" zum Tode verurteilt worden. Als aber der Henker-Sklave sah, welch prominenten General er da hinrichten sollte, geriet er in Panik und floh. Auf diese Weise kam Marius mit dem Leben davon (Vell. Pat. II 19, 2f.; Liv. per. 77).

In der späteren Kaiserzeit wurden Hinrichtungen häufig auch von Soldaten durchgeführt. In Puteoli gab es eine Besonderheit, die möglicherweise aber auch anderswo praktiziert wurde. Dort waren die örtlichen *libitinarii*, Leichenbestatter, verpflichtet, die notwendigen Geräte bereitzuhalten und die Tötung von Verurteilten zu vollziehen (AE 1971/72, 88).

Das hatte insofern eine gewisse Logik, als der Berufsstand der Bestatter als ebenso ehrlos galt wie der der Henker. Beide durften auch nicht innerhalb der sakralen Stadtgrenze wohnen (Cic. Rab. 15). Auch Hinrichtungen durften im Normalfall nur außerhalb der Stadt stattfinden. Wie viele Henker in Rom Dienst getan haben, ist völlig unklar. Eine häufig bemühte Seneca-Stelle, wo von einer *turba carnificum* die Rede ist, einer „Schar von Henkern", gibt bei genauerem Hinsehen nichts her, weil es sich um eine rhetorische Formulierung in übertragenem Sinne – ein anschauliches Beispiel für die vielfältigen Bedrohungen, denen die Menschen ausgesetzt sind – handelt (ep. 24, 14).

Der *carnifex* mochte gefürchtet sein, geachtet war er nicht. Im Gegenteil, *carnifex* bzw. *carnufex* gehörte zu den übelsten und üblichsten Schimpfwörtern der Umgangssprache. In den Komödien des Plautus ist es im Sinne von „Galgenvogel" oder „Schurke" eine gängige Belei-

digung, die sich natürlich durch die häufige Anwendung auch abnutzte. Der ursprüngliche Sinn des *carnifex* drohte bei dieser floskelhaften Verwendung – oft zusammen mit weiteren „Freundlichkeiten" – in einer Schimpfkanonade verloren zu gehen.

Das immerhin war nicht der Fall bei dem angeblich ersten Vertreter eines neuen Berufsstandes, der sich, aus Griechenland kommend, im Jahre 219 v. Chr. in Rom niederließ: Ein gewisser Archagathos, der zunächst mit offenen Armen empfangen wurde, handelte sich bald den Spitznamen *carnifex* ein, weil er so gern und „grausam schnitt und brannte". Da passte der sprechende Name bestens: *carnifex* ist eigentlich der „Fleischmacher" (aus *caro* und *facere*). Keine besonders liebevolle Bezeichnung für einen Henker, aber noch weniger für einen Vertreter der Zunft, der Archagathos angehörte: Er war Chirurg (Plin. NH XXIX 12).

Hexe

Nattern im ungekämmten Haar, gelbe Zähne, ungeschnittene Fingernägel, alt und runzlig – so stellt der Dichter Horaz Canidia, eine erbitterte Feindin von ihm, dar, als Urbild geradezu einer bösen Hexe. Ihr entsetzliches Tun passt zu ihrem abstoßenden Äußeren: Zusammen mit zwei Helferinnen raubt sie einen schönen Knaben, gräbt ihn bis zum Hals ein, um ihn verhungern zu lassen und aus seinen Eingeweiden einen Liebestrank zu mixen. Das unheimliche Geschehen findet nachts statt, begleitet von Zaubersprüchen, inmitten von düsteren Elementen des Hexenspuks wie Holz aus Gräbern, Uhueiern, Eulenfedern, Krötenblut, Giftkräutern und abgenagten Knochen (epod. 5).

Ob Horaz wirklich an die Existenz solcher Schauder erregenden Wesen mit übersinnlichen Kräften geglaubt hat? Zweifel sind wohl angebracht. Nicht aber daran, dass der Hexenglaube in großen Teilen der Bevölkerung verbreitet war. Und auch „Anwendung" fand: Besonders bei Problemen unerfüllter Liebe vertrauten sich manche Frau und mancher Mann den *artes magicae*, „magischen Künsten", einer „Profi-Hexe" an, auch wenn Kritiker die Furcht erregende Aufmachung und das mysteriöse Getue von Hexen und Zauberern (*magi*) als „Lügengebäude" entlarvten. Der Naturforscher Plinius bezeichnet die Magie als „betrügerischste aller Künste auf dem gesamten Erdkreis" (NH XXX 1). Aber wer in einer schwierigen persönlichen Situation oder sogar Lebenskrise steckte, klammerte sich an jeden Strohhalm – und nahm eben auch zur *ars magica* seine Zuflucht.

In der Mythologie gab es zwei berühmte Hexen-„Vorbilder": die Zauberinnen Kirke und Medea. Die früheste Kostprobe ihrer ungeheuren Kräfte gibt Kirke in der „Odyssee" Homers. Dort lockt sie die Gefährten des Odysseus freundlich in ihr Haus, bewirtet sie und verwandelt sie mittels eines Zaubertranks in Schweine. Von ihrem Zauber leitet sich das deutsche Wort „becircen" ab: Wer sich becircen lässt, erliegt gewissermaßen einem Zauber. Medea, die zweite „Ur-Hexe", eine Nichte der Kirke, setzte ihre Zauberkünste der Sage nach zunächst hilfreich ein, indem sie Iason dabei half, das Goldene Vlies zu holen. Später ging sie aus Rache über dessen Liebesverrat buchstäblich über Leichen: Sie brachte nicht nur ihre Brüder, sondern auch ihre eigenen Kinder ums Leben.

Hexen traute man alles zu. Sie waren mächtige Helferinnen – aber wehe dem, der sie zu Feinden hatte! Mit ihren besonderen Kräutern rühren sie → Gifte und tödliche Mixturen an, daher erklärt sich ihr lateinischer Name *venifica*, „Giftherstellerin". Das war bei den Römern die übliche Bezeichnung für „Hexe". Weitere Bezeichnungen sind *maga*, „Zauberin", und das seltener gebrauchte *striga*, das sich von *strix*, „Eule", dem „Hexenvogel", ableitet. Wer an die Macht der Hexen glaubte, hielt selbst ihren Einfluss auf die Gestirne für möglich: Sogar den Mond könnten sie herunterziehen, sagte man ihnen nach, aber auch die Kraft, Flüsse zur Quelle zurücklaufen zu lassen, ja sogar Tote zumindest zeitweise zum Leben wiederzuerwecken – das alles natürlich mit-

hilfe geheimnisvoller, unverständlicher Beschwörungs- und Zauberformeln. „Ich habe sogar den Verdacht", flicht der Dichter Ovid in seine lange Aufzählung magischer Fähigkeiten einer Hexe ein, „dass sie des Nachts durch schattige Räume fliegt und ihren Körper mit einem Federkleid bedeckt" (am. I 8, 13f.). Die (jüngere) Vorstellung von auf Besen reitenden Hexen ist nicht weit davon entfernt.

Die Betätigungen der Hexen und ihrer männlichen Zauberer-Kollegen fanden in aller Regel verdeckt statt, ohne Zeugen, nachts und an einsamen Orten. Wenig Konkretes drang daher aus der Zauber-Szene heraus; sie hatte ja auch selbst ein großes Interesse daran, dass alles, was sie tat, versprach und bewirkte, unter einem Schleier des Mysteriösen blieb. Deshalb lässt sich weder rekonstruieren, wie Ratsuchende und Hexen miteinander umgingen, noch lässt sich das Ausmaß dieser Konsultationen ermessen. Dass solche Kontakte ganz alltägliche Vorgänge waren, ist allerdings sicher, und auch, dass nicht nur auf das Liebesleben mit magischen Kräften einzuwirken versucht wurde, sondern auch auf andere Bereiche des Familien-, Berufs- und Seelenlebens – und natürlich in Fragen der Gesundheit.

Umso schwerer war es für den Staat, verbotene Hexerei von erlaubten Formen übernatürlicher Einflussnahmen abzugrenzen. Wer mit Hexerei und Zauberkraft Mitmenschen und deren Eigentum bedrohte oder schädigte, konnte verklagt und verurteilt werden. Das war strafbare „schwarze Magie". Anders dagegen bei der „weißen Magie", bei der keine böse Absicht im Spiel war, sondern Zauberei die Heilung von Krankheit, das Ende von Katastrophen, Missernten und schlechtem Wetter oder den Schutz von Eigentum bewirken sollte. Sie blieb straffrei. Besonders abschreckend scheinen die Gesetze gegen schwarze Magie allerdings nicht gewirkt zu haben – weder auf die Hexen und Zauberer noch auf ihre Kundinnen und Kunden. Hexerei und Zauberkunst waren in der römischen Welt ausgesprochen einträgliche Branchen.

Hinrichtungsarten

Die Todesstrafe war fest im römischen Rechtsverständnis verankert. Menschen haben ihr Leben aufgrund bestimmter Verbrechen verwirkt – darin war man sich einig. Allerdings gab es große Interpretationsspielräume für die Richter. Sicher ist, dass Angehörige der führenden Schichten (*honestiores*) weniger häufig zum Tode verurteilt wurden als einfache Menschen aus dem Volk (*humiliores*) – und erst recht als Sklaven und Kriegsgefangene. Insofern entsprach die römische Justiz nicht der modernen Forderung nach Gleichheit aller vor dem Gesetz. Wie häufig die Todesstrafe tatsächlich verhängt worden ist, wissen wir nicht. Am Ende der Republik scheint sie eher unüblich gewesen zu sein, mit der Kaiserzeit stieg die Häufigkeit an, wobei es sehr auf das vom einzelnen Kaiser geschaffene „Klima" ankam, ob Hinrichtungen angeordnet wurden oder überführte Verbrecher mit milderen Strafen davonkamen.

Hinrichtungsart	strafrechtliche Tatbestände	Anmerkungen
Hinunterstürzen vom Tarpejischen Felsen	Verbrechen gegen den Staat, z.B .: • Gewalt gegen Beamte und Amtsdiener • Streben nach Königsherrschaft Zauberei in der Kaiserzeit: • Majestätsbeleidigung • Hochverrat	sehr alte Strafe, schon im Zwölftafelgesetz (451/0 v. Chr.) vorgesehen; selten verhängt: nach 54 keine Belege mehr
Lebendiges Begraben	schwere Pflichtverletzung einer Vesta-Priesterin, z. B. Unkeuschheit	sehr selten verhängt; beschränkt auf Vestalinnen
Säckung: Einnähen in einen Sack mit Tieren wie Schlangen und Versenken im Tiber	Verwandtenmord	seit ca. 200 v. Chr. belegt, selten verhängt
Enthauptung durch das Beil	• Meuterei von Soldaten • Verschwörungen gegen den Staat	seit der frühen Republik bezeugt; selten in der Kaiserzeit
Hinrichtung mit der *furca* (Gabelkreuz): Auspeitschen eines nackt an einen Balken Gefesselten bis zum Tode	• Unzucht mit Vestalinnen • Hochverrat • Landesverrat • Zauberei	seit der frühen Republik bezeugt; selten angewendet
Erdrosseln (von Strafgefangenen, u. a. besiegten gegnerischen Feldherren)	• Verschwörung gegen den Staat • Kriegsverbrechen (aus römischer Sicht)	vom 2. Jh. v. Chr. bis zur Mitte des 1. Jh.s n. Chr. in einigen (auch prominenten) Fällen vollzogen

Hinrichtungsart	strafrechtliche Tatbestände	Anmerkungen
Enthauptung durch das Schwert	• Diebstahl • Tempelraub • Raubüberfall • Mord	seit der Kaiserzeit die übliche Form der Todesstrafe
Verbrennen bei lebendigem Leib	• Brandstifter • Geldfälscher • Hochverräter • kriminelle Sklaven • Magier	besonders entehrende Strafe; regelmäßig vor Zuschauern vollzogen
Kreuzigung: Nagelung an ein T-förmiges Kreuz, Geißelung und langer Todeskampf durch Hängen	• Rebellen • kriminelle Sklaven • „politische" Verbrecher • Räuber	besonders entehrende und fürchterlich qualvolle Strafe; seit dem 3. Jh. v. Chr. bezeugt; von Kaiser Konstantin im 4. Jh. verboten; an vielen christlichen Märtyrern vollzogen
Auftreten in der Arena a) *ad bestias* („zu den Tieren!")	• Räuber • Brandstifter • Mörder • Kriegsgefangene • kriminelle Sklaven	entehrende Strafe, in der Kaiserzeit verbreitet; Verurteilte wurden z.T. gefesselt gegen wilde Tiere geschickt; sie erwartete der sichere Tod
b) *ad gladium* („zum Schwert")	wie unter a)	seit dem 2. Jh. v. Chr. häufig: Kampf ohne vorherige Schulung gegen Profi-Gladiatoren; chancenlos
c) *ad ludos* („zu den Spielen")	- Kriegsgefangene - Überläufer - entflohene Sklaven - Mörder	seit dem 2. Jh. v. Chr. häufig; Arena-Kampf nach vorangehender Ausbildung; insofern eine Art Bewährungsstrafe

Intimrasur

„Ich werde rasiert, unten gerupft, entschuppt, abgebimst, angeputzt, ausstaffiert, angemalt". Es ist vergleichsweise bedeutungslos, ob es in diesem Fragment des Satirendichters Lucilius (266f.) um die Vorbereitung einer Prostituierten auf ihren abendlichen „Berufseinsatz" geht oder um die ins Lächerliche gezogene intensive Körperpflege eines Homosexuellen. Wichtiger ist, dass da gewissermaßen alles, was abgesehen vom Haupthaar an Körperbehaarung vorhanden ist, konsequent bekämpft und ausgerupft wird. Und eben dafür – die vollständige Depilation – hatten *beide* Gruppen ein Faible, die „Professionelle" ebenso wie der *vir mollis*, der „weiche Mann", wie man homoerotisch veranlagte Männer im Lateinischen mit verächtlichem Beigeschmack zu nennen pflegte.

Die Intimrasur – heutzutage fast ein modisches Diktat – war im Alten Rom kein Muss, wohl aber ein von etlichen Menschen gern wahrgenommenes Kann. Unsere Quellen – sowohl die archäologischen als auch die literarischen – geben keinen Aufschluss darüber, wie weit die Praxis der allgemeinen Körperenthaarung einschließlich der des Intimbereichs verbreitet war. Wohl aber lassen sie erkennen, dass sexuell besonders aktive Teile der Bevölkerung dazu neigten, sich ihrer Behaarung zu entledigen, um auf diese Weise dem Ideal des glatten, weichen Körpers zu entsprechen und erotisch attraktiver zu wirken.

Bei Frauen – und zwar nicht nur bei Prostituierten – war eine Intimrasur offensichtlich üblicher als bei „normalen" Männern. Viele rückten der Behaarung am Pudendum, dem „Schambereich", ebenso zu Leibe wie der der Arme, Achseln und Beine (Mart. III 74, 6). Junge Frauen griffen öfter zu dieser Art der Körperpflege als ältere. Der Spötter Martial jedenfalls „schießt" kräftig gegen eine ältere Frau, die dieser jugendlichen „Sitte" in höherem Alter weiterhin nachgeht, obwohl sie die Altersschwelle sexueller Aktivität hinter sich habe: „Was soll das", fragt er anzüglich-hämisch, „einem toten Löwen den Bart zu rupfen?" (X 90, 10).

Die „Glattheit" und das „Glätten des Körpers" solle ein Privileg der Frauen sein, befindet Seneca, und Apuleius spricht von einem *glabellum feminal*, einem „unbehaarten, glatten Schoß" (Met. II 17) – ob als Ausnahme oder Regel, wird nicht recht klar.

Bei Männern wurde die Intimrasur als unmännlich empfunden. Sich das Schamhaar entfernen (oder stutzen) zu lassen und auch „glatt polierte" Arme, Beine und Achselhöhlen zu haben, ließ auf homosexuelle Neigungen schließen (Mart. II 29, 6; II 62; III 63, 6; Ov. ars am. I 520; Sen. ep. 114, 14), mochte das Unterfangen im Einzelfall auch wenig nachhaltig sein, weil „das wuchernde Farnkraut von keinem Pflug zu zähmen" war (Pers. IV 41). Dass Caesar „sich alle Haare ausrupfen ließ" (und daraus offensichtlich keinen Hehl machte), fiel bei manch einem Römer von altem Schrot und Korn unangenehm auf (Suet. Caes. 45, 2). Ebenso wenig hatten Moralisten Verständnis dafür, dass kaiserliche „Wüstlinge" wie Domitian und Elagabal selbst zur Pinzette griffen, um

Stimmt es, dass …

… Pompeji ein „Sündenbabel" mit einer ungewöhnlich hohen Bordell-Dichte gewesen ist?

Nein. Dieser in vielen populären Darstellungen über Pompeji erweckte Eindruck ist falsch. Gelegentlich wird von mehreren Dutzend Bordellen gesprochen, die angeblich archäologisch nachgewiesen seien. Tatsächlich nachgewiesen ist ein einziges, das berühmte *lupanar* („Freudenhaus") mit seinen attraktiven erotischen Malereien. Früher gingen hier „Freier" ein und aus (über 100 obszöne Graffiti haben sich im Umkreis des Bordells gefunden), heute die Touristen, freilich in ungleich größeren Menschenströmen. Von den je fünf kleinen, innen recht schäbigen Zimmern im Erdgeschoss und ersten Stock waren sieben bis acht für den schnellen Sex bestimmt. Neben diesem offenkundigen *lupanar* lassen sich über 40 Lokalitäten ausmachen, die für käufliche „Liebe" infrage kommen, rund 25 davon mit größerer Wahrscheinlichkeit, darunter auch Einraumwohnungen mit eigenem Straßenzugang, die als *cellae meretriciae*, „Prostituiertenkammern", genutzt worden sein könnten. Dass sie es wirklich waren, lässt sich allerdings nicht beweisen. Im Übrigen haben zahlreiche erotische Fresken auch in Privathäusern und in öffentlichen Gebäuden

(z. B. in den *Thermae Suburbanae*) die Phantasie mancher Forscher und Laien beflügelt und sie sogleich an Prostitution denken lassen. Doch waren diese Sex-Motive überall in der römischen Welt Teil der normalen bürgerlichen Welt.

Es stimmt: Prostitution gehörte in den römischen Städten zur Normalität, die Bordellprostitution ebenso wie der „Straßenstrich". Kellnerinnen und Wirtinnen galten als „getarnte" Dirnen. Das Preisniveau war ausgesprochen niedrig. Das lässt auf eine große Anzahl von Frauen schließen, die so ihren Lebensunterhalt verdienten oder besser: verdienen mussten. Thomas McGinn hat die Prostitution im Alten Rom intensiv erforscht. Mit aller Vorsicht schätzt er die Zahl der Prostituierten in Pompeji auf rund 100 – bei einer von ihm angenommenen Einwohnerzahl von 10.000 (bzw. 36.000 mit Umlandbewohnern) wäre das eine Quote von 1% der Bevölkerung. McGinn hält diese Größenordnung für repräsentativ und auf andere Städte des Römischen Reiches übertragbar. Auch wenn es sich dabei um grobe Annäherungswerte mit potenziell hoher Fehlerquote handelt, ist zumindest die Mär vom „Bordell-Dorado" Pompeji damit widerlegt.

ihren weiblichen und männlichen Sexualpartnern das Schamhaar auszurupfen (Suet. Dom. 22; Hist. Aug. Elag. 31, 7). Freilich gingen die Meinungen darüber, ob ein „unbewaldeter" Venushügel erotisch attraktiver sei, erwartungsgemäß stark auseinander. In einem pompejanischen Graffito schwärmt ein Schamhaar-Liebhaber, dass „sich eine behaarte Muschi besser vögeln lässt als eine unbehaarte" (CIL IV 1830).

Drei Methoden der Ganzkörper-Depilation standen zur Wahl. Zum einen das „Glattzupfen" mittels Pinzette, lateinisch *vellere* genannt. Die so Behandelten hießen *vulsi* bzw. *vulsae*, „Gerupfte" (Prop. IV 8, 23; Auson. epigr. 93, 2). Zweitens das Absengen der Haare über einer Öllampe – ein nicht ganz risikoloses Verfahren, das vor allem für Griechenland bezeugt ist (Aristoph. Thesm. 236ff.). Das dritte bestand im Aufbringen chemischer Enthaarungssalben. Da gab es eine Reihe wirksamer Mittel (Plin. NH XXVIII 250; XXX 132f.), allen voran das offenbar marktbeherrschende *psilotrum*, ursprünglich ein „Frauenmedikament", das aber im 1. Jh. n. Chr. Plinius zufolge „auch schon bei Männern Verwendung findet" (Plin. NH XXVI 164). Auch schmerzhafte Pechpflaster und der nicht gerade schonende Bimsstein waren als Haarbekämpfungsmittel in Gebrauch.

Wer überall – und eben auch „unten herum" – schön sein wollte, musste leiden. Alle Enthaarungsmethoden waren mit Schmerz verbunden – ganz gleich, ob man sich selbst verarztete oder sich Ausrupf-Profis anvertraute. Das waren Friseure und Friseusen der etwas anderen Art; *ustriculae* hießen sie beispielsweise, und die Verkleinerungsform tröstet nur bedingt darüber hinweg, dass darin das Verb *urere*, „brennen", steckt (Tert. pall. 4). Gebräuchlicher war die Berufsbezeichnung *alipilus*, „(Achsel-)Haarausrupfer". *alipili* boten beispielsweise in Thermen ihre guten, wenngleich schmerzhaften Dienste an, indem sie mit lauter Stimme auf Kundenfang gingen. Glaubt man Seneca, so hörte ein Haarausrupfer mit seinem Geschrei erst auf, wenn er ein Opfer gefunden hatte. Stille trat trotzdem nicht ein, „denn jetzt zwingt er den anderen dazu loszuschreien" (ep. 56, 2).

Jugend von heute

Früher waren die Zeiten besser – diese nostalgische Feststellung verbindet sich häufig mit der Klage über die „Jugend von heute“, die sich, weil aufsässig, frech, ohne Respekt, freizeitorientiert usw., von der strebsamen Jugend früherer Zeiten negativ unterscheide. Diese Stereotypen finden sich in allen Epochen; gern steht am Anfang einer einschlägigen Zitatenliste ein markig-vernichtendes Wort des Sokrates über die Jugend seiner Zeit, das nur einen Fehler hat: Es ist nirgendwo bezeugt. Aber es gibt sie schon: die litaneihaft wiederholte Klage über die angeblich weniger leistungsbereite und leistungsfähige Jugend – auch wenn sie vermutlich mehr über die aussagt, die klagen, als über die, die Gegenstand der Klagen sind.

Während der Chor der *laudatores temporis acti*, „Lobredner der alten Zeit“, im Rom der Antike laut und vielstimmig erscholl und zumindest eine an der „guten alten Zeit“ orientierte Publizistik die öffentliche Diskussion ideologisch dominierte, halten sich die negativen Pauschalurteile über „*die* verdorbene Jugend von heute“ in erstaunlich engen Grenzen. Ein bemerkenswerter Befund: Dieses abgedroschene Klischee war offenbar selbst den vielen Moralisten zu billig und unreflektiert, als dass sie es intensiv bedient hätten.

Gewiss, man war sich einig darin, dass die Zeit des jungen Erwachsenendaseins nach der Anlegung der „Männertoga“ (*toga virilis*) im 16. bis 18. Lebensjahr eine *lubrica aetas* sei, eine „schlüpfrige Zeit“, will sagen: eine, in der man leicht ausrutschen und vom rechten Pfad abkommen konnte (Cic. Cael. 41; Tac. ann. XIII 2, 2). Das Ungestüm der Jugend und die Notwendigkeit, sich zu orientieren und den richtigen individuellen Lebensweg zu finden, wurden mit einer stürmischen Seereise oder einem aufgewühlten Meer verglichen (Flor. I 17, 9; Pan. lat. V 5, 4). Auch die Empfänglichkeit der Heranwachsenden für die Vergnügungen und die angenehmen Seiten des Lebens einschließlich der Bereitschaft, den Geldbeutel locker sitzen zu haben, galt als Spezifikum dieses Alters – und damit die Gefahr *cereus in vitium flecti*, „wie Wachs formbar für das Laster zu sein" (Hor. ars p. 163). Kurzum, ein Entwicklungsstadium, das einer Krise im medizinischen Sinne entsprach: Es konnte sich zum Guten, aber auch zum Schlechten „entscheiden".

Dieser „Befund" war sicher grundsätzlich richtig, ohne dass er jedoch geradezu zwanghaft mit einer moralischen Wertung, gewissermaßen einer ständig hochgezogenen Augenbraue einhergegangen wäre. Allerdings stellte sich die Frage: Wie sollten die „vernünftigen", abgeklärten Erwachsenen damit umgehen? Die Antworten fielen unterschiedlich aus – von einem liberalen bis zu einem sehr autoritär-repressiven Erziehungs- bzw. Begleitstil in dieser Phase der Entwicklung. Juristisch gesehen, war die Sache klar: Der *adulescens*, der „junge Mann", unterlag nach wie vor der Verfügungsgewalt des Vaters. Diese *patria potestas* war potenziell eine absolute Macht, sie endete erst mit dem Tode des Vaters. Aber es gab genügend Väter, die ihre Söhne „laufen" ließen,

sie wenig kontrollierten und ihnen keinen Aufpasser an die Seite stellten, wenn sie sich in der Öffentlichkeit bewegten. So sah es die Tradition auch eigentlich vor: Das Anlegen der *toga virilis* schloss die Erlaubnis ein, allein das Forum zu besuchen und auch dort eigene Erfahrungen zu machen.

Was weder die Vertreter der „harten Hand" noch die einer verständnisvollen Linie vermeiden konnten, waren Generationenkonflikte. Sie blieben zahllosen römischen Familien, auch dort, wo die väterliche Gewalt sehr „konsequent" wahrgenommen wurde, nicht erspart. Ein anschaulicher Spiegel dafür sind die Vater-Sohn-Konflikte und die unterschiedlich ausgefüllten Vaterrollen in den Komödien des Plautus und Terenz. Auch wenn es sich dabei um literarische Fiktionen handelt, auch wenn die Rollenbilder von den griechischen Vorlagen bestimmt waren und die Komödiendichter die Spannungen zwischen Vater und Sohn als komischen Plot oft genug überstrapazierten, zeigt sich in ihnen doch eine Menge römische Realität – zumal die ja auch ihrerseits durch die Sehgewohnheiten des römischen Publikums mitgeprägt wurde. Cicero jedenfalls nutzt die Bühnenstücke in seinem Plädoyer für den „leichtlebigen" Angeklagten Caelius als geradezu selbstverständliche, die Zuhörer im Gerichtssaal keineswegs überraschende Beleg- und Beweisinstanz. Er verweist auf eine breite Skala unterschiedlicher Vaterfiguren vom „aufbrausenden und harten", ja „eisernen" und „kaum erträglichen" Typ (37) bis zum „absolut weltläufigen" (*urbanissimus*), „milden und toleranten" Versteher-Typus (38). Beide habe eben auch schon das 3. Jh. v. Chr. gekannt.

Der Zeitgeist geht für Cicero klar in Richtung „ein Auge zudrücken". „Tugendhelden findet man heute kaum noch", stellt er fest, und auch: „Die alte Sittenstrenge ist aus der Mode gekommen" (40). Jugendliche „Ausrutscher" stellt Cicero damit in einen allgemeinen gesellschaftlichen Kontext: Nicht die Jugend ist schlechter als früher, sondern die Gesellschaft hat sich gewandelt – für einen konservativen Römer eine bemerkenswerte Einsicht in historische Dynamik, die natürlich auch taktisch bedingt ist, weil sie seiner Verteidigungsstrategie zupass kommt. Gleichwohl dürfte er eine Mehrheitsmeinung für das 1. Jh. v. Chr. wiedergeben, wenn er sagt: „Wir wollen der Jugend einen spielerischen Freiraum gönnen, die jungen Leute sollen sich freier verhalten dürfen" – natürlich in Maßen –, bis sie sich dann durch die Übernahme politischer Verantwortung bzw. Familiengründung selbst vom ungebundenen Genussdasein dieses Lebensabschnitts verabschiedet (42).

Typische Generationenkonflikte wurden auch in den Übungsreden der Rhetorik-Schulen behandelt. Auch hier zeigt sich eine Menge Verständnis für die Besonderheiten und den Freiheits- und Experimentierdrang der jungen Generation. Bemerkenswert ist die empirische Argumentation eines leichtlebigen Sohnes, der auf die *lex iuvenalis* pocht, „das Gesetz der Jugend": „Ich mache Gebrauch von den Annehmlichkeiten meines Alters und nutze das Gesetz der Jugend. Ich tue das, was mein Vater getan hat, als er jung war. Wird er das bestreiten? Ich habe mit dem richtigen Alter angefangen. Sobald ich die normale, ja geradezu obligatorische Lernzeit der Jugend (*tirocinium adulescentiae*) hinter mir habe, werde ich zu Sitte und Anstand zurückkehren" (Sen. contr. II 6, 11). Es ist das gleiche Argumentationsschema, das in anderen Kontexten begegnet: So ist sie eben, die Jugend. Aber das übellaunige Klischee von der „Jugend von heute" wird ausdrücklich nicht bemüht.

Wohin mit der überbordenden Sexualität dieser Jahre? Die römische Gesellschaft hatte Verständnis für diesen Drang. Sie kanalisierte ihn, indem sie Sexualkontakte mit *infames*, „ehrlosen Personen", nicht sanktionierte, weder juristisch noch moralisch. Ein Besuch im Bordell? Warum denn nicht? Und sogar der für seine Sittenstrenge berühmte Alte Cato klatschte Beifall – wenn es nicht zur Gewohnheit wurde. Als er einmal einen jungen Mann aus dem Bordell herauskommen sah, gratulierte er ihm zu dieser „harmlosen" Befriedigung seines Geschlechtstriebs. Als sich die Begegnungen in den nächsten Tagen wiederholten, stellte er jedoch klar: „Ich habe dich dafür gelobt, dass du hierhin gekommen bist, nicht dafür, dass du hier wohnst" (Ps.-Acro ad Hor. sat. I 2, 31ff.).

Auch bei sexuellen Übergriffen auf (eigene) Sklavinnen und Sklaven schritt die Gesellschaft nicht ein. Derlei gehörte zum „Herrenrecht" und war allemal besser, als wenn sich der Heranwachsende zu illegalen Liebesbeziehungen mit unverheirateten jungen Damen oder gar mit verheirateten Frauen einließ. Das Ganze war ein – *horribile dictu* – Triebabfuhr-Konzept, das die Natur respektierte und gesellschaftliche Störungen gleichzeitig vermied. Die Leidtragenden waren die „Sexarbeiterinnen" und unterprivilegierte Frauen. Bei den jungen Damen der „bürgerlichen" und der Oberschicht reagierte die römische Gesellschaft deutlich weniger verständnisvoll: Sie durften ihren Sexualtrieb nur in einer anerkannten ehelichen Verbindung ausleben – wenn überhaupt.

Jugendliche schlugen regelmäßig über die Stränge. Das war den Römern klar, aber ebenso klar war es, dass das ein mehr oder minder zeitloses Charakteristikum oder sogar das Vorrecht dieses Alters war. Wenn es „schief"ging, lag das oft auch am mangelnden Verantwortungsgefühl der Älteren oder an ihrer Heimtücke, die leicht verführbare Jugend zu ihren Zwecken zu missbrauchen. Ein Paradebeispiel dafür war nach der Einschätzung des Historikers Sallust die Verschwörung des Catilina. Den Rahmen bildet ein allgemeiner Sittenverfall, den Sallust nach der Zerstörung Karthagos (146 v. Chr.) ansetzt. Seitdem habe der letzte große äußere Feind gefehlt und die Römer hätten sich gewissermaßen gehen lassen und in innenpolitischem Streit zerfleischen können. Eine etwas schlichte Geschichtskonstruktion – aber jedenfalls steht hier nicht „die" Jugend am Pranger. Vielmehr habe sich Catilina bei seinem versuchten Putsch des Jahres 63 v. Chr. die allgemein bekannte Tatsache zunutze gemacht, dass „sich der noch unfertige und haltlose Charakter der jungen Leute durch Verführungskünste leicht gewinnen" lasse (Sall. Cat. 14, 5). Der Verbrecher lockte die Jugendlichen an und verleitete sie dazu, sich als Komplizen seiner Verbrechen herzugeben (16, 1). Das stellt den verführten jungen Männern kein besonders gutes Zeugnis aus, aber es lastet die eigentliche Verantwortung doch dem skrupellosen Egoisten aus einer älteren Generation an.

Eine grundsätzlich rebellische Jugend hat die römische Gesellschaft nicht hervorgebracht – was individuelle Akte von Aufbegehren und persönliche Rebellion gegen einen „kaum erträglichen Vater", eine „starrsinnige alte Spaßbremse", um Cicero zu zitieren (Cael. 37f.), nicht ausschloss. Einzig die elegische Generation stellt in gewisser Weise eine Ausnahme dar: Catull und seine Geistesverwandten waren die Heuchelei leid. Warum sollten sich junge Männer im Kriegsdienst und im zivilen politischen Leben für eine Gemeinschaft aufopfern, die das – ausweislich der Bürgerkriege des 1. Jh.s v. Chr., der Verlogenheit und des Egoismus der politischen Klasse und eines von der Wirklichkeit schon lange überholten, viel beschworenen, aber selten praktizierten Sittenkodex (*mos maiorum*, „Sitte der Väter") – nicht verdiente? Diese jungen Menschen begehrten auf, indem sie sich dem Erwartungsdruck durch eine Flucht ins Private entzogen. Und dabei trotzig-selbstbewusst ihren eigenen, der Liebe und der Erfüllung im Privaten gewidmeten *way of life* dem traditionell propagierten, durch Pflichterfüllung gegenüber der Gemeinschaft definierten, karriereorientierten Lebensstil als mindestens ebenbürtig an die Seite stellten. Den schönsten und anschaulichsten Ausdruck findet dieser Rückzug ins private Glück und Gefühl in Catulls Kussgedicht *carmen 5* mit dem grandiosen Konzept der Sinnerfüllung des Lebens in der Liebe und der nicht minder grandiosen Missachtung der *rumores senum severiorum*, des „abfälligen Gemurmels allzu strenger alter Männer" (c. 5, 2).

Dieses Aufbegehren der elegischen Generation hielt nicht lange an; in der augusteischen Restauration wurde die Jugend in gewisser Weise wieder „eingefangen" – was sich negativer anhört, als es gemeint ist.

Die → Studentenunruhen des 4. und 5. Jh.s waren keine Fortsetzung des in einem allgemeinen Sinn politischen Protests der elegischen Generation. Sie betrafen einen bestimmten Teil der Jugend – diejenigen, die fernab der Heimat studierten und gewissermaßen aus dem Ruder liefen, weil sie sich in Cliquen stark fühlten und einem bestimmten Gruppenzwang unterlagen. Wenn damals dem einen oder anderen Betrachter der Studentenszene ein empörtes „die Jugend von heute!“ in den Sinn oder über die Lippen kam, war das kein unreflektiertes Nachsprechen dumpfer Ressentiments, sondern Ausdruck einer neuen Erfahrung: *Dieses* Verhalten Jugendlicher hatte wirklich eine neue Qualität, wobei „Qualität“ nicht immer etwas Positives bedeutet.

Und was ist mit den jungen Frauen im Alten Rom?, mögen manche Leser und vor allem Leserinnen fragen. Die Anfrage liegt nahe, aber sie lässt sich seriös nicht beantworten. Es fehlen uns einfach die Quellen dazu. Es ist Teil der allgemeinen Unterdrückung weiblicher Bedürfnisse und Befindlichkeiten, dass wir so wenig über die jungen Frauen wissen. Außer der Tatsache, dass sie früh verheiratet wurden – in der Regel dann, wenn die jungen Männer gerade die *toga virilis* anlegten und zu schnuppern begannen, was Freiheit war. *Diese* Erfahrung ließ die römische Gesellschaft gleichaltrige Frauen nicht machen.

Jugendclub

Bevor der Begriff falsche Erwartungen weckt: Es geht dabei nicht um Musik- oder Tanz-*locations*, sondern um Vereine oder Vereinigungen, die sich *iuvenes*, „junge Leute“, bzw. *collegium iuvenum*, „Verein junger Leute“, nannten. Sie sind in Rom und manchen Städten des lateinischsprachigen Westens durch zahlreiche Inschriften bezeugt. Aber wir wissen nicht wirklich, wozu sie dienten und womit die darin organisierten jungen Menschen ihre gemeinsame Zeit verbrachten. In vielen modernen Darstellungen wird aber nicht selten im Brustton der Überzeugung der gegenteilige Eindruck erweckt – daher die Aufnahme des Stichwortes in diesem Rahmen.

So ist sich z. B. Jean-Paul Thuillier sicher, dass der Staat bei diesen Jugendorganisationen „vor allem die körperliche Ertüchtigung der aristokratischen Jugend“ im Blick gehabt habe, „um aus ihr militärische und politische Führungskader zu schmieden“ (Der Sport im antiken

Rom, Darmstadt 1999, 94). Dagegen spricht die soziale Zusammensetzung der *iuvenes*. In ihren Reihen gab es durchaus auch Angehörige der Mittelschicht, selbst Freigelassene. Und in einigen wenigen Clubs sogar Frauen, die in Rom zu keiner Zeit Aussicht auf Führungsstellen hatten. Körperliche Ertüchtigung – oder zeitgemäßer ausgedrückt: Sport – war wohl ein Schwerpunkt im Vereinsleben. Dabei lag der Fokus möglicherweise auf Kampfsport einschließlich einer Art Gladiatorenkampf mit stumpfen Waffen. Für die häufig behauptete vor- oder gar paramilitärische Funktion der Jugendclubs gibt es allerdings keine belastbaren Quellenbelege.

Wie andere Vereine (*collegia*) waren die Jugendclubs auch im Kult für bestimmte Gottheiten engagiert und nahmen als Korporation an Festen und Prozessionen teil. Sie hatten ihre eigenen „Priester" (oder vielleicht besser: „Kultbeauftragten"; *sacerdotes, flamines)*, Vorsitzenden und Funktionsträger (*magistri*), die durch Wahl oder Entscheidung der

Kommune als „Aufsichtsbehörde" in der Regel für ein Jahr bestimmt wurden. Ebenfalls in Analogie zu den Handwerkervereinen dürfte die Pflege von Geselligkeit im Mittelpunkt des Clublebens gestanden haben. Während bei Berufsvereinen das allen gemeinsame berufliche Umfeld die verbindende Interessensklammer war, könnten bei den *iuvenes* Themen im Vordergrund gestanden haben, die vor allem junge Leute bewegten. Die Mitgliedschaft war freiwillig; die einzigen konkreten Altersangaben, die auf Grabinschriften erhalten sind, liegen zwischen 17 und 19 Jahren. Sicher waren aber auch viele 20–30-Jährige noch Mitglieder in den Clubs.

Bei all den Unklarheiten und ungelösten Fragen ist zumindest eine Aussage mit sehr großer Wahrscheinlichkeit zu treffen: Mögen sich viele andere *collegia* auch als Begräbnisvereine verstanden haben – eine Art Sterbekasse, in die man in der Sicherheit einzahlte, dass die *collegiati* dereinst auch eine verlässliche Trauergemeinde sein würden –, dürfte dieser Gedanke den *iuvenes* doch noch recht ferngelegen haben. Sterben, Tod und Begräbnis waren bei ihren Zusammenkünften und Festen gewiss *kein* Thema.

Jugendgang

„Halt!", schreit einer dich plötzlich an, „woher kommst du? Wessen Bohnen blähen dich so auf? Wo hast du deinen Standplatz als Bettler? Los, sprich, sonst gibt's einen Tritt!" Solche Pöbeleien waren im kaiserzeitlichen Rom nichts Seltenes. Juvenal beschreibt in satirischer Übertreibung eine nächtliche Straßenszene (III 292ff.), in der der ahnungslose Passant keine Chance hat: „Ob du was zu sagen versuchst oder stumm zurückweichst – sie schlagen so oder so auf dich ein" (III 297f.). „Sie" – das ist ein Trupp vornehmer junger Leute unter Führung eines ausgerasteten Schlägers (*furiosus*, „wild geworden", sagt Juvenal in Vers 291), der mutwillig ein Opfer sucht. Sonst findet der überdrehte und mächtig alkoholisierte Kerl nicht so richtig in den Schlaf. Eine zünftige Schlägerei – das ist für den „feinen" Herrn aus der Oberschicht wie ein Wiegenlied. Gegen die Übermacht seines Gefolges braucht der Angegriffene sich gar nicht erst zur Wehr zu setzen. Die einzige Hoffnung, die ihm bleibt: „Wenigstens noch mit ein paar Zähnen nach Hause zu kommen" (V. 301).

Was in Juvenals Satire vergnüglich zu lesen ist, stellte sich für manchen zurückkehrenden Partygänger, Ladenbesitzer oder Kneipenwirt in der Lebenswirklichkeit nicht ganz so lustig dar. Es gab sie tatsächlich – jugendliche Gangs, die meist aus purem Übermut und von ordentlichem Weingenuss erhitzt durch die nächtlichen Straßen zogen, Passanten anpöbelten und zusammenschlugen und randalierten, was das Zeug hielt. Die Römer sprachen von ihnen als *grassatores*, „Nachtschwärmern", oder deutlicher: von „Wüterichen" und „umhertobenden Jugendlichen". In der modernen Wissenschaft ist von „Randalierern", „Vandalen" oder sogar „Hooligans" und „Gangs" die Rede – wobei deren Mitglieder nicht dem Unterschichten-Prekariat entstammten, sondern in aller Regel aus wohlhabenden Familien kamen, manche sogar aus Senatoren- und Ritterkreisen. Ihre nächtlichen Eskapaden verstanden sie als „Spaß", als „Unterhaltung" auf einem alkoholgetränkten „Zug durch die Gemeinde". Ihre Opfer dagegen konnten nicht so recht darüber lachen.

Solche Gangs haben Rom angeblich schon im 5. Jh. v. Chr. unsicher gemacht, insbesondere die als Rotlichtviertel berüchtigte Subura. Der Historiker Livius berichtet jedenfalls von Schlägereien adliger Rowdys, die es besonders auf Plebejer abgesehen hätten. Selbst ein Todesopfer sei unter den von einer Gang Attackierten zu beklagen gewesen (Liv. III 13; Dion. Hal. X 7). Ob dieser Vorfall historisch ist, darf bezweifelt werden. Einiges spricht dafür, dass Livius hier Zustände seiner eigenen Zeit, des späten 1. Jh.s v. Chr., auf die Frühzeit Roms übertragen hat.

Einige Jahrhunderte nach dem vermeintlich frühesten Auftauchen des Phänomens aber war es dann so weit. Beim Komödiendichter Plautus gibt es für das 3. Jh. v. Chr. deutliche Anspielungen darauf, dass jugendliche Trunken- und Raufbolde die Straßen der Hauptstadt mit ihren „Aktionen“ mindestens ab und zu heimgesucht haben. Allein im nächtlichen Rom unterwegs sein? Ein sehr mutiges Unterfangen, „weiß ich doch, wie sich die Jugend benimmt!“, lässt Plautus einen Sklaven sagen (Amph. 153ff.; vgl. Trin. 313ff.; Stich. 505).

Für die Kaiserzeit sind noch größere Krawalle, noch gefährlichere Randale durch *grassatores* überliefert, und zwar durch historische Quellen, die verlässlicher sind als die bisher zitierten literarischen. Zeitweise gab es in Rom eine Hooliganszene, die prügelte und raubte, die Geschäfte ausplünderte und das Mobiliar von Wirtshäusern und Nachtbars kurz und klein schlug. Passanten wurden nicht nur schikaniert, sondern auch böse misshandelt. *globi*, „Cliquen“, von Jugendlichen griffen Wildfremde an, verletzten sie schwer und tauchten sie, wenn sie sich wehrten, in Kloaken (Suet. Nero 26, 1). Sie brachen Läden auf, zerstörten Auslagen und verhökerten die gestohlenen Waren auf dem Schwarzmarkt.

In den Jahren 56 bis 58 grassierte das Unwesen der Jugendgangs besonders schlimm. Das hatte mit dem prominentesten Rowdy zu tun, der damals kräftig „mitmischte“: kein Geringerer als der jugendliche Kaiser Nero. Er nahm zwar meist maskiert, mit Perücke und Kapuze getarnt, an den „Aktionen“ seiner Clique teil. Aber es sprach sich schnell herum, wer da mit den Hooligans unterwegs war. Und niemand wollte das gleiche Schicksal erleiden wie der Senator Iulius Montanus. Dessen Ehefrau wurde von Nero sexuell belästigt. Nero war inkognito und Montanus merkte deshalb nicht, gegen wen er seine Frau verteidigte. Er schlug zu und machte dann, als klar wurde, wen er da nach Strich und Faden versohlt hatte, einen verhängnisvollen Fehler: Er entschuldigte sich am nächsten Tag brieflich beim Kaiser. Für Nero ein Gesichtsverlust, den er nicht hinnehmen wollte: Er zwang seinen „Bezwinger“ zum Selbstmord (Suet. Nero 26, 2; Tac. ann. XIII 25, 3).

Wenn der Kaiser selbst nächtens als oberster Hooligan wütete, dann war es nicht verwunderlich, dass die ganze *grassatores*-Szene aufblühte und sich manch ein junger Mann aus „gutem" Haus mit dem Rowdy-Virus infizieren ließ. Der Historiker Tacitus sah jedenfalls die Sicherheit der Stadt von diesen Ausschreitungen massiv bedroht. „Nach außen herrschte Ruhe", stellt er fest, „im Inneren aber abscheuliche Zügellosigkeit" (*foeda lascivia*; ann. XIII 25, 1).

Das war nicht zu allen Zeiten so – jedenfalls nicht so vehement wie in Neros kaiserlichen „Flegeljahren", als sich auch die Polizeikräfte wohlweislich zurückhielten. Ähnliche *grassatores*-Allüren werden auch von anderen „schlechten" Kaisern berichtet: von Caligula, dem Vorgänger Neros, von Otho und Vitellius, kurzfristigen Kaisern des Jahres 69, sowie von Verus (161–169) und von Commodus (180–192). Da zeichnet sich ein Schema der Geschichtsschreibung ab, das Übertreibungen einkalkuliert. In normalen Zeiten – ohne kaiserliche *grassatio*-Beteiligung und -protektion – erhielten die – im Ganzen wohl eher unangenehmen als wirklich gefährlichen – jugendlichen Cliquen deutlich weniger Aufmerksamkeit seitens der Historiker. Welches Bedrohungspotenzial für friedliche Bürger normalerweise von ihnen ausging, lässt sich schwer einschätzen.

Allerdings war das *grassatio*-Unwesen nicht auf die Hauptstadt Rom beschränkt. Im „Eselsroman" des Apuleius warnt eine in einer Provinzstadt lebende Photis ihren Freund: „Komm nicht zu spät vom Essen heim!" Es geht ihr nicht nur darum, den jungen Mann schnell wieder in die Arme schließen zu können. Sie hat noch einen anderen Grund: „Eine verrückte Bande sehr vornehmer junger Leute bedroht den öffentlichen Frieden", erläutert sie ihre Warnung. „Überall auf den Straßen wirst du Ermordete liegen sehen" – das dürfte, wenn wir es mit anderen Quellen vergleichen, denn doch eine dramatische Zuspitzung der Situation sein, die der bangen Phantasie der jungen Dame entsprang (Apul. Met. II 18, 3).

Kaugummi

„Mehr als nur ein Kaugummi", verspricht der Hersteller von „Mastic" und wirbt mit der „Kraft der Sonne Griechenlands". In der Antike hätte er besser die Ursprungsbezeichnung „Chios" hinzugesetzt. Denn echtes Mastix wurde nur auf dieser ägäischen Insel gewonnen, und zwar durch Einritzen der Rinde des Mastix-Strauches. Im Juni begannen und beginnen die Mastix-Bauern damit, dem wilden Pistazienbaum seine wertvollen „Tränen" zu entlocken. Der Ernteertrag liegt bei 4–5 kg pro Baum; allerdings wächst er langsam und benötigt eine Generation, um einen ordentlichen Ertrag abzuwerfen.

Mastix wurde als Arznei bei einer Reihe von Krankheiten verwendet, sein Name leitet sich indes von einer ganz anderen Nutzung ab: griechisch *masáthai* heißt „kauen". Die hellgelben Kügelchen des Mastix-Harzes kaute man, weil sie „den Wohlgeruch des Mundes bewirken und das Zahnfleisch zusammenziehen" (Dioskur. mat. med. I 90, 56).

Der römische Naturforscher Plinius bestätigt das: Zusammen mit der Faser eines Brombeerstrauchs gekaut, „reinigt Mastix den Mund" (NH XXIV 121).

Angesichts des hohen Preises – zu Plinius' Zeiten 10 Denare, d. h. mehrere Tagelöhne eines Lohnarbeiters für ein römisches Pfund – konnten sich nur Wohlhabende das edle Kaugummi aus Chios auf Dauer leisten. Aber es gab Nachahmer-Produkte, „falsches" Mastix aus dem Schwarzmeerraum, das nur ein Fünftel kostete, und andere Harze, die ebenfalls frischen Atem versprachen. Preiswerter war auch das Holz des Mastix-Baumes; es enthielt ebenfalls, wenn auch nicht so konzentriert, die ätherischen Öle der Pflanze und wurde sozusagen als „Kauholz" verwendet. Den doppelten Nutzen versprachen Zahnstocher aus Mastixholz. Schenkt man dem Spötter Martial Glauben, so wurden sie von dem einen oder anderen → Angeber sogar zur Vorspiegelung falschen „Besitzes" verwendet: „Der da auf dem mittleren Speisesofa – er bohrt im weit geöffneten Mund mit Mastix-Zahnstochern herum. Aber er lügt: Er hat gar keine Zähne!" (VI 74).

Kinderarbeit

Im Bild der Kindheit, das von lateinischen Unterrichtswerken vermittelt wird, ist von Kinderarbeit meist nicht die Rede. Die Kinder gehen stattdessen mehr oder weniger gern zur Schule, wo nach der Mittagspause der Unterricht wieder anfängt. Diese Vorstellung ist nicht falsch, aber sie betrifft nur einen kleinen Prozentsatz römischer Kinder, nämlich die aus der oberen Mittelschicht und der Oberschicht. Für sie lief der Tag grundsätzlich ähnlich ab, wie es in den modernen Industriestaaten für alle Kinder die Regel ist: Erwerbsarbeit brauchten sie nicht zu leisten, auch wenn es noch keine strengen Schutzbestimmungen für Kinderarbeit gab.

Der Alltag von Kindern aus armen Familien – und sie machten die große Masse der Bevölkerung aus – sah ganz anders aus. Die meisten

Eltern konnten sich einen privat finanzierten Schulunterricht für ihre Kinder nicht leisten. Im Gegenteil, viele Familien waren auf die Mitarbeit der Kinder angewiesen. Mehr als eine solche allgemeine Feststellung lässt sich zu dieser Problematik nicht machen – weder zum Umfang noch zum Alter noch zu einem Prozentsatz, wie viele Kinder einer Erwerbsarbeit nachgingen. Dafür ist die Quellenlage verantwortlich: Die antiken Schriftsteller haben sich für das Alltagsleben der Unterschichten nicht oder nur sehr wenig interessiert – und ihre Leser aus der Oberschicht auch nicht. Deshalb gibt es nur zufällige, punktuelle Informationen – Mosaiksteinchen gewissermaßen, die sich nicht zu einem großflächigen Bild zusammenlegen lassen.

Die meisten Menschen, rund 80–85%, lebten auf dem Land. Dort dürfte Kinderarbeit sowohl bei Sklavenkindern als auch bei Kindern von Kleinbauern und Landarbeitern geradezu als Selbstverständlichkeit angesehen worden sein. Schon in sehr jungem Alter – ab etwa fünf Jahren – konnten Kinder in der Landwirtschaft zu bestimmten Arbeiten herangezogen werden: Schafe und Ziegen zu hüten, Esel zu treiben, das Geflügel zu füttern, aber auch dazu, Brennholz zu sammeln, Steine von den Feldern wegzuräumen und im Haushalt mitzuarbeiten. Auch bei manchen Erntearbeiten wie der Olivenlese ist mit dem Einsatz von Kindern zu rechnen. Da in Kleinbauernfamilien die Frauen mitarbeiteten, mussten ältere Kinder auf ihre jüngeren Geschwister aufpassen. Ob und ggf. wie viel Zeit ihnen zum Spielen blieb, wissen wir nicht. Immerhin waren manche Tätigkeiten wie das Hüten des Viehs auch mit Freizeit-Phasen verbunden.

In der Stadt wurden Sklavenkinder vielfach früh im Haushalt eingesetzt: Sie begrüßten Gäste, führten sie ins Speisezimmer, nahmen ihnen die Schuhe ab, wuschen ihnen die Hände und bewirteten sie. Hübsche junge Burschen mit langen Haaren gossen Wein nach; gelegentlich mussten sie ihrem Herrn oder auch Gästen auch sexuell zu Willen sein (Sen.ep. 47, 7; 95, 12). Diese sexuelle Ausbeutung schon von Kindersklaven gehört aus heutiger Sicht zu den besonders hässlichen

Fratzen der antiken Sklaverei. Dass auch minderjährige Mädchen im Bordell „eingesetzt" wurden, passt ins abstoßende Bild.

Wer physisch fit war, konnte schon als Jugendlicher in die Reihen der *cursores* aufgenommen werden, der „Läufer", die für die rasche Übermittlung von Nachrichten sorgten. Ein gewisser Zonisus startete diese „Karriere" mit 15 Jahren. Sechs Jahre und vier Monate erledigte er seinen Job zur Zufriedenheit seines Herrn, just am Tages seiner Freilassung starb er (CIL VI 9317). Andere Grabinschriften machen uns mit einem 15-jährigen *calculator*, „Rechner", „Buchhalter", namens Melior bekannt (CIL XIV 475), mit einer neunjährigen Masseuse (CIL XII 1594) sowie mit zwei Sklavenmädchen, die im Alter von neun und zwölf Jahren als Friseusen und Kosmetikerinnen (*ornatrices*) tätig waren (CIL VI 9731 und 9726). Im römischen Köln stoßen wir auf den jungen Xanthias, der gerade eine hoffnungsvolle Laufbahn als Stenograph eingeschlagen hatte (CIL XIII 8355), und in Rom auf einen zwölfjährigen Goldschmied, der „wunderbare Armbänder" herzustellen verstand (CIL VI 9437). Ziemlich rätselhaft bleibt, wieso ein Vierjähriger bereits als Schneiderlehrling tätig war (CIL VI 6852), als empörend empfinden wir es – wie auch antike Betrachter –, dass ein Kleinkind mithilfe manipulierter körperlicher Verkrüppelung zum Bettler „mit hübschem Gesichtchen" gemacht wurde (Sen. contr. X 4, 2) – sicher ein Extremfall, aber doch einer, der erneut zeigt, welch furchtbares Schicksal manche Kindersklaven durchleiden mussten.

Hart dürfte auch das junge Leben von Kindern und Heranwachsenden gewesen sein, die ins Showbusiness „gesteckt" wurden. Sie traten als Tänzer(innen) und Schauspieler(innen), Akrobaten, Artisten und Seiltänzer auf (Dig. XXXVIII 1, 7, 5; Petr. 53). Der jüngste inschriftlich bezeugte „Kunstturner", *gymnicus*, war, als er starb, noch keine drei Jahre alt (CIL X 2132).

Freigeborene Kinder wurden tagtäglich im Haushalt oder in der Werkstatt des Vaters, bei der Wollarbeit oder im Laden der Mutter eingesetzt, ohne dass diese Arbeitsleistung in Quellen dokumentiert worden wäre. Manche erhielten auch einen regelrechten Ausbildungsvertrag, wenn sie im Alter zwischen zwölf und 14 bei einem Lehrherrn anfingen. Papyri mit solchen Verträgen haben sich im trockenen Klima Ägyptens über die Jahrtausende erhalten. In den 42 einschlägigen Dokumenten schließen Lehrherr und Eltern eine Vereinbarung über jugendliche „Azubis" ab, die unterschiedliche Handwerke erlernen: Weber, Wollkämmer, Brokatarbeiter, Einsalber, Nagelmacher, Stenograph und auch Arzt. Die durchschnittliche Ausbildungszeit lag bei zwei bis drei Jahren, die meisten Lehrlinge fingen mit zwölf oder 13 Jahren an. 75 % dieser Auszubildenden waren Freigeborene. Auffällig sind manche Arbeitsschutzklauseln, die im Einzelfall sogar bezahlten Urlaub von 18 Tagen vorsahen – für die allermeisten „normalen" Erwerbstätigen ein unerreichbarer sozialer Standard.

Die jungen Leute lebten meist in der Familie des Meisters. Manche Ausbilder traten mit ihren Lehrlingen auch öffentlich in Erscheinung. So schaltete sich in Pompeji ein *Saturninus cum discentes* in den Kommunalwahlkampf ein. Was dieser Meister seinen Schützlingen allerdings nicht so recht zu vermitteln verstand, war korrektes Latein. Saturninus grüßt von der Wand herab die Wähler *cum discentes*, „zusammen mit seine (!) Schüler" (CIL IV 275). Der Ablativ *discentibus* wäre noch einen Tick überzeugender gewesen.

Heranwachsende mit solchen Ausbildungsverträgen gehörten im Bereich der Kinderarbeit zu den Privilegierten – auch wenn die Lehre sicher kein Zuckerschlecken war und vielfach auch mit körperlicher Züchtigung einherging. Viel schlimmer erging es freilich den Kindern, die im Bergbau beschäftigt wurden. Man kennt solche skandalösen Verhältnisse aus der Zeit der Frühindustrialisierung. Es gab sie auch im Römischen Reich, aber wohl doch eher als Ausnahme. Für die Silberminen auf der Iberischen Halbinsel lässt sich wahrscheinlich machen, dass dort in sehr engen Stollen Kinder eingesetzt worden sein dürften, allerdings nicht in großer Zahl. Aus heutiger Sicht war es ein weiterer Skandal, dass freie Eltern aus Geldnot ihre Kinder verkauften oder vermieteten. Auch das war sicher nicht die Normalität. Aber es soll erwähnt werden, weil es auch zum Komplex Kinderarbeit gehört, der in mancher Hinsicht deprimierend war und viele, viele Kinder um ihre Kindheit und Jugend gebracht hat.

Mit diesen Ärmsten verglichen, mutet die Arbeit, die man manchen Sprösslingen der Oberschicht früh abverlangte, einigermaßen erträglich an – auch wenn sie nicht kindgerecht war. Dazu gehörten vor allem Repräsentationspflichten. Kinder aus vornehmen Familien wurden früh daran gewöhnt, bei religiösen Zeremonien, Prozessionen, Paraden, öffentlichen Banketten und Leichenbegängnissen als Vertreter ihrer *gens* („Großfamilie") aufzutreten. Der Druck, den der väterliche Ehrgeiz auf manch einen ausübte, ist nicht zu unterschätzen – mitsamt der Erwartungshaltung, nach dem Abschluss des Rhetorik-Studiums mit 19 oder 20 Jahren eine politische Karriere anzusteuern.

Normalerweise lag das Mindestalter für die Übernahme verantwortungsvoller politischer Ämter in Rom bei 25 Jahren; in manchen Landstädten galt indes ein deutlich geringeres Mindestalter von 17 Jahren (ILS 6085). In Ausnahmefällen bekleideten schon Kinder – vor allem im Osten des Reiches – Ämter oder saßen sogar schon mit sieben oder acht

Jahren im Stadtrat – dort indes nur als „Platzhalter“, um den Anspruch ihrer Familie auf einen Sitz aufrechtzuerhalten. Wo Minderjährige als Gymnasiarchen (Leiter eines *gymnasion*) oder Agonotheten (Preisrichter bei Wettkämpfen) gewählt wurden, bekleideten sie reine Repräsentationsämter, die ihrer Familie große Ehre einbrachten – und sie eine Menge Geld kosteten. Die finanzielle Verpflichtung übernahmen natürlich die Eltern, und die jugendlichen Amtsträger beschränkten sich darauf, bei Spielen und Festen, die in ihren Zuständigkeitsbereich fielen, den Vorsitz zu führen. Auch wenn man sie nicht unbedingt darum beneiden musste, wurde diese Form der Kinderarbeit von manchen Betroffenen doch als willkommene Gelegenheit angesehen, wenigstens der ungeliebten Schule eine Zeit lang zu entkommen.

Kulturgeschichte in Zahlen

Die folgenden Informationen unterliegen keiner strengen Systematik. Unter dem Leitfaden „Zahlen“ ist Wissenswertes, Interessantes, Typisches zusammengestellt

2 Alle römischen Ämter der Republik waren doppelt „besetzt“. Das Prinzip der Kollegialität sorgte dafür, dass der einzelne Beamte in seiner Amtsgewalt eingeschränkt war: Gegen den Einspruch seines Kollegen konnte er keine Maßnahme durchsetzen.

3 Ein Essen, zu dem man Gäste einlud, bestand aus mindestens drei Gängen: der *gustatio*, „Vorspeise“, dem *ferculum*, „Hauptgang“, und der *mensa secunda*, dem „Nachtisch“.
Nach Auffassung der Griechen, die viele Römer übernahmen, bestimmten drei Schicksalsgöttinnen den „Lebensfaden“ eines jeden Menschen: Clotho spinnt ihn, Lachesis misst ihn aus und Atropos schneidet ihn ab und beendet damit das Leben.

Cerberus, den Wächter der Unterwelt, stellte man sich als Hund mit drei Köpfen vor.
Sallust ist einer der wichtigsten römischen Geschichtsschreiber. Er schrieb drei Werke, die „Verschwörung des Catilina“, den „Krieg gegen Jugurtha“ und die „Historien“, von denen aber nur einige Reden und Briefe erhalten sind.
Eine Thermenanlage bestand aus drei Badeabteilungen: dem *tepidarium* mit „lauwarmem“, dem *caldarium* mit „warmem“ und dem *frigidarium* mit „kaltem“ Wasser.
Gegen Karthago führte Rom drei Kriege. Das lateinische Wort für „karthagisch“ ist *Punicus*. Der Erste Punische Krieg dauerte von 264 bis 241, der Zweite („Hannibalische“) von 218 bis 201 v. Chr. und der Dritte (eine Belagerung Karthagos) von 149 bis 146 v. Chr.
Im römischen Kalender gab es drei „Fixpunkte“, zu denen hin die Datierung erfolgte: Die Kalenden (immer der 1. eines Monats), die Nonen (der 5. oder 7.) und die Iden (der 13. oder 15.). Beispielsweise wurde der 26. Juli bezeichnet als der „7. Tag vor den Kalenden des August“.
Zweimal in der Geschichte der römischen Republik verständigten sich drei mächtige Männer darauf, dass in der Politik nichts gegen ihren Willen geschehen solle. Diese – informellen – politischen Vereinbarungen nennt man „Triumvirat“ (*tres*, „drei“, *vir*, „Mann“). Im Jahre 60 v. Chr. schlossen Caesar, Pompejus und Crassus das 1. Triumvirat, im Jahre 43 v. Chr. einigten sich Marc Aurel, Octavian (der spätere Augustus) und Lepidus auf das 2. Triumvirat.

4 Nach einer mythologischen Weltalterlehre der Griechen gliedert sich der Ablauf der Welt in vier Zeitalter, in denen die Menschen in moralischer Hinsicht immer schlechter werden: das „Goldene“, das „Silberne“, das „Eherne“ und das „Eiserne“ Zeitalter. Man spricht von einem deszendenten (*de-scendere*, „absteigen“) Weltmodell.
Auch in römischer Zeit wurden vier große Athleten-Wettkämpfe in Griechenland ausgetragen, bei denen die Sieger nur einen Kranz zur Beloh-

nung erhielten: die Olympischen Spiele (seit 776 v. Chr.), die Pythischen Spiele in Delphi (seit 582 v. Chr.), die Isthmischen Spiele in Korinth (seit 581 v. Chr.) und die Nemeischen Spiele in Nemea (seit 573 v. Chr.).
Das Jahr 69 n. Chr. war nach Neros Tod ein chaotisches Jahr mit mehreren Staatsstreichen. Im „Vierkaiserjahr" regierten Galba (bis Januar), Otho (bis April), Vitellius (bis Dezember) und Vespasian (von Dezember 69 bis 79 n. Chr.).
Bei den Wagenrennen in Rom gab es vier Rennparteien (*factiones*): die „Blauen", die „Roten", die „Weißen" und die „Grünen".
Zu einem perfekten Gastmahl müssen nach Varro vier Punkte beachtet werden; 1. Gäste, die zueinander passen, 2. ein angemessener Ort, 3. eine passende Zeit und 4. eine vernünftige Vorbereitung, zu der auch die Speisenfolge zählt.

5 Der Fünfkampf bei Athletik-Wettbewerben umfasste folgende Disziplinen: Speerwurf, Diskuswurf, Weitsprung, Laufen und Ringen.
In der römischen Geschichtsschreibung galt das 2. Jh. n. Chr. als die Epoche mit den besten Herrschern. Folgende fünf Kaiser werden als die „guten" gezählt: Nerva (96–98), Trajan (98–117), Hadrian (117–138), Antoninus Pius (138–161), Marc Aurel (161–180)
Marc Anton, nach Caesars Tod der Gegenspieler Octavians um die Macht in Rom, war fünfmal verheiratet. Seine Ehefrauen waren Fadia, Antonia, Fulvia, Octavia und die ägyptische Königin Kleopatra. Caesar dagegen war „nur" dreimal verheirat: mit Cornelia, Pompeia und Calpurnia.

6 Das wichtigste Werk zu römischen Fest- und Gedenktagen sind die „Fasti" Ovids. Für jeden Monat plante Ovid ein Buch. Erhalten sind nur die ersten sechs Bücher für die Monate Januar bis Juni.
Der Politiker, Redner und Schriftsteller Cicero war ein wohlhabender Mann. Er besaß (mindestens) sechs Häuser:

1. auf dem Palatin in Rom

2. in Tusculum
3. in Antium; dort war der Großteil seiner Bibliothek
4. in seiner Heimatstadt Arpinum
5. auf der Insel Astura
6. an der kampanischen Küste nahe Pompeji.

Die Priesterinnen der Göttin Vesta mussten u. a. das heilige Staatsfeuer im Vesta-Tempel auf dem Forum Romanum hüten. Sie waren hoch angesehen und hatten etliche Vorrechte. Ihre Dienstzeit betrug 30 Jahre, danach konnten sie entweder Vestalin bleiben oder ausscheiden und eine Familie gründen. Die meisten Vestalinnen blieben wohl bis zu ihrem Tod im Amt. Ihre Zahl lag ursprünglich bei vier und wurde später auf sechs erhöht.

7 Einer alten Tradition zufolge sollte kein Politiker in der römischen Republik mehr als einmal in zehn Jahren Consul sein. Mit Gaius Marius brach diese Tradition ab. Er bekleidete das Consulat siebenmal, davon sechsmal hintereinander in den Jahren 105–100 v. Chr. und noch einmal im Jahre 86 v. Chr.

Rom war, sagte man, auf sieben Hügeln gebaut. Tatsächlich waren es mehr (→ Siebenhügelstadt).

Sieben ist eine dem Apollo heilige Zahl. Es gab unter anderem Sieben Weise und sieben Planeten.

In der Antike gab es unterschiedliche Listen der Sieben Weltwunder. Nur die Siebenzahl war unumstößlich. Erst in der Neuzeit wurde folgende Liste „festgelegt“:

1. die Pyramiden
2. die Hängenden Gärten von Babylon
3. die Zeus-Statue in Olympia
4. der Koloss von Rhodos
5. der Tempel der Artemis in Ephesos
6. das Mausoleum in Halikarnassos
7. der Leuchtturm von Alexandria.

Zu Beginn der römischen Geschichten regierten angeblich sieben Könige die Stadt von 753 bis 508/7 v. Chr. Die Zahl ist für zweieinhalb Jahrhunderte deutlich zu gering. Die Namen der sieben Könige: Romulus, Numa Pompilius, Tullus Hostilius, Ancus Marcius, Tarquinius Priscus, Servius Tullius, Tarquinius Superbus.

8 Caesars berühmte *commentarii* über seine Feldzüge in Gallien umfassen acht Bücher, eines für jedes Kriegsjahr (58–51 v. Chr.). Das letzte stammt wohl aus der Feder von Aulus Hirtius, einem Caesar nahestehenden Offizier.

Im römischen Militär gab es acht Auszeichnungen für besondere Tapferkeit. Die ehrenvollste konnte nur der Feldherr selbst erringen: den Triumph.

Numa Pompilius, dem legendären zweiten König Roms, wurde die Einrichtung von acht Priesterschaften zugeschrieben. Die einzige weibliche Priesterschaft waren die Vestalinnen.

9 Die unmittelbare Trauerzeit nach dem Tode eines Angehörigen waren die neun Tage nach seiner Beisetzung. Sie wurde in wohlhabenden Familien am neunten Tag durch ein Opfer und einen Leichenschmaus (*cena novemdialis*) beendet.

10 Das Werk des Apicius *De re coqinaria* aus dem 2. Jh. n. Chr., das 478 sehr knapp beschriebene Kochrezepte enthält, gliedert sich in zehn Bücher. Ebenso umfasst das Werk des Architekturschriftstellers Vitruv (frühes 1. Jh. n. Chr.) zehn Bücher. Von Vergil sind neben der „Aeneis" und den „Georgica" zehn Eklogen (Hirtengedichte) überliefert.
Im Jahre 451/0 v. Chr. schrieb eine Kommission von zehn Männern (*decemviri*) das geltende Recht auf, das „Zwölftafelgesetz".
Anfangs betrug die Zahl der Volkstribunen (*tribuni plebis*), die die Plebejer vor Übergriffen der Beamten schützen und ihre Freiheitsrechte verteidigen sollten, fünf. Später lag sie bei zehn. Ein Volkstribun konnte mit seinem Veto („ich verbiete") jede Amtshandlung eines Magistrats unterbinden. Diese „Interzession" (*intercedere*, „dazwischen treten") war aber nur gültig, wenn kein anderer Volkstribun dagegen einschritt. Die größere Zahl an Volkstribunen erhöhte damit das Risiko der Uneinigkeit unter den *tribuni plebis*.

11 Die Bewohner Roms erhielten frisches Wasser über elf Aquädukte. Die älteste Wasserleitung war die Aqua Appia; sie wurde schon im Jahre 312 v. Chr. gebaut. Die letzte, die Aqua Alexandrina, stammt aus dem Jahr 226 n. Chr. Statistisch standen jedem Römer etwa 500 Liter Wasser pro Tag zur Verfügung.
Kaiser Augustus verfügte eine Verwaltungsreform, durch die Italien in elf Regionen gegliedert wurde. Sizilien sah man in der Antike nicht als Teil Italiens an.

Cicero (106–43 v. Chr.) war nicht nur der berühmteste Redner Roms. Er machte auch die griechische Philosophie in Rom heimisch und schuf eine philosophische Fachsprache innerhalb des Lateinischen. Elf seiner philosophischen Werke haben sich – z. T. fragmentarisch – erhalten.

12 Das römische Nationalepos, die „Aeneis" Vergils, gliedert sich in zwölf Bücher. Vergil (70–19 v. Chr.) schildert darin die Irrfahrten des Aeneas nach dem Untergang Trojas und die Gründung eines „zweiten Trojas" in Italien.
Das wichtigste biographische Werk zu römischen Kaisern stammt von Sueton (ca. 70–140 n. Chr.). Es enthält insgesamt zwölf Lebensbeschreibungen: die Viten der elf Kaiser bis Domitian (81–96) sowie die Vita Caesars, den Sueton – in mancher Hinsicht zutreffend – als den ersten „Kaiser" auffasst.
Der Circus Maximus hatte zwölf Startboxen (*carceres*) für die Gespanne; jede der vier Rennparteien war daher mit drei Wagen am Start.
Die Römer unterteilten den Tag in je zwölf Tages- und Nachtstunden. Die erste Tagesstunde begann mit dem Sonnenaufgang, die zwölfte endete mit dem Sonnenuntergang. Durch diese Einteilung waren die Stunden je nach Jahreszeit unterschiedlich lang; die Spanne reicht von 45 bis zu 75 Minuten.
Ein Consul wurde in der Öffentlichkeit von zwölf Lictoren begleitet, Amtsdienern, die die *fasces* (Rutenbündel mit Beil) als Zeichen der Amtsgewalt trugen. Anderen Magistraten stand eine geringere Anzahl von Lictoren zu. Lediglich die Provinzstatthalter verfügten über ebenfalls zwölf – und der Dictator hatte, weil er keinen Kollegen hatte, sogar 24 zur Verfügung.
Noch heute folgen wir der römischen Jahreseinteilung in zwölf Monate. Die Namen der Monate sind allesamt römischen Ursprungs. Die ersten sechs Monate tragen den Namen von Gottheiten, der Juli ist nach Julius Caesar, der August nach Kaiser Augustus benannt. Ab September folgen reine „Zahlenmonate". Ihre „falsche" Bezeichnung (z.B. Sep-

Stimmt es, dass ...

... unser heutiger Kalender auf Caesar zurückgeht?

Im Prinzip ja. Caesar beauftragte im Jahre 47 v. Chr. eine Kommission unter Leitung des Sosigenes von Alexandria mit einer Kalenderreform. Wie sehr der alte römische Kalender aus den Fugen geraten war, zeigt die Tatsache, dass im Jahr 46 v. Chr. vor dem kalendarischen Neubeginn 67 Schalttage eingefügt werden mussten: Das längste Jahr der Geschichte hatte 445 Tage! Am 1.1.45 v. Chr. trat der Julianische Kalender (Caesar entstammte der *gens Iulia*) in Kraft.
Der im Jahre 1582 in vielen Ländern Europas eingeführte Gregorianische Kalender entwickelte den Julianischen nur in einem Punkt weiter: Einmal in 400 Jahren fällt ein Schalttag, der 29. Februar, aus.
Alle Monatsnamen unseres Kalenders gehen auf die Römer zurück. Die fragwürdige Logik, dass der September der neunte und nicht der siebte Monat ist, obwohl *septem* „sieben" heißt (das gleiche „Prinzip" gilt für den Oktober, den November und den Dezember), erklärt sich mit einer Reform wohl des Jahres 153 v. Chr.: Damals verlegten die Römer den Jahresbeginn vom 1. März auf den 1. Januar, behielten aber die Monatsnamen bei.

tember von *septem*, „sieben", obwohl es der neunte Monat ist; usw.) erklärt sich damit, dass die Römer den Jahresbeginn ursprünglich auf den 1. März gelegt hatten. Erst um die Mitte des 1. Jh.s v. Chr. verlegten sie ihn auf den 1. Januar, behielten aber die Monatsnamen bei.
Die früheste Aufzeichnung des damals geltenden Rechts erfolgte in Rom im Jahre 451/0 v. Chr. Dieses römische „Grundgesetz" wurde auf zwölf Tafeln geschrieben; daher spricht man vom „Zwölftafelgesetz". In manchen Schulen mussten die Schüler es auswendig lernen.

Der Gründungsmythos der Stadt Rom kennt eine Rivalität zwischen den Brüdern Romulus und Remus. Romulus gewann den Streit, weil er bei einer Vogelschau (*auspicium*) zwölf Geier erblickte, sein Bruder aber nur sechs.

13 Die Millionenstadt Rom hatte im 4. Jh. n. Chr. 13 große Thermenanlagen. Manche „Badetempel" hatten Platz für mehrere Tausend Besucher.

14 Zu den von Augustus durchgeführten Verwaltungsreformen gehörte auch eine Einteilung Roms in 14 Bezirke. Die 14. *regio* war T*rans Tiberim* („Jenseits des Tibers"; heute *Trastevere*). In der Frühzeit Roms galt das rechte Tiberufer sogar als Ausland.
Nach einem im Jahre 67 v. Chr. beschlossenen Gesetz (*lex Roscia theatralis*) waren die ersten 14 Reihen in römischen Theatern und Amphitheatern für Ritter (*equites*) reserviert.

15 In seinen „Metamorphosen" erzählt Ovid (43 v.–17 n. Chr.) die antike Mythologie in rund 250 Verwandlungssagen. Das Werk ist in 15 Bücher unterteilt.
Der Historiker Appian (2. Jh. n. Chr.) überliefert eine Namensliste von 15 Verschwörern, die aktiv am Attentat auf Caesar an den Iden des März 44 v. Chr. beteiligt waren (b.c. II 113). Die führenden Verschwörer waren Marcus Brutus Caepio und Gaius Cassius Longinus. Sueton zufolge lag die Zahl der Verschwörer allerdings deutlich höher, nämlich bei mehr als 60.

16 Gladiatoren waren in 16 Waffengattungen eingeteilt. Die am besten bekannten sind die *retiarii*, „Netzkämpfer", und die *secutores*, ihre „Verfolger" (auch *Samnites*) genannt, sowie die schwer bewaffneten *Thraeces* („Thraker").
Die Aurelianische Stadtmauer, mit der Rom gegen Ende des 3. Jh.s n. Chr. geschützt wurde, hatte 16 Tore (*portae*).

Die *dictatura* war ein Ausnahmeamt für besondere Krisensituationen, von dem der Dictator nach Erledigung seiner Aufgabe zurücktreten musste. Eben das tat der im Jahre 458 v. Chr. ernannte Dictator Lucius Quinctius Cincinnatus nach erfolgreichem Kriegszug nur 16 Tage nach seiner Ernennung. Er kehrte, will man der Legende glauben, als einfacher Bauer auf seinen Acker zurück. Cincinnatus galt als Vorbild römischer Tapferkeit; die amerikanische Großstadt Cincinnati trägt seinen Namen.

17 Die längste erhaltene Dichtung in lateinischer Sprache aus dem Altertum sind die „Punica" des Silius Italicus (1. Jh. n. Chr.). Das Epos schildert den Zweiten Punischen Krieg (gegen Hannibal) in 17 Büchern.

18 Im Unterschied zur üblichen Amtszeit römischer Magistrate von einem Jahr waren Censoren 18 Monate im Dienst. Sie führten die Bürger- und Steuerlisten, gaben öffentliche Bauprojekte in Auftrag und überprüften die Mitglieder des Senats auf eine angemessene Lebensführung.

Die Römer sahen die Satire als literarisches Genus an, das sie erfunden hatten (während alle anderen Genera griechischen Ursprungs waren). Der berühmteste Dichter von Satiren war Horaz. Er veröffentlichte zwischen 35 und 30 v. Chr. 18 satirische *sermones* („Gespräche", „Plaudereien") in zwei Büchern.

20 Titus Maccius Plautus (255–184 v. Chr.) soll an die 130 Komödien verfasst haben. Als Vorlagen dienten ihm griechische Stücke. 20 seiner Komödien sind erhalten.

40 So stellte man sich Jahrhunderte später den vorbildlichen Soldaten im römischen Bürgerheer der Frühzeit vor: Lucius Siccius Dentatus diente im 5. Jh. v. Chr. – jeweils in der „Kriegssaison" – 40 Jahre lang. Er kämpfte in 120 Schlachten, wurde 45-mal verwundet und erhielt 14 *coronae civicae*, „Bürgerkronen“, als Auszeichnung für Lebensrettung (Dion. Hal. X 37). Die übliche Dienstzeit eines Legionärs in der späteren Berufsarmee dauerte 25 Jahre.

58 Von Marcus Tullius Cicero (106–43 v. Chr.) sind 58 Reden überliefert. 22 davon sind Verteidigungsreden, in 23 Reden tritt Cicero als Ankläger auf, die übrigen sind allgemeine politische Reden.

79 Die römische Geschichte gliedert sich in drei große Epochen: 1. die Königszeit (von 753–508/7 v. Chr.), 2. die Republik (von 508/7–27 v. Chr.) und 3. die Kaiserzeit (von 27 v.–476 n. Chr.). In der Kaiserzeit regierten 79 Herrscher (wenn man von unruhigen Zeiten mit Gegenkaisern absieht). Der erste war Augustus, der letzte Romulus Augustulus (475/6) – ein Zufall, dass er denselben Namen trug wie der legendäre Stadtgründer und erste König Romulus.

100 Die Trajanssäule stand im Zentrum des Tranjansforums in Rom. Man kann das Siegesmonument noch heute vor Ort betrachten. Die Säule ist 100 römische Fuß hoch (knapp 30 m). Ihr Reliefband stellt auf 23 Windungen den Krieg Trajans gegen die Daker im Jahre 106 n. Chr. dar. Die Länge der Spiralbänder beträgt 670 Fuß (rund 200 m), die Zahl der dargestellten Menschen und Tiere liegt bei über 2500.

120 Kaiser Nero (54–68 n. Chr.) ließ sich einen Riesenpalast, die *Domus Aurea* („Goldenes Haus“), bauen. Im Eingangsbereich soll eine Nero-Statue Platz gehabt haben, die 120 Fuß groß war (fast 36 m).

123 Die längste durchgehende „Spiel-Periode“ in Rom dauerte 123 Tage. Trajan veranstaltete diese *ludi* nach seinem Sieg über die Daker im Jahre 107 n. Chr.

147 In Rom standen mindestens 147 Tempel. Die meisten Tempel (elf) waren Jupiter gewidmet. An zweiter Stelle lag Fortuna mit neun Heiligtümern. Den dritten Platz teilten sich mit je sieben Tempeln Juno, Venus und Hercules.

186 Von mindestens 186 Amphitheatern haben sich in der römischen Welt archäologische Überreste erhalten. Die Gesamtzahl dürfte deutlich über 200 gelegen haben.

300 Der römische Senat hatte ursprünglich 300 Mitglieder. Im 1. Jh. v. Chr. wurde die Zahl auf 600 aufgestockt; kurzfristig stieg die Zahl sogar auf 900, bis sie in der Kaiserzeit bei 600 stabil blieb.

400 Im Jahre 61 n. Chr. wurde der Stadtpräfekt Pedanius Secundus von einem seiner Sklaven ermordet. In solchen Fällen sah das Gesetz vor, dass alle Sklaven des ermordeten Herrn, sofern sie das geplante Attentat nicht zur Kenntnis gebracht hatten, getötet würden. Der römische Senat debattierte zwar über den „Fall“, entschied sich aber dafür, die übliche Regelung anzuwenden: 400 Sklaven sollen damals ums Leben gekommen sein.

1000 Die Zahl 1000 steht selten für eine konkrete, sondern meist für eine große Zahl. Hier eine Auswahl von Beispielen:

- Nero soll, berichtet sein Biograph Sueton, nie mit weniger als 1000 Wagen auf Reisen gewesen sein.
- Der Liebesdichter Catull will 1000 Küsse mit seiner Geliebten Lesbia austauschen, „plus weitere 100“.
- Der Dichter Horaz macht sich über die riesige literarische Produktion eines Kollegen lustig, der angeblich 1000 Verse am Tag „schafft“.
- Der Gott Silenus habe sich einst als Imker versucht, erzählt Ovid, und dabei 1000 Bienenstiche „kassiert“.

Klagen über angeblich faule Staatsdiener gab es schon in der Antike: Im Roman des Petron beschwert sich jemand darüber, ein Aedil beziehe 1000 Goldstücke fürs Nichtstun.

1462 Der an Siegesgeldern vielleicht reichste Sportler aller Zeiten war der Wagenlenker Appuleius Diocles aus dem 2. Jh. n. Chr. Seine Bilanz umfasste 1462 Siege und über 35 Millionen Sesterze Preisgelder.

5000 Die höchste militärische Auszeichnung, den Triumph, konnte nur der Feldherr erringen: Voraussetzung war, dass mindestens 5000 Feinde im Krieg gefallen waren.

22.000 Im Jahre 46 v. Chr. veranstaltete Caesar ein riesiges öffentliches Bankett, zu dem er die Bürger Roms einlud. Es soll an 22.000 Tischen stattgefunden haben.

50.000 Im Jahre 27 v. Chr. brach ein schlecht gebautes hölzernes Amphitheater in Fidenae unter der Last der Zuschauermassen zusammen. Bei der Katastrophe sollen 50.000 Menschen verletzt oder getötet worden sein, berichtet Tacitus. Sueton nennt dagegen die Zahl von „nur" 20.000 Opfern. Auch diese Zahl dürfte bei Weitem übertrieben sein.

1.000.000 Der Dichter Lucius Varius Rufus soll von Octavian, dem späteren Augustus, im Jahre 29 v. Chr. eine Million Sesterze für eine Tragödie erhalten haben – das höchste Honorar, das je ein Bühnenautor bezogen haben dürfte.

40.000.000 Das von Caesar eroberte Gallien musste 40 Millionen Sesterze Tribut pro Jahr an Rom bezahlen – eine Summe, die schwer auf dem Land lastete.

Mitsitzer

Mitbürger und Mitwirkende, Mitschüler und Mittäter – diese Mitglieder einer bestimmten Gemeinschaft kennt man. Aber Mitsitzer? Das ist doch ein sehr gewöhnungsbedürftiger Begriff. Im Deutschen schon, im Lateinischen nicht. Dort kommt der *consessor* als „Beisitzer vor Gericht" vor, als „Nebenmann" beim Gastmahl oder im Theater. Man „sitzt zusammen"; der Begriff ist aus *con* und *sedere* gebildet. Und dann gibt es noch einen anderen Ort, an dem man auf einen *consessor* bzw. mehrere *consessores* trifft. Das ist die römische Gemeinschaftslatrine. So verwendet Sueton das Wort, als er in seiner Biographie des Dichters Lucan von einer *magna consessorum fuga* spricht, einer geradezu „massenhaften Flucht der Mitsitzer". Die verließen die Latrine in Panik, weil Lucan laut gefurzt und dabei einen Vers aus einem Gedicht Neros zitiert hatte: „Unter der Erde, könnte man meinen, habe es gedonnert". Wenn der Kaiser von dieser Respektlosigkeit erfahre, so die Angst der „Mitsitzer", müssten auch sie mit einer Anklage wegen Majestätsbeleidigung rechnen. Also nichts wie weg!

Die Anekdote macht klar, dass die Gemeinschaftslatrine im Alten Rom anders ausgesehen haben muss als die öffentlichen Toilettenanlagen der heutigen Welt. In der Tat unterschieden sie sich in einem Punkt sehr markant: Sie hatten keine Trennwände. Man saß also nicht von zwei Barrieren verdeckt in einer eigenen „Zelle", sondern in einer langen Reihe direkt nebeneinander. Manche öffentlichen Latrinen hatten 20–30 Plätze, andere deutlich weniger. Allen gemeinsam war, dass die „Mitsitzer" nicht anders nebeneinander saßen als im Theater oder im Circus. Man defäkierte auf Tuchfühlung – wenn die Anlage voll war, in Gegenwart zahlreicher Augenzeugen. Oder, wie Sueton schreibt, inmitten einer großen Gruppe von *consessores* (wobei der Begriff ansonsten für dieses Milieu nicht bezeugt, aber sicher häufig verwendet worden ist).

Die häufigste lateinische Bezeichnung für die Toilette ist *latrina*, von *lavatrina* abgeleitet. Darin steckt das Verb *lavare*, „waschen", „reinigen".

Die *latrina* dient mithin im weiteren Sinne der Reinigung. Weitere Begriffe sind *forica*, „Abtritt", und *secessus*, „abgeschiedener Ort". Dieses letzte Wort passt gut zu den üblichen privaten „Einsitzern", die sich in vielen pompejanischen Häusern hinter der Küche befanden. Sie lagen dort tatsächlich von den übrigen Bereichen des Hauses ziemlich „abgeschieden". Ganz anders die öffentlichen „Mehrsitzer", die zwar häufig in einem Anbau oder eigenen Gebäude untergebracht waren, aber ansonsten zentral in der Nähe von Märkten, Versammlungsplätzen und Thermen lagen – praktischerweise überall dort, wo viele Menschen zu tun hatten. In Pompeji lassen sich sieben bis zehn öffentliche Latrinen identifizieren, in der kaiserzeitlichen Millionenstadt Rom gab es den Regionalverzeichnissen zufolge im 4. Jh. n. Chr. 144 öffentliche Abortanlagen sowie 254 wohl privat betriebene, gebührenpflichtige *necessaria*, „Notdurft-Stätten" (*necessarius*, „notwendig"), in die auch die in den meisten Wohnungen verwendeten *matellae* (→ Pisspott) entleert wurden. Einigermaßen rätselhaft ist das Fehlen archäologischer Nachweise für Toiletten in den Stätten der Massenunterhaltung. Offensichtlich waren es keine steinernen Strukturen, in denen die dort gelegenen Latrinen untergebracht waren, sondern angebaute Holzverschläge zur schnellen Verrichtung der Notdurft.

Dagegen luden die steinernen Toilettensitze in den rechteckigen oder halbkreisförmigen Mehrsitzer-Latrinen zur Unterhaltung geradezu ein – jedenfalls dort, wo genügend Luft und Licht für eine angenehme Atmosphäre sorgten. Nicht da, wo es stickig und dunkel war und übel roch – auch solche wenig einladenden Orte der Notdurft gab es – und man rasch das Weite suchte, sobald man sich erleichtert hatte. Wo aber wie in einer ganzen Reihe von Thermen-Latrinen ein angenehmes Raumklima mit fließendem Wasser herrschte, fanden viele Besucher nichts dabei, mit den Sitznachbarn auch in ein längeres Gespräch zu kommen und den Ort der Notdurft auch als Ort der Kommunikation zu entdecken. Nur so lassen sich die von Martial aufs Korn genommenen Attacken von „Mahlzeitenjägern" und anderen Quälgeistern auf ihre *consessores* verstehen: Der eine, ein selbstgefälliger Poet und Vorlese-Fetischist, verfolgt seine Opfer bis in die Latrinen hinein und liest ihnen noch „beim Kacken" aus eigenen Werken vor (Mart. III 44, 11); der andere „verbringt Stunden und ganze Tage auf allen Klos" der Stadt, um eine Einladung zum Gastmahl zu „erschnorren" (Mart. XI 77; vgl. V 44, 6). Wenn die Latrinenbesucher dort nur still und geradezu dumpf vor sich hingebrütet und sich eben nicht ganz natürlich ihren „Mitsitzern" zugewandt hätten, wäre der Satiriker mit seinen Pointen ins Leere gelaufen.

Auch die bemerkenswerten, wenn auch wenig bekannten (zu „unklassischen"?) Latrinensprüche der Sieben Weisen aus den nach ihnen benannten Thermen in Ostia weisen in diese Richtung. Auf einer Wand sind Philosophen dargestellt, die Sprüche zum Thema Verdauung und Stuhlgang in einer ziemlich deftigen Sprache absondern. So „lehrte der listige Chilon, leise zu furzen", während „Thales die hart Kackenden ermahnt, feste zu drücken" (Calza, Die Antike 15, 1939, 99ff.). Das für eine Wandmalerei singuläre Motiv knüpft wohl an alltägliche Klo-Gespräche von *consessores* an und adelt zugleich die Situation, indem sie die Ratschläge Geistesgrößen der Vergangenheit in den Mund legt – gewissermaßen der altrömische Beitrag zum modernen Bestseller-Thema „Darm mit Charme".

Einzelne Latrinen wurden geradezu zu Oasen sanitärer Wellness stilisiert. Die sogenannte römische Prachtlatrine war hell und elegant, großzügig und hygienisch. Sie war luxuriös mit Marmor und Stuck, Wasserspielen und Statuen ausgestattet; Augen und Nase wurden von allem Unangenehmen entlastet; selbst die Sitze waren mitunter verziert. Die Edellatrine bot mehreren Dutzend Gästen Platz und war offensichtlich für Angehörige der gesellschaftlichen Elite konzipiert. In diesem Ambiente wurde das Fäkalerlebnis fast zur Lust. Jedenfalls nahm man hier für längere Zeit Platz. Manche Honoratiorenzirkel trafen sich zu festen Zeiten; im kleinasiatischen Ephesos gab es sogar namentlich reservierte Sitzplätze – sozusagen das Fäkal-Pendant zum Stammtisch.

Offizielle Zulassungsbeschränkungen dürfte es kaum gegeben haben. Einfachen Leuten war auch so klar, dass sie in diesen noblen Fäkalkreisen nichts zu suchen hatten. Die vornehme Latrinen-Lounge war gleichsam fäkale Businessclass.

Die Prachtlatrine war eine folgerichtige Weiterentwicklung des mehr oder minder geselligen Beisammenseins, wie es sich durch das Fehlen von Sichtbarrieren ergab. Der im Prinzip fiese, abstoßende Raum des Defäkierens wurde dort zu einem für feine Leute eher erträglichen Fäkalevent veredelt.

Zurück zu den normalen Latrinen. Sie dienten vorrangig der Verrichtung der Notdurft, ließen aber eben auch Formen der nicht peinlich berührten Kommunikation zu, weil es ja um einen biologischen Vorgang ging, der gesellschaftlich Trennendes für diesen Moment aufhob. Natürlich schaute man dem anderen nicht beim Defäkieren zu (das im umgangssprachlichen Latein als *cacare* bezeichnet wurde) – und auch nicht bei der anschließenden Säuberung. Vielleicht diente der latrinale Smalltalk auch gerade dazu, das Unangenehme der Situation zu überspielen. Da dürften sich Selbstverständlichkeiten herausgebildet haben, die für moderne Menschen der westlichen Zivilisation auf dem Hintergrund ihrer ganz unterschiedlichen Toiletten-Sozialisation schwer begreiflich sind.

Gleichwohl ist es noch eine zusätzliche Steigerung in Sachen Alteritätserfahrung, dass es auf römischen Gemeinschaftslatrinen wohl auch keine Geschlechtertrennung gegeben hat. So schwer das zu glauben ist, so eindeutig stellt sich die Quellenlage dar. Weder gibt es in der archäologischen Forschung Anhaltspunkte für eine räumliche Trennung von Männer- und Frauentoiletten, noch gibt es dafür in der literarischen Überlieferung einen Fingerzeig. Gewiss, ein Schluss *ex silentio* hat keine besondere Beweiskraft. Aber beim gegenwärtigen Forschungsstand muss man wohl davon ausgehen, dass Männer und Frauen dieselben Latrinen zur gleichen Zeit aufgesucht haben. Viele einschlägige Publikationen drücken sich übrigens vor einer so klaren Aussage. Sie sprechen das Problem entweder gar nicht an oder verweisen darauf, dass römische Frauen sich ja auch möglichst wenig in der Öffentlichkeit hätten sehen lassen sollen. Kein besonders überzeugender Hinweis auf einen angeblich nicht existierenden Problemdruck: Haben nicht Tausende Zuschauerinnen über viele Stunden hinweg Wagenrennen im Circus und Gladiatorenkämpfe in der Arena verfolgt?

Schließlich ein weiterer Punkt, der auf manche modernen Betrachter schockierend wirkt. Nachdem Kot und Urin in den Fäkalgraben gefallen waren, wo sie in vielen Latrinen von fließendem Wasser weggespült wurden, benutzte man zur Reinigung Schwämme, die an Stöcke gebunden waren. Sie dienten sozusagen als Klopapier-Ersatz. Diese Stockschwämme hießen *xylospongia*; ihre Existenz in öffentlichen Latrinen ist durch literarische und inschriftliche Zeugnisse hinreichend dokumentiert. Im Idealfall verlief vor den Sitzbänken eine Rinne mit fließendem Wasser, in der die Schwämme nach der Benutzung ausgewaschen wurden. Derartige Gemeinschaftsschwämme stellen sich nicht gerade als letzter Schrei in Sachen Hygiene und Krankheitsverhütung dar. Daher wird man einer neuen These von G. Wiplinger grundsätzlich einige Sympathie entgegenbringen, die von einer Säuberung mithilfe der linken Hand ausgeht und das *xylospongium* als eine Art Klobürste verstehen will, mit der die Toilette anschließend gereinigt worden sei. Freilich ist bei der schlichten Loch-und-Gruben-Konstruktion der römischen Latrine nicht recht zu erkennen, wieso das nötig gewesen sein soll. Und einen Quellenbeleg gibt es für die Linke-Hand-These auch nicht, sodass wohl doch die traditionelle Erklärung des „elenden Schwammes an ehrlosem Stab“ (Mart. XII 48, 7) als Reinigungsgerät für den Hintern Bestand haben dürfte.

Das *xylospongium* wird im Übrigen von Seneca expressis verbis als ein Holz mit Schwamm bezeichnet, „das zum Reinigen der Schamteile dient“ (*ad emundanda obscaena*; ep. 70, 20). Damit waren die „Mitsitzer“ zugleich Mitbenutzer von Schwämmen, die allen Latrinenbesuchern zur Verfügung standen. Denn auch die unter hygienischem Aspekt naheliegende Vermutung, dass jeder Latrinengast doch lieber sein eigenes „Schwammholz“ benutzt hätte, führt nicht weiter. Wir hören nirgends davon, dass Caesar, Cicero oder Seneca mit einer Art Klobürste unter der Toga durch Rom gelaufen wären.

Müllabfuhr

Eine reguläre, von der Gemeinde durchgeführte Müllabfuhr ist eine Errungenschaft der Moderne; in vielen deutschen Städten ist sie noch keine 150 Jahre alt. War das antike Rom in dieser Hinsicht so fortschrittlich, dass es bereits vor 2000 Jahren über ein verlässliches Müllabfuhrkonzept verfügte? Schaut man sich die Tabula Heracleensis an, eine Stadtordnung aus der Zeit Caesars, so stößt man darin tatsächlich auf *plostra* (…) *stercoris exportandei caussa*, „Wagen, die das *stercus* – den Mist, den Abfall – aus der Stadt hinaus befördern". Im Unterschied zu den meisten anderen Wagen galt das damals verhängte Tagesfahrverbot für die Abfall-*plostra* (altlateinisch für *plaustra*) nicht (CIL I² 593, 66f.). Selbst wenn *stercus* hier den allgemeinen Müll bezeichnen sollte (auf dem Lande meint es regelmäßig den „Mist" der Tiere, der als Dünger genutzt wurde), lässt sich damit allerdings nicht auf eine organisierte Abfuhr von Unrat schließen. Auch bleibt völlig offen, ob diese „Müllwagen" in staatlichem Auftrag fuhren, von privaten Unternehmern betrieben wurden oder einfach nur ad hoc mit Abfällen, Schutt etc. beladen wurden und dann freie Fahrt hatten, damit die Stadt jedenfalls diese Ladung an Müll los war.

Auch aus anderen Städten des Imperium Romanum erfahren wir nichts über eine geregelte Müllabfuhr. Wie stark die Straßen in Rom und anderswo vermüllt waren, wird in der Forschung kontrovers diskutiert. In den Quellen gibt es einzelne Klagen über Straßendreck (Suet. Vesp. 5, 3; Cass. Dio LIX 12, 3; Juv. III 268ff.), aber sie klingen nicht dramatisch.

Auch wenn man eine größere Toleranz der Römer oder eine größere Gewöhnung an einen bestimmten Grad an Verschmutzung des öffentlichen Raumes in Rechnung stellt (als Hypothese, nicht als Tatsache), ist doch anzunehmen, dass man auf das Wegschaffen groben Drecks Wert gelegt hat, sonst würden die Beschwerden vor allem der Satiriker vehementer ausfallen.

Die Anlieger waren auch gesetzlich dazu verpflichtet, den Straßenabschnitt vor ihrem Haus zu kehren (Dig. XLIII 16). In Rom überwachten ein „Viermännerkollegium zur Reinhaltung der Straßen" sowie die Aedilen die Einhaltung dieser Vorschrift – wie intensiv, wissen wir nicht. Ein Teil des auf die Straßen geworfenen Unrats wurde vom Überlaufwasser der Brunnen in die Gullys der Kanalisation gespült und gelangte über die *cloaca maxima*, ein weitverzweigtes unterirdisches Entwässerungssystem, in den Tiber, und zwar völlig ungeklärt. Der entwickelte sich wie andere durch Städte führende Flüsse zu einer der Hauptentsorgungsstätten von Müll. Livius nennt die *cloaca maxima* anerkennend ein *receptaculum omnium purgamentorum urbis*, „Behälter" oder „Sammelort für allen Unrat der Stadt" (I 56, 2). Der Tiber war das erst recht, weil viel Abfall zusätzlich auf direktem Wege in ihn entsorgt wurde. Auch Bauschutt wurde in großen Mengen in den Fluss gekippt (Suet. Aug. 30, 1). „Wildes" Entsorgen war offenbar gang und gäbe.

Wohin sonst mit dem Müll? Auch wer seiner Pflicht zur Straßenreinigung nachkam, stand ja vor dem Problem, den Kehricht loszuwerden. Manchmal dienten aufgegebene Brunnenschächte und Senkgruben als „Müllschlucker", im dicht besiedelten Zentrum Roms aber sicher nur im Ausnahmefall. In kleineren Orten ist auch mit Abfallhaufen auf unbebauten Grundstücken zu rechnen; die waren in der Hauptstadt aber auch Mangelware. Vielerorts entstanden Müllhalden unkontrolliert in der Nähe der Siedlungen – direkt außerhalb der Stadtmauer oder dort, wo die durchgehende Bebauung aufhörte. Solche von Archäologen ausgegrabene Müllkippen wirken selten besonders organisiert im Sinne einer planenden Hand angelegt. Für Großstädte des Imperiums einschließlich Rom ist wohl mit ähnlichen Müllplätzen an der Peripherie zu rechnen. Wie aber der Müll dorthin gelangte, lässt sich aus den vorhandenen Quellen nicht rekonstruieren. Es liegt indes nahe, dass die für die Siedlungshygiene zuständigen Behörden Privatunternehmer mit der Entsorgung des Mülls beauftragt haben. Dabei könnten Sammelstellen in der Stadt eingerichtet oder geduldet worden sein, von denen aus die Abfuhr erfolgte – möglicherweise mit den in der Tafel von Herakleia genannten *plostra*, „Wagen".

Gleichwohl bleiben mehr Fragezeichen, als sich verlässliche Antworten geben lassen, auch wenn sich die Forschung in den letzten Jahren des Müll- und Entsorgungsproblems römischer Städte verstärkt angenommen hat. Am Ende des Artikels können wir gleichwohl sozusagen sicheren Müllboden betreten. Es gibt auf dem Territorium des antiken Rom *eine* Deponie, die mit einigem System angelegt und betrieben worden ist: ein „Amphorenfriedhof", der noch heute als künstlicher Müllberg zu einer Höhe von 35 m aufragt (→ Scherbenberg).

Multikulti

Am 21. April des Jahres 248 n. Chr. feierte Rom die Tausendjahrfeier seines Bestehens. Der Kaiser, der die Feierlichkeiten mit großzügigen Spielen und Geldgeschenken ausrichtete, hieß Philippus Arabs. Er hatte in der römischen Armee Karriere gemacht. Gebürtig war er aus einem Ort östlich der Golanhöhen in der Provinz Arabia. Vielleicht ein Zufall, vielleicht aber auch ein gar nicht so erstaunlicher Ausdruck der Integrationskraft des Römischen Reiches, dass bei seinem *miliarium saeculum* der Sohn eines Araberscheichs an der Spitze des Staates stand.

Eine Generation, bevor Philippus Arabs im Jahre 244 den Kaiserthron bestieg, hatte Caracalla, einer seiner Vorgänger, allen freien Bewohnern des Imperiums das römische Bürgerrecht zugestanden (Constitutio Antoniniana aus dem Jahre 212 n. Chr.; vgl. Dig. I 5, 17).

Das war der folgerichtige letzte Schritt in einer Reihe von Integrationsmaßnahmen gewesen, mit denen Rom im Laufe der Jahrhunderte den Kreis derer erweiterte, die Teilhabe an der Macht hatten. Stationen auf diesem Weg war u. a. die Aufnahme nichtrömischer Senatoren in die höchste Klasse der römischen Gesellschaft gewesen. Was zu Caesars Zeit noch einigen Unmut hervorgerufen und einen ziemlich hilflosen Protest in Form von an die Wände geschmierten Parolen ausgelöst hatte, „keiner solle einem neuen Senator (aus Gallien) den Weg zur Curia zeigen", dem Tagungslokal des Senats (Suet. Caes. 76, 3; 80, 2), war mittlerweile eine Selbstverständlichkeit. Und ebenso die Tatsache, dass der erste Mann Roms gar nicht so selten aus der Provinz stammte. Unter den „Spaniern" Trajan, Hadrian und Marc Aurel hatte das Imperium im 2. Jh. n. Chr. eine Blütezeit erlebt.

Tatsächlich kann das Römische Reich in mancher Hinsicht als Modellfall einer gelungenen Integration zahlreicher Ethnien gelten – auch wenn wir politisch korrekt rasch hinzufügen wollen, dass das Prinzip der Freiwilligkeit dabei keine wesentliche Rolle spielte. Aber immerhin machten die Römer den unterworfenen Völkern ein Integrationsangebot, das auch sie selbst nicht „verschonte". Auch sie öffneten sich fremden kulturellen und religiösen Einflüssen, insbesondere der im Bereich von Kunst und Wissenschaft überlegenen griechischen Zivilisation. Der Dichter Horaz hat den machtvollen Einfluss der Griechen auf Rom – und die für Herren ja gar nicht so selbstverständliche Bereitschaft, sich dem „Joch" der Unterworfenen insofern zu unterwerfen – auf die bekannte anschauliche Formel gebracht: *Graecia capta ferum victorem cepit et artis / intulit agresti Latio*, „das besiegte Griechenland besiegte seinerseits den wilden Sieger und führte die Künste ins bäurische Latium ein" (epist. II 1, 156f.).

Es waren in erster Linie, aber keineswegs ausschließlich die Griechen, die Rom und die Römer beeindruckten und der römischen Zivilisation ihren Stempel aufdrückten. Auch andere Völker konnten als Provinzbewohner in ihren Ländern Traditionen beibehalten bzw. sie in die griechisch-römische Leitkultur vor Ort einspeisen – ein Akkulturationsprozess, der (wenn auch in unterschiedlicher Intensität) in beiden Richtungen verlief. Daher ist ein unreflektierter Romanisierungsbegriff, der eine nur einseitige Beeinflussung vorspiegelt, fragwürdig und wissenschaftlich nicht mehr auf der Höhe der Zeit.

Diese wechselseitigen Einflüsse beschränkten sich nicht auf die jeweilige Provinz. Sie prägten auch das Zentrum – gerade die Hauptstadt Rom, wo Angehörige vieler Ethnien zusammenkamen. Das kaiserzeitliche Rom war sozusagen ein Schmelztiegel der Völker. Man schätzt die Zahl der *peregrini*, „Fremden", die nicht aus Rom gebürtig waren, auf 50–100.000, d. h. auf 5–10 % der Gesamtbevölkerung Roms. Das sind grobe Schätzungen, die indes von manchen Forschern sogar noch nach oben modifiziert werden. Die Zahl der Rom-Migranten lag im 1. und 2. Jh. n. Chr. bei etwa 10.000 pro Jahr, mithin einer jährlichen Zuwachsquote von rund 1 % „Neubürger". Juristisch gesehen hatten die meisten von ihnen keinen Bürgerstatus, sondern eine vorübergehende oder dauerhafte Aufenthaltsberechtigung. Nicht alle kamen bekanntlich freiwillig; ein nicht unerheblicher Teil waren Sklaven aus „Barbarenländern". In der Kaiserzeit hatten sie allerdings in Rom gute Chancen, nach ein paar Jahren freigelassen zu werden. Möglicherweise bildeten *liberti*, „Freigelassene", mitsamt ihren Familien mit 30 % den größten Anteil an der stadtrömischen Bevölkerung. Aber auch das ist nicht mehr als eine Größenordnung. Erst die nächste Generation, die Kinder von Freigelassenen, galten als frei geborene Römer.

Die freiwilligen Migranten stammten aus allen Teilen des Imperium Romanum. Sie verliehen der Metropole das, was wir heute ein ausgesprochen buntes Multikulti-Image nennen würden. Ihre Motive, sich in der Hauptstadt anzusiedeln, waren breit gefächert. „Aus allen Landstädten und Kolonien, aus dem ganzen Erdkreis schließlich sind sie zusammengeströmt", schildert Seneca im 1. Jh. n. Chr. die *frequentia*, „große Menge", der Fremden. „Die einen hat der Ehrgeiz hierhin geführt, die anderen die Notwendigkeit, die sich mit einem öffentlichen

Amt verbindet, wieder andere eine ihnen auferlegte Beauftragung, andere die Genusssucht, die sich einen geeigneten, gut ausgestatteten Ort für ihre Schwächen sucht, wieder andere das Bemühen um höhere Bildung, manche haben die Schauspiele, manche hat eine Freundschaft, manche hat ihre Geschäftstüchtigkeit angelockt, die hier reichen Stoff findet, ihre Fähigkeiten zu entfalten. (…) Jede Art von Menschen ist in dieser Stadt zusammengekommen", fasst er zusammen, um Rom dann als *civitas communis* zu charakterisieren, als „gemeinsamen Lebensraum von Bürgern". Man könnte auch übersetzen: „Weltstadt" (ad Helv. matr. 6, 2f.).

Ähnliche Formulierungen finden sich auch in späterer Zeit. Zu Anfang des 3. Jh.s n. Chr. spricht der aus Ägypten stammende Athenaios Rom „die Bevölkerung der ganzen Oikumene" zu (*oikouménes démos*). Er erkennt dort einen „Ausschnitt aus der gesamten Weltbevölkerung" und nennt dabei als Heimatstädte Alexandria, Antiochia, Nikomedia und Athen. „Wollte ich versuchen, alle anderen aufzuzählen, so bräuchte ich dafür einen ganzen Tag, nein ein ganzes Jahr" (I 20 b–c). Ein weiteres Jahrhundert später nennt Ammianus Marcellinus Rom ein *asylum totius mundi*, ein „Asyl für die ganze Welt" (XVI 10, 6).

So hatte die Stadt ein gutes Jahrtausend zuvor nach der Legende einmal angefangen. Romulus hatte sie zum Asyl erklärt, um Unzufriedene und Verfolgte aus den Nachbarorten in die neu gegründete Stadt zu locken, die anfangs unter Bevölkerungsmangel litt (Liv. I 8, 6). Und war nicht auch der noch ältere Ahnherr Roms ein Migrant gewesen – Aeneas, der aus dem brennenden Troja floh und den göttlichen Auftrag erhielt, ein zweites, mächtigeres Troja in Italien zu gründen? Offenheit gegenüber Fremdem und Fremden, Bereitschaft und Fähigkeit zur Integration, zur Assimilation und zum Kulturtransfer – das war stets eines der Erfolgsgeheimnisse Roms auf dem Weg zur Weltmacht gewesen. Und es hatte sich in der ganzen römischen Geschichte als kluges Herrschaftskonzept erwiesen, die Unterworfenen sozusagen auch kulturell weiterleben zu lassen und von ihnen Lehre anzunehmen. Ähnlich legt

Livius dem Volkstribunen Canuleius im 5. Jh. v. Chr. – reichlich anachronistisch – als römische Erfolgsformel in den Mund: „Solange man sich an der Herkunft eines Mannes nicht stieß, von dem Tüchtigkeit ausstrahlte, ist die Macht Roms gewachsen" (IV 3, 13).

Darin steckt eine Menge Wahrheit. Auch wenn es in der Kaiserzeit dann und wann zu kurzzeitigen Ausweisungen missliebiger „Elemente" kam, präsentierte sich Rom doch grundsätzlich als gastfreundlich, offen und weitgehend tolerant gegenüber Migranten. Nicht alle wurden herzlich begrüßt, aber man nahm sie auf und ließ sie gewähren, wenn sie sich an die fundamentalen Spielregeln hielten. Dazu zählte die Anerkennung des Kaisers als Staatsoberhaupt, das auch auf religiöse Ehren Anspruch hatte. Eine allgemeine ethische Verpflichtung zur Solidarität gegenüber Migranten betont Cicero mit einer Feststellung, die zeitlos und hochaktuell anmutet: „Wer sagt, man brauche nur auf seine Mitbürger Rücksicht zu nehmen, nicht aber auf Ausländer (*externi*), der hebt die alle umfassende Gemeinschaft der Menschheit auf" (off. III 28).

In dem Ethnien-Gemisch der Hauptstadt fielen die Fremden aus den westlichen, von der Romanitas geprägten Provinzen weniger auf. Von Galliern und Spaniern, Afrikanern und (den relativ wenigen) Germanen liest man in den Quellen deutlich weniger als von Griechen und Syrern, Ägyptern und den Völkerschaften Kleinasiens. Dafür gab es zwei wesentliche Gründe. Die Migranten aus dem Osten des Reiches sprachen in der Regel Griechisch; sie waren nicht mit dem in Rom heimischen Latein aufgewachsen. Außerdem vertraten sie die hellenistische Zivilisation, die sich nicht nur durch eine sicher auch noch im 1. Jh. n. Chr. fortdauernde kulturelle Überlegenheit auszeichnete, sondern auch durch einen Lebensstil, der zumindest von traditionsbewussten Römern als „leichtsinnig/leichtfertig" und „unkriegerisch" kritisch beäugt wurde – auch wenn sich große Teile der römischen Oberschicht von dieser tatsächlichen oder vermeintlichen mit Lebensfreude und Hedonismus gepaarten *levitas*, „Leichtigkeit" (des Seins) , nur zu gern hatten „infizieren" lassen.

Eine besondere Stellung nahmen die Juden ein. Ihre Zahl wird für die augusteische Zeit auf 20–40.000 geschätzt, einige Jahrzehnte später wird sie noch etwas höher gelegen haben. In mancher Hinsicht trennten Welten die Juden von den anderen Bevölkerungsgruppen. Ihr strikter Monotheismus war im religiösen Umfeld ein Fremdkörper; die strenge Sabbatregelung verstanden Römer schlicht nicht, weil ihnen die Vorstellung von einem arbeitsfreien Tag in der Woche ganz fern lag. Sie interpretierten die Sabbatvorschrift als Ausdruck von Faulheit (Juv. XIV 106; Sen. ep. 95, 47; Augustin. CD VI 11). Ferner wirkten die Beschneidung, der jüdische Missionseifer und die Abgrenzung der Juden von der „normalen" römischen Lebensweise befremdlich und suspekt.

Die Juden traten um ihre Synagogen herum als ethnisch-religiöse Gemeinde in Erscheinung. Das galt allerdings in lockererer Form auch für Ägypter, Syrer und Kleinasiaten. Manche Wohngebiete wie die *regio XIV*, Trans Tiberim (heute Trastevere), wurden von Migranten bevorzugt; es gab aber keine Getto-Bildung. Und was noch wichtiger war: Es gab auch keine Zusammenstöße zwischen den ethnischen Gruppen. Nach allem, was die Quellen spiegeln, ging es im Vielvölkergemisch Roms friedlich zu. Man lebte nebeneinander und miteinander. Das Griechische war als Umgangssprache der *peregrini* aus dem Osten anerkannt. Sicher fand auch die eine oder andere Theateraufführung in griechischer Sprache statt; schon Caesar war da mit entsprechender „Multikulti-Mentalität" vorangegangen, als er „Schauspiele in allen Sprachen" aufführen ließ (Suet. Caes. 39, 1).

Multikulti ist nicht jedermanns Sache – erst recht nicht, wenn die Migranten in bestimmten Bereichen den Ton angeben oder aus Sicht mancher Einheimischen zu „üppig" zu werden drohen. Das war im Alten Rom nicht anders. Man kannte zwar keine rassistisch motivierte Fremdenfeindlichkeit – auch nicht gegenüber Schwarzen –, wohl aber gegenüber manchen Ethnien Vorurteile und Ressentiments, die vom Verhalten Einzelner hin und wieder bestätigt wurden. Dass Griechen ihre Mitbürger hier und da ihre intellektuelle Überlegenheit spüren ließen – unter ihnen gab es ja viele Lehrer, Philosophen, Rhetoren und Ärzte, von denen etliche durch eine aktive Ansiedlungspolitik seitens Caesar und Augustus nach Rom eingeladen worden waren –, erstaunt nicht, und ebenso wenig, dass der eine oder andere auch einmal frech und ausfallend wurde oder eine „dicke Lippe" riskierte. Zum Missfallen der „eigentlichen" Herren, die sich unversehens in einer *Graeca urbs* wähnten, einer „Griechenstadt", und die dann allgemein gegen *Graeculi*, „Griechlein" einschließlich Orientalen, kräftig austeilten.

Zu ihrem Sprachrohr hat sich der Satiriker Juvenal gemacht. „Längst schon ist der syrische Orontes in den Tiber gemündet", poltert er los, „und hat mit sich gebracht die Sprache, die Sitten, die schrägen Saiten von Musikinstrumenten (…) und die Mädchen, denen man befiehlt, sich am Circus zu prostituieren" (III 61ff.). „Unerträglich" sei das, wie sich manch ein „hungerndes Griechlein" aufführe, sich bei den Mächtigen einschmeichle und überdies merkwürdige Berufe in Rom heimisch gemacht habe: „Grammatiker, Rhetor, Geometer, Maler, Masseur, Wahrsager, Seiltänzer, Arzt und Zauberer" (III 72ff.). Griechen und Orientalen können alles, von den Schauspielern ganz zu schweigen. Und überhaupt: „Die ganze Nation besteht aus Komikern" (III 100). Auch sein Dichter-Kollege Martial versteht sich auf spitze Bemerkungen gegen einzelne Volksgruppen. Beide sind indes Satiriker, die mit aller Zuspitzung, Übertreibung und Polemik, die zu diesem literarischen Genus gehören, zu Werke gehen. Es muss einem nicht gefallen, was man da bei Juvenal an ziemlich dumpfer, teilweise hetzerischer Ausländerkritik liest, aber das ist weit von einem 1:1-Spiegel der Realität entfernt. Gewiss hat es Reibereien und Spannungen gegenüber und zwischen einzelnen Ethnien gegeben. Das kaiserzeitliche Rom war kein Multikulti-Paradies ohne Missklänge. Aber im Ganzen herrschte dort keine migrantenfeindliche Stimmung, von handgreiflichen Konflikten oder Überfällen auf missliebige „Ausländer" ganz zu schweigen.

Wie „bunt" das Völkergemisch der Hauptstadt war, zeigt besonders ein Blick auf die vielen Religionen, die nebeneinander existierten und

Stimmt es, dass …

… die Römer in Sachen Religion intolerant waren?

Nein. Der römische Staat zeichnete sich sogar durch eine große Toleranz aus. Er hatte nichts dagegen, wenn seine Bürger neben der offiziellen Staatsreligion, die keine Aussagen zum Jenseits machte, noch einer privaten Religion anhingen. Diese Religionen nannte man Mysterienkulte, weil sie nur den Gläubigen als Mysterium, „Geheimnis", geoffenbart worden waren. Solange diese „Privatkulte" keine undurchsichtigen Aktivitäten entwickelten, die die Behörden als staatsgefährdend einstuften, wurden sie von staatlicher Seite aus in ihrer Religionsausübung nicht behindert. Entsprechend groß war die Zahl der Mysterienkulte und ihrer Anhänger.

Der Konflikt mit dem Christentum resultierte aus dem Ersten Gebot. Das untersagt den Christen, andere Götter zu verehren. Konkret bedeutete das damals: Sie weigerten sich, dem Kaiser als Staatsoberhaupt zu opfern. Das fasste der Staat als Fundamentalopposition auf. Die Christen schienen nicht loyal zu sein, sondern sich ins Abseits zu stellen, zumal sie auch am öffentlichen Leben nur eingeschränkt teilnahmen. Der Besuch der ansonsten so beliebten „Spiele" war ihnen nicht gestattet, weil alle *ludi* im „heidnischen" Kult wurzelten – sie waren tatsächlich, wenn man genau hinschaute, eine Form des Gottes- bzw. aus christlicher Sicht des Götzendienstes. Für die Vertreter der alten Religion war klar, dass sich Christen der Bürgergemeinschaft und dem Staatswohl entzogen und sich, modern ausgedrückt, als Verfassungsfeinde „outeten". Der Vorwurf der Intoleranz treffe also diese Gemeinschaft, argumentierten sie, die sich bewusst abkapsle. Auch wenn der Irrealis keine historische Beweisinstanz ist, darf man schlussfolgern: Hätten die Christen dem Kaiser geopfert, so wären sie in ihrer Religionsausübung ebenso frei gewesen wie die Anhänger anderer „Mysterienkulte".

die in die gesamte Bevölkerung Roms – nicht nur die peregrine – hineinwirkte. Die ägyptischen Gottheiten Isis und Serapis, der persische Mithras, die syrischen Götter Atargatis und Baal, der orientalische Sol Invictus sowie der jüdische und der christliche Gott: Sie alle hatten ihre Anhängerschaften, die nicht auf die jeweilige ethnische Gruppe ihrer Herkunft beschränkt war. Prozessionen der verschiedenen Religionsgemeinschaften gehörten zum Straßenbild Roms. Die Hauptstadt (und keineswegs nur sie!) war, mit Ovid zu sprechen, „Haus aller Götter" (fast. IV 270) – nicht nur Sitz des capitolinischen Jupiter, der die Staatsreligion repräsentierte, auf die alle Einwohner des Reiches verpflichtet waren.

Die Identität von *urbs* und *orbis*, Hauptstadt und Weltkreis, die in vielen hymnischen Beschreibungen Roms rhetorisch beschworen wurde (Ov. fast. II 684; Aristid. Eis Romen 10; Rutil. Nam. 65) – sie kam auch physisch im bunten Völkergemisch der Hauptstadt zum Ausdruck. Das Rom der Kaiserzeit war eine kosmopolitische Multikulti-Gesellschaft, in der manch einer, der von kernigem altem Römertum schwärmte, bei genauem Hinsehen von Vorfahren abstammte, die als kriegsgefangene Sklaven aus Gallien, Spanien, Griechenland und Ägypten an den Tiber verschleppt worden waren. Mit ihnen verglichen, war der „Jahrtausend-Kaiser" Philippus Arabs ein Migrant der ersten Generation.

Nachtleben

Bei manchen jungen Leuten sei für den Tod nichts mehr zu holen, empört sich der Agrarschriftsteller Lucius Columella. „Deren Körper sind schon in frühen Jahren so kraftlos und verlebt, dass man den Eindruck gewinnt, selbst der Tod werde daran nichts mehr verändern“ (r.r. I pr. 17). Aber nicht harte Arbeit und körperliche Mühsal hätten diesen frühzeitigen Verfall bewirkt, stellt er klar, sondern eine extrem ungesunde Lebensweise: Bei Tage schlafen und spielen, die Nächte aber bei Sex und Wein durchmachen – das führe geradewegs zu dem beklagenswerten physischen Erscheinungsbild dieser Luxusjünger. Wo ist nur „die echte Nachkommenschaft des Romulus von früher“ (*vera illa Romuli proles*) geblieben? (r.r. I pr. 16f.).

In solche Moralisten-Klagelieder stimmt auch Seneca stets gern mit ein. Ein paar Jahrzehnte später wird er mit ähnlicher Verve gegen die *lychnobii* wettern, „Leute, die nur bei Lampenschein leben“, indem sie „die Nacht zum Tag und den Tag zur Nacht machen“. Noch ein nettes Wort für diese „Perversen“ gefällig? *lucifugae* nennt er sie, „Lichtflüchter“, die sich mit dieser umgekehrten Lebensweise bewusst von den langweiligen „Normalos“ abgrenzen wollen und deshalb mit aller Konsequenz die Nacht als eigentliche Lebenszeit genießen – eine Provokation für die biederen Bürger, die im naturgegebenen Rhythmus leben. Seneca ärgert sich darüber, dass sich diese Snobs mit ihrem Nokturn-Manierismus interessant machen und sich auch noch der Masse überlegen fühlen. Daher seine eigene deutliche Abgrenzung: „Diese Menschen sehe ich als Tote an. Denn wie wenig sind sie von einer Bestattung entfernt, die bei Fackeln und Kerzen leben!“ (ep. 122, 9ff.)

Auch wenn die Kulturpessimisten vom Schlage Columellas und Senecas einen anderen Eindruck erweckten, war die Zahl dieser Nachtschwärmer im Alten Rom sehr übersichtlich. Die meisten Menschen zogen sich, sobald es dunkel wurde, zum Schlafen zurück; auf dem Land noch mehr als in der Stadt. Das hatte auch mit dem Fehlen effizienter künstlicher Lichtquellen zu tun. Man war auf Kerzen, Öllampen und Fackeln angewiesen, die umso mehr rußten, je intensiver sie leuchteten. Das war lästig und wirkte sich unangenehm auf das Raumklima aus. Schon deshalb muss man überall da, wo sich Menschen bei künstlicher Beleuchtung aufhielten, von eher schummrigen Lichtverhältnissen ausgehen. Die Leistungsstärke elektrisch erzeugten Lichts wurde bei Weitem nicht erreicht.

In den römischen Städten war es, sofern der Mond nicht schien, stockdunkel. Eine Straßenbeleuchtung gab es selbst in der Hauptstadt Rom nicht. Gaststätten, Hotels und Bordelle waren allenfalls durch eine Fackel am Eingang markiert – oder auch durch ein schwach beleuchtetes Logo. Die Kutscher und Treiber der Fuhrwerke, die nachts unterwegs waren, mussten sich ihren Weg mithilfe von Fackeln suchen und den Gegenverkehr auf diese Weise auf sich aufmerksam machen, ebenso Passanten, die von einem Kneipenbesuch oder Trinkgelage auf dem Heimweg waren. Wohlhabende hatten – in satirisch überspitzter Darstellung – einen sehr langen Zug von Begleitern, der ihnen „im Schein vieler Fackeln und Bron-

zeleuchter“ heimleuchtete, der Normalbürger dagegen nur „das kümmerliche Licht einer Kerze, deren Docht er sich klug einteilen muss“ (Juv. III 286ff.). Zumindest auf den Hauptstraßen herrschte nachts in den größeren Städten ein reger Verkehr. Aufgrund des Tagesfahrverbots (→ Verkehrsregeln) wich ein großer Teil des Last- und Personenverkehrs gezwungenermaßen auf die Nachtstunden aus – was bei den Bewohnern der hellhörigen Mietwohnungen in der City wenig Freude auslöste. Viele klagten über Schlafstörungen aufgrund des Lärms, der von den Wagenrädern und den Streitereien der Fuhrleute ausging (→ Großstadtprobleme).

Wer feiern wollte, den störte der nächtliche Verkehrslärm nicht – erst recht nicht, wenn die Party in einer wohlhabenden *domus* stattfand, die durch ihre Größe und den umgebenden Park ohnehin abseits der Lärmquellen lag. *party* bzw. *dinner party* ist in der englischsprachigen Literatur ein üblicher Ausdruck für die Gesellschaften, die in vornehmen Kreisen am Nachmittag zusammenkamen und sich häufig bis in die Nacht hinein erstreckten. Im Deutschen wirkt der Begriff stark aktualisierend, aber im Grunde trifft er auf die römische Kombination von *convivium*, „Gastmahl“, und anschließender *comissatio*, „Trinkgelage“, durchaus zu – für die Kaiserzeit mehr als für die Republik, weil „richtige“ Damen zunächst nicht teilzunehmen pflegten, seit dem 1. Jh. n. Chr. aber zunehmend dazu gebeten wurden.

Das heißt indes nicht, dass es keine rein männlich besetzten nächtlichen Trinkerrunden mehr gegeben hätte. Es fanden noch viele bis sehr viele statt. Von einer Gleichberechtigung waren die Römerinnen (auch) in Sachen „Party“ ziemlich weit entfernt – auch wenn sich Moralisten darüber echauffierten, dass „die Frauen heutzutage die Nächte genauso durchmachen und ebenso viel trinken wie die Männer, ja sie sogar an Öl- und Weinkonsum übertreffen“ (Sen. ep. 95, 20f.).

In Kreisen der Oberschicht traf man sich in häuslicher Umgebung; man lud dorthin ein oder ließ sich dorthin einladen. Hotspots der Partyszene gewissermaßen auf neutralem Boden gab es nicht. Gaststätten und

Tavernen galten als *loci inhonesti*, „unehrenhafte Örtlichkeiten", von denen sich Angehörige der gesellschaftlichen Elite fernzuhalten hatten. Daher konnten sich in der römischen Zivilisation keine Edelgastronomie oder „angesagten *locations*" des Nachtlebens entwickeln. Mag sein, dass der Einzelne einen Reiz dabei empfand, mal in das plebejische Milieu der Schänken und „Nachtbars" abzutauchen, aber ein Treffpunkt für die feine Gesellschaft konnte sich daraus unmöglich entwickeln. Und wer es gewagt hätte, in eines dieser öffentlich zugänglichen Lokale einzuladen, hätte sich fragen lassen müssen, ob er denn kein eigenes präsentables Zuhause habe. Der Druck, im Distinktionswettbewerb der Oberschicht mitzuhalten und seinen Gästen mit einem vorzeigbaren Wohnpalast zu imponieren, war enorm. Also fanden Partys nur dort statt, wo man Kunstwerke und hübsche Sklaven, luxuriösen Hausrat und repräsentative Triclinien (Speisesäle) präsentieren konnte: daheim. Dort konnte man mithilfe eigenen oder gemieteten Personals jene „Sterne-Kulinarik" bieten oder zu bieten versuchen, die sich heute mit einem öffentlichen „Gourmet-Tempel" verbindet.

Im Rahmen dieses Artikels können wir auf die meist exquisite Bewirtung der Gäste nicht weiter eingehen. Das „Nachtleben" ruft, und dazu gehörte das normale *convivium* nicht. Auch wenn es sich über Stunden hinzog, war es dank des nachmittäglichen Beginns am frühen Abend beendet. Dann wurden die Gäste vom Gastgeber entlassen – oder aber, wenn solch eine nächtliche Fortsetzung der Party geplant war, zum nachfolgenden Trinkabend, der *comissatio*, gebeten. Die eigentliche Einladung dazu war indes schon zusammen mit der zum *convivium* ausgesprochen worden. Wer andere Pläne hatte, konnte „seine Sandalen fordern" (*soleas poscere* war das Stichwort für den Wunsch, die Runde zu verlassen). Das war in Ordnung; der Gastgeber empfand es nicht als Kränkung, zumal er damit rechnen konnte, dass sich spontaner „Ersatzbesuch" zur *comissatio* einstellte. Wer aber blieb, der musste sich im Klaren darüber sein, dass jetzt Gott Bacchus das Regiment übernahm. *aut bibat aut abeat*, hieß die Devise, „entweder trinken oder gehen" (Cic. Tusc. V 118).

Spätestens zu Beginn des Trinkgelages wurden Salben und Blumenkränze verteilt. Die aus Efeu, Myrte und Eppich geflochtenen *coronae convivales* („Gastmahlskränze") standen ebenso wie die auf Tischen und Liegen verstreuten Rosen für Lockerheit, Heiterkeit und Genuss; *cum regnat rosa*, „wenn die Rose regiert", galt geradezu als Synonym für einen unbeschwerten Abend – und ebenso, „wenn das Haar von Salböl duftet" und „wenn Lyaeus rast" (Mart. X 20, 19f.). Lyaeus – das war ein griechischer Beiname für den Sorgen „lösenden" Bacchus. Als dessen Stellvertreter fungierte bei der *comissatio* der „Trinkkönig" (*rex bibendi*). Er bestimmte das Mischungsverhältnis zwischen Wein und Wasser (in aller Regel mehr Wasser), regte ggf. Themen für die Unterhaltung an oder gab zu vorgerückter Stunde auch schon einmal *insanae leges*, „verrückte Gesetze" (Hor. sat. II 6, 69), mit denen die Trinker zu der einen oder anderen Ausgelassenheit und Albernheit aufgefordert wurden.

Das klingt nicht besonders seriös und nicht gerade im Einklang mit niveauvoller oder gar philosophisch fundierter Konversation, wie sie die Idealvorstellung einer vom Wein inspirierten Runde nach dem Vorbild des griechischen Symposions vermittelt. Diese Idealvorstellung ist – übrigens auch im Hinblick auf die griechische Welt – einseitig. Je nach Zusammensetzung der Gästeschar und den Vorstellungen des Gastgebers gab es auch diesen sozusagen intellektuellen Typus der *comissatio*. Es gab daneben aber viele andere „Füllungen" – Zwischenformen, in denen Ernstes und Heiteres sich mischten, es gab „Spaßabende der leichten Muse", bei denen Gaukler und Musikanten, Flötistinnen, Komödianten und → Spaßmacher auftraten. Und es gab Herrenabende, bei denen erotische Kost im Vordergrund stand: die berühmt-berüchtigten gaditanischen Tänzerinnen, die „ihre lasziven Hüften in kundigem Zittern kreisen ließen" (Mart. V 78, 26ff.), und Edelprostituierte, die als Callgirls im eigentlichen Sinne des Wortes engagiert waren.

Es konnte sein, dass die Gäste das „Programm" selbst durch Unterhaltung, Rätsel, Witze und Spiele gestalteten. Zunehmend üblich wurde es indes, dass allerlei Ohrenschmaus (*acroamata*) und Showeinlagen

Stimmt es, dass …

… die Römer eine Vorliebe für wüste Sex-Orgien hatten?

Eher nein. Einem klaren Nein stehen manche Berichte vor allem aus dem „bewegten" Leben einiger Kaiser im Wege, die in einer bestimmten Ausprägung von „Cäsarenwahn" Gefallen an Ausschweifungen fanden, wie sie moderne „Sandalenfilme" als publikumswirksame Mischung von „*sex and crime and* Völlerei" präsentieren. Aber da wird die Ausnahme zur Regel gemacht. Gewiss, in der römischen Oberschicht gab es viele *luxuriosi*, „Luxus-Jünger", die sich vor allem an lukullischen Köstlichkeiten und Raritäten begeisterten und schon einmal in einen Wettbewerb um die ausgefallensten, verrücktesten und teuersten Leckerbissen eintraten. Und gewiss, es gab auch in manchen vornehmen Palästen Bankette und Zecherrunden, bei denen die engagierten Flötenspielerinnen nicht nur Flöte spielten und die „schamlosen Mädchen aus Gades" ihre Hüften lasziv kreisen ließen (Mart. V 78, 26ff.). Aber die in der Rezeption so populäre Kombination von Fresserei, Saufen und mehr oder weniger perversen Sexspielen ist trotzdem ein Klischee. Die normale Party verlief gesitteter. Bezeichnend für eine verzerrte Wahrnehmung römischer Normalität ist die Kluft zwischen Fellinis üppigem Film „Satyricon" und seiner literarischen Vorlage, der *cena Trimalchionis* Petrons. An der Tafel des Freigelassenen geht es völlig unerotisch zu, und die Speisen, die da gereicht werden, sind mehr in der Anordnung und theatralischen Darreichungsform exquisit als vom kulinarischen Gesichtspunkt aus.

Die Macht der Bilder, zumal die der laufenden, ist groß. Die filmische Inszenierung des vermeintlich Dekadent-Verruchten und Pervers-Verkommenen in Form von Lust-, Fress- und Saufexzessen als „satte" Illustration der kaiserzeitlichen römischen Zivilisation, aber auch ihre Persiflierung im Comic haben die „römische Orgie" in unser aller Köpfe gebracht – allerdings durchaus mit kräftiger Unterstützung durch römische Moralisten und Satiriker, die ebenfalls zwischen normal und ausgefallen nicht gern unterscheiden. Es mag ja sein, dass Satire alles darf. Aber die Entscheidung, ob man opulent-verführerischen Bildern moderner Regisseure einerseits und amüsant-polemischen Übertreibungen antiker Satiriker andererseits auf den Leim geht, darf man ja durchaus noch selbst treffen – nachdem man sich auch bei anderen, weniger reißerischen Quellen informiert hat.

geboten wurden: Rezitationen, Pantomimenvorstellungen und Musikdarbietungen. Weniger hoch im Kurs standen – zumindest beim Gros der Gäste – Vorlesungen eigener poetischer Werke durch den Gastgeber und ermüdende Referate von Philosophen und Philologen. Deren Beiträge zur Unterhaltung waren gefürchtet, weil Bacchus dadurch manchen seiner Gäste an seinen Götterkollegen Morpheus zu verlieren drohte.

Ebenso wenig, wie es ein Standardprogramm für den Ablauf einer Trinkerrunde gab, gab es eine Standardzeit für ihr Ende. Manche Party war erst im Morgengrauen zu Ende, und dann sah man gelegentlich auch Prominente wankend nach Hause gehen (Plin. ep. III 12, 2f.; Plut. Cato 6, 2). Üblich waren solch ausgedehnte Gelage nicht; aber dass sich die *comissatio* bis tief in die Nacht hinzog, war nichts Ungewöhnliches (Plin. ep. VI 31, 13).

Auch die einfachen Leute stürzten sich manchmal ins Nachtleben. Konkret hieß das: Sie trafen sich zu geselligen Runden im Wirtshaus – ihre kleinen Wohnungen erlaubten es kaum, Gäste zu empfangen. In den Tavernen wurde gezecht und gezockt (→ Zocker), geplaudert und gesungen. Manche *tabernae* boten auch Live-Unterhaltung in bescheidenem Rahmen. Eine Sperrstunde kannte man bis zum späten 4. Jh. n. Chr. nicht, sodass manche Lokale als *pervigiles* Reklame machten: Sie waren „die ganze Nacht über wach" (Juv. III 167). In den meisten Lokalen konnte man eine Kleinigkeit essen – selten mehr als einen Snack; von der Decke der „schmierigen Kneipe" (*uncta popina*; Hor. epist. I 14, 21) hingen Würste und andere Lebensmittel. Vor allem aber schenkten die Wirte Wein aus. In Pompeji bot die Wirtin Hedone („die Freude") drei Sorten Wein auf der inschriftlichen Weinkarte an: „Normalen Wein für 1 As. Bezahlst du zwei Asse, so wirst du bessere Weine trinken. Gibst du vier Asse, so bekommst du Falernerwein zu trinken" (CIL IV 1679). Falerner war Italiens bester Tropfen; er genoss einen legendären Ruf.

Alle gastronomischen Betriebe, ihre Besitzer und Angestellten standen unter dem Generalverdacht der Prostitution. Auf viele „Bars" und Lokale traf das zu. Es gab Hinter- bzw. im ersten Stock gelegene Zimmer, die man für das Stelldichein mit einer Kellnerin mieten konnte. Auch manche Wirtin selbst stand für ein kurzes amouröses Vergnügen zur Verfügung; *futui coponam* vertraute ein Kneipenbesucher in Pompeji der Wand an, „ich habe die Wirtin gevögelt“ (CIL IV 8442). Der Dichter Catull spricht nicht ohne Grund von der *salax taberna*, dem „sexuell aufreizenden Wirtshaus“ (37, 1). Kneipen aller Art waren eine feste Größe im Rotlichtmilieu.

Allerdings nicht die einzige. Die Prostitution war im Alten Rom weitverbreitet. Der Normaltarif von 2 As, dem Gegenwert von zwei Laiben Brot, lässt ein großes, auf die Preise drückendes Angebot erkennen. Die Prostituierten boten sich auf dem Straßen- und Gräberstrich an, in Bordellen, in kleinen Einliegerwohnungen (*cellae meretriciae*) und eben in gastronomischen Betrieben einschließlich Absteigen und Hotels. Die „Szene“ beschränkte ihre Aktivitäten keineswegs auf die Nachtzeit. Aber es gibt Indizien dafür, dass das Milieu nachts besonders viele Kunden anzog (Juv. VI 116ff.). Im Schutze der Dunkelheit „verirrte“ sich selbst mancher ehrenwerte Herr aus der Oberschicht in das eher schmuddelige Ambiente des schnellen Sex. Und viele Männer aus einfachen Verhältnissen kamen erst, wenn sie mit Einbruch der Dunkelheit Feierabend hatten. Ein weiteres Segment der Prostitution stellten *pueri meritorii* dar, „Strichjungen“, die auch als „Kaschemmenjungs“ (*pueri cauponii*; Plaut. Poen. 1298) bekannt waren.

Jenseits des eher plebejisch anmutenden Rotlichtmilieus standen für zahlungskräftige Kunden auch besser ausgebildete „Freundinnen“ (*amicae*) zur Verfügung, die man heute am ehesten mit den „Damen“ des Escort-Service vergleichen könnte. Sie begleiteten ihre Kavaliere auf Herrenabende oder zu einem nächtlichen Stelldichein in deren Wohnung – oder sie gingen auch mit auf Reisen, wenn im mondänen Badeort Baiae Saison war. Das dortige Nachtleben hielt eine Spezialität bereit, die nicht einmal die sonst so verwöhnte und verwöhnende Hauptstadt Rom zu bieten hatte: romantische nächtliche Gondelfahrten auf dem von Rosen übersäten Lucriner See (Sen. ep. 51, 12).

Nacktbaden

Die berühmten „Bikini-Mädchen“ auf einem Mosaik aus dem sizilischen Piazza Armerina scheinen dafür zu sprechen, dass römische Thermenbesucher nicht nackt badeten. Aber das ist ein Fehlschluss, der durch den modernen Begriff „Bikini“ nahegelegt wird. Tatsächlich gibt es keinerlei Verbindung der jungen Damen zum Bad: Die mit ihnen abgebildeten Sportgeräte erweisen sie als Athletinnen – möglicherweise Entertainerinnen, die Zuschauer mit ihren Darbietungen unterhielten.

In Wirklichkeit badete man im Alten Rom in aller Regel nackt. Die Kleidung wurde vor dem Thermen-Rundgang abgelegt; der entsprechende Raum hieß *apodyterium*. Der Begriff leitet sich von griechisch *apodýein* ab, und das heißt „ausziehen“. Es war also ein Auskleide-, kein Umkleideraum, wie man gelegentlich liest.

Das Nacktbaden kam mit dem Bau der großen Thermenanlagen im 1. Jh. n. Chr. in Mode. Für konservative, sittenstrenge Römer bedeutete es eine erhebliche Umgewöhnung; denn in der Zeit der Republik galt es als unschicklich, ja, poetisch ausgedrückt, als „der Schande Anbeginn, sich nackt unter Bürgern zu zeigen“ (ein Ennius-Zitat aus dem frühen 2. Jh. v. Chr. bei Cic. Tusc. IV 70). Sogar – oder gerade – unter nahen Verwandten wie Vätern und Söhnen, Schwiegervätern und Schwiegersöhnen vermied man es, gemeinsam zu baden (Cic. off. I 129; ein Reflex der alten Sitte ist das entsprechende Verhalten Gordians: Hist. Aug. Gord. 6, 4).

Entsprechende Vorbehalte wirkten in der Kaiserzeit weiter gegenüber den Darbietungen von Berufsathleten, die nach alter griechischer Tradition nackt auftraten. Manche Kritiker sahen darin pure *licentia*, ein „zügelloses Treiben“ (Tac. ann. XIV 20f.). Auf die Badeanstalten wurde dieses Unbehagen indes nicht ausgedehnt. Im Gegenteil. Es war eher auffällig, wenn jemand in den Thermen einen Lendenschurz trug, selbst wenn er nur als Sklave seinen Herrn dorthin begleitete (Mart. VII 35). Es mag sein, dass sich prominente Persönlichkeiten, wenn sie überhaupt einmal gemeinsam mit dem „Volk“ badeten, nicht gern nackt präsentierten – der einzige Beleg dafür ist die *vestis balnearis*, „Badekleidung“, die Kaiser Alexander Severus trug. Dabei bleibt offen, ob das auch für den eigentlichen Badebetrieb oder nur das entsprechende Umfeld zutraf (Hist. Aug. Alex. 42, 1). Ansonsten hieß die „Bekleidungsdevise“ im Bade: *nudus*, „nackt“.

Es überrascht nicht, dass gleichgeschlechtlich interessierte Männer in den Thermen ein bisschen genauer hinschauten als die übrigen Badegäste. Martial, Verfasser von Spottepigrammen, lässt sich diesen Voyeurismus als komisches Motiv nicht entgehen (I 96, 12f.; IX 33.; vgl. Hist. Aug. Elag. 5, 3). Dass er selbst von einem gewissen Cotta nie zum Gastmahl eingeladen worden ist, scheint ihm daran zu liegen, „dass ich ihm nackt nicht gefallen habe“ (I 23, 4). Cotta suchte im Bad offenkundig nicht nur nach Gästen für seine Tafel. Gleichwohl ergibt sich insgesamt aus den

Quellen nicht der Eindruck, dass die Thermen ein besonders frequentiertes oder gar ertragreiches „Jagdrevier“ von *viri molles*, „Homosexuellen“, gewesen wären.

Aber vielleicht für „Heteros“? Wobei sich zunächst die Frage stellt: Konnten sie in den Bädern überhaupt fündig werden? Die Antwort heißt: Ja – sofern die örtlichen Gegebenheiten *balnea mixta*, „gemischtgeschlechtliche Bäder“, zuließen. In manchen Fällen wurde das durch die architektonische Anlage der Thermen insofern verhindert, als sie in einen Männer- und einen Frauentrakt unterteilt waren. In anderen, wohl wenigen Orten wurden getrennte Badezeiten für die beiden Geschlechter festgelegt, so etwa im portugiesischen Bergwerksort metallum Vipascense (CIL II Suppl. 5181). Ansonsten wurde gemeinsam gebadet, und zwar nackt. Der Ältere Plinius erwähnt die *balnea mixta* als Erster – übrigens mit stärkerer Kritik an luxuriösen Badeaccessoires aus Silber als am unbekleideten Gemeinschaftsbad (NH XXXIII 153). Martial setzt die Nacktheit auch in dieser Situation als Normalität voraus (III 51; 72; Ausnahme: In III 87 trägt Chione einen Schurz, der allerdings wesentlich als Aufhänger für die Pointe dient).

Man darf wohl davon ausgehen, dass es zumeist „mutige“ Frauen aus den unteren Volksschichten waren, die sich auf *balnea mixta* einließen. Mit dem Normbild der Matrone aus „besseren“ Kreisen vertrugen sie sich kaum. Allerdings waren es sicher auch nicht vornehmlich „Professionelle“. Es gibt keinen Beleg dafür, dass Thermen Schwerpunkte der Prostitution gewesen wären – mag auch die eine oder andere „Dame“ hier auf Kundenfang gegangen sein.

Gleichwohl waren *balnea mixta* den Traditionalisten ein Dorn im Auge. Wann sie gesetzlich verboten worden sind, ist umstritten. Kaiser Hadrian schritt zwar einmal dagegen ein, aber es bleibt unklar, ob es sich dabei um eine generelle Anordnung gehandelt hat (Hist. Aug. 18, 10; Cass. Dio LXIX 8, 2). Ein definitives Verbot ist wohl erst im Jahre 533 von Justinian ausgesprochen worden, nachdem christliche Moralprediger die Rolle der Ankläger von den „heidnischen“ Vertretern römischer

Moralität übernommen hatten. Denkbar wären auch regionale oder lokale Sonderregelungen, die tendenziell einem – allerdings doch wohl erst recht späten – Aus für die *balnea mixta* den Boden bereitet haben.

In *einem* Punkt müssen wir allerdings unsere Nuditäts-These etwas einschränken. Da in den Warmwasserbereichen mancher Thermen der Boden sehr heiß war, zogen die Besucher es vor, Holzpantinen (*soleae*) zu tragen, um sich die Füße nicht zu verbrennen. Insofern hatten sie unten herum doch etwas an, jedenfalls *ganz* unten.

Namensgebung

„Gaius Iulius" oder „Caesar" – wie hieß er denn nun „richtig"? „Clodia" – eine so berüchtigte Dame zwischen Aristokratie und Halbwelt und nur ein einziger Name? Kann das stimmen? „Scipio Aemilius" oder „Aemilianus" – was denn nun? Römische Namen (bzw. ihre moderne Verwendung) wirken oft rätselhaft oder sogar widersprüchlich. Versuchen wir im Folgenden, ein bisschen Ordnung in das so empfundene Wirrwarr zu bringen.

Freie männliche Bürger

Sie trugen im Regelfall drei Namen, z. B. Gaius Iulius Caesar. „Gaius" war der innerhalb der Familie und unter guten Freunden und Bekannten gebräuchliche Vorname (das *praenomen*). Die Zahl der üblichen römischen *praenomina* war sehr begrenzt; sie lag bei rund 17. „Iulius" ist das *nomen gentile*, der „Familienname". Caesar gehörte der *gens Iulia* an. Solche *gentes* waren vielfach stark verzweigt. Das *cognomen*, der „Beiname", diente deshalb zunächst dazu, die Zugehörigkeit zu einer bestimmten Linie anzugeben, bei unserem Beispiel konkret also zu den Iulii Caesares. Seit dem 1. Jh. v. Chr. entwickelte sich das *cognomen* immer mehr zum individuellen Namen, unter dem jemand in der Öffentlichkeit bekannt war. Im Unterschied zu den Vornamen gab es eine breite Palette von *cognomina*. An die 2000 sind überliefert. Viele von ihnen sind sprechende Namen, die auf ein bestimmtes Charakteristikum eines Urahnen anspielten: Cicero meint die (Kopfform der) „Kichererbse", Macer den „Mageren", Crispus den „Lockenschopf", Cato den „klugen Kopf" und Brutus den „Dummkopf". Das ursprünglich „freiwillige" *cognomen* wurde immer stärker zum eigentlichen Namen, in der Spätantike überragte es die beiden anderen bei Weitem an Bedeutung.

Freigeborene Frauen

Sie erhielten üblicherweise den Gentilnamen ihres Vaters im Femininum. Caesars Tochter hieß also Iulia. Zur besseren Unterscheidung konnte ein *cognomen* wie Maior, „die Ältere", oder Tertia, „die Dritte", hinzutreten. In der späten Republik wurde es üblich, dass die Frau zusätzlich zum Gentilnamen auch das *cognomen* des Vaters übernahm. Das berühmte Grabmal an der Via Appia illustriert das: Es war der Caecilia Metella gewidmet (aus der *gens Caecilia*, Seitenlinie der „Meteller"). Die Heirat änderte daran nichts. Die Frau behielt ihren „Mädchennamen" bei; allerdings trat in wichtigen Dokumenten wie etwa auf Grabinschriften häufig der Name des Gatten im Genitiv hinzu.

Freigelassene

Mit der Freilassung wurden ehemalige Sklaven zu römischen Bürgern (wenn auch erst in der nächsten Generation mit vollen Bürgerrechten). Sie benötigten daher den üblichen dreiteiligen Namen. Der Sklavenname blieb als *cognomen* erhalten; *praenomen* und *nomen gentile* übernahmen sie von ihrem früheren Herrn. Ein freigelassener Sklave Caesars, der zuvor „Syrus" gerufen worden war, hieß fortan Gaius Iulius Syrus. War die Freilasserin eine Frau, so hatte der Freigelassene keinen Vornamen; ein Ex-Sklave von Caesars Tochter Iulia namens Syrus hieß folglich Iulius Syrus. Häufig wurde der ehemalige Herr bzw. die frühere Herrin im Genitiv zusammen mit der Statusangabe *libertus/liberta* genannt, z. B. Iulius Syrus Iuliae lib(ertus), „Iulius Syrus, der Freigelassene der Iulia".

Sklaven

Sklaven hatten nur einen Rufnamen, den in der Regel der Herr bzw. die Herrin festlegte. Sprechende Namen waren beliebt: Herkunftsbezeichnungen wie Syrus, „der Syrer“, aber auch Adjektive, die die Erwartungen an den Sklaven formulierten: Celer, „der Schnelle“, Fidus, „der Treue“, Felix, „der Glückliche“, Pamphilus, „der allen lieb ist“ usw. Das Gleiche galt auch für Sklavinnen: Syra, Pamphile, Agat(h)e, „die Gute“, Fortunata, „die Glückliche“ usf.

Weitere cognomina/Ehrennamen

Zur Unterscheidung erwiesen sich in großen Geschlechterverbänden zusätzliche *cognomina* als hilfreich, so etwa bei den Scipiones die zusätzliche Linienbezeichnung „Nasica“ oder ein individueller, auf einen Triumph zurückgehender „Sieger-Beiname“ wie Africanus, Macedonicus oder Germanicus („Bezwinger von …“).

Adoptivnamen

Ein adoptierter Römer übernahm den kompletten Namen seines Adoptivvaters. Seinen ursprünglichen Gentilnamen führte er als zusätzliches *cognomen*, allerdings in der leicht modifizierten Form eines *-anus*. Der spätere Augustus hieß ursprünglich Gaius Octavius. Aufgrund der testamentarischen Adoption durch Caesar wurde er zu Gaius Iulius Caesar Octavianus. Auch ein Aemilianus „verriet“ sich durch seinen Namen als Adoptivsohn.

Kaiser

Die entscheidenden Weichen stellte (auch) in diesem Bereich Augustus, der Begründer des römischen Kaisertums, auch wenn er nur als *princeps*, „erster“ Bürger des Staates, gesehen werden wollte. Seine Titulatur hieß Imperator Caesar Divi filius Augustus, „Imperator (Vorname) Caesar (Gentilname) Augustus (Beiname), Sohn des Göttlichen“ (sogenannte Filiation, Angabe des Vaternamens). „Imperator“ als *praenomen* zeigte sehr deutlich seine tatsächliche Stellung an: „Befehlshaber", „Feldherr" – woraus sich folgerichtig der englische Begriff *emperor*, „Kaiser", entwickelt hat. Seit Nero trug jeder römische Kaiser den Imperator-Titel als *praenomen*. Vorangestelltes „Imperator" bedeutet also stets Kaiser, während *imperator* hinter einem Namen die Funktion des „Feldherrn" angibt.

Caesar wurde bei dieser Nomenklatur zum neuen Familiennamen. So konnte man den Plural Caesares als neue Herrscher-Dynastie verstehen. Entsprechend tragen Suetons Kaiser-Biographien den Titel *De vita Caesarum*, „Das Leben der Caesares". Das deutsche Lehnwort „Kaiser" ist auch lautlich nahe an seinem Ursprung. Man braucht „Caesar" nur so auszusprechen, wie es zu seiner Zeit üblich war: „Kaisar".

Naturkatastrophen

In der Statistik von Naturkatastrophen in der Alten Welt stehen Erdbeben mit großem Abstand an der Spitze; es folgen Überschwemmungen, Vulkanausbrüche und Dürreperioden. Auch wenn sie dort, wo die Natur Schrecken und Verderben auslöste, als furchtbares Ereignis wahrgenommen wurden, gehörten Naturkatastrophen in gewisser Weise zur Normalität. In die Geschichtswerke fanden sie nur Einlass, wenn sie besonders spektakulär waren, weite Gebiete in Mitleidenschaft zogen oder aus politisch-religiösen Gründen stärkere Aufmerksamkeit erhielten als andere Ereignisse. Lokal begrenzte Erdbeben, wie sie im Mittelmeerraum häufig vorkommen, sind in den erhaltenen Quellen meist nicht verzeichnet. Lediglich in der Hauptstadt Rom wurden Überschwemmungen regelmäßig in den Geschichtswerken vermerkt. Folgende Naturkatastrophen machten, wie man heute sagen würde, Schlagzeilen (chronologisch geordnet):

373 v. Chr. In einer Winternacht verschwindet die Stadt Helike spurlos. Sie liegt an der Südseite des Golfes von Korinth, 2 km vom Meer entfernt. Ein für die Region nicht untypisches Erdbeben löst einen Tsunami aus; die Stadt wird überschwemmt. Der zweite Teil der Katastrophe hat indes noch schlimmere Auswirkungen: Von dem hinter Helike aufragenden Gebirge kommt ein riesiger Felsabhang ins Rutschen. Er reißt die Stadt mitsamt ihren Einwohnern ins Meer. Auch die benachbarte Stadt Bura fällt der Katastrophe zum Opfer, obwohl sie deutlich höher und weiter vom Meer entfernt liegt. 2000 Helfer suchen in der Unglücksregion nach Überlebenden, aber sie finden keine Opfer. Helike existiert nicht mehr, Überlebende gibt es nicht. Die Zahl der Opfer liegt bei einigen Tausend. „Niemals zuvor sind griechische Städte von einer solchen Katastrophe heimgesucht worden“, fasst der Historiker Diodor das Unglück zusammen, „und niemals zuvor sind ganze Städte mit ihren Einwohnern von der Erde verschwunden“ (XV 48). Später wird Helike zum Schauplatz eines Katastrophentourismus, der Neugierige anlockt. Fischer erzählen ihnen spannende „Storys“ vom Untergang der Stadt, aber zu sehen gibt es nichts mehr. Und das bis heute: Archäologische Spurensuchen waren bisher erfolglos. Ob die Ruinen der Stadt auf dem Meeresgrund ruhen oder vom Schwemmland der seit dem Altertum verlandeten Küstenlinie verschluckt sind, bleibt unklar. Vorläufig jedenfalls (Quellen: Diodor XV 48f.; Strabo VIII 7, 2; Paus. VII 24f.).

17 n. Chr. Ohne Vorwarnung wird ein großes Gebiet in Kleinasien nachts von einem Erdbeben heimgesucht. Das Epizentrum liegt westlich der Stadt Sardes, die besonders stark verwüstet wird. Insgesamt sind es nicht weniger als zwölf Städte, die schwere bis schwerste Zerstörungen erleiden. Der Historiker Tacitus formuliert lapidar, sie alle seien *conlapsae*, „zusammengestürzt“. Über die Zahl der Opfer liegen keine Nachrichten vor; sicherlich werden viele Menschen von den Trümmern ihrer Häuser erschlagen, andere kommen im Feuer, das an vielen Stellen ausbricht, ums Leben. Das energische Krisenmanagement des Kaisers lässt jedenfalls darauf schließen, dass das sogenannte Zwölfstädtebeben zu den schlimmsten Katastrophen der Kaiserzeit zählte: Der Stadt Sardes lässt Tiberius 10 Millionen Sesterze Wiederaufbauhilfe zukommen, den Einwohnern aller betroffenen Städte werden die Steuern für fünf Jahre erlassen (Quelle: Tac. hist. II 47).

69 n. Chr. Die Einwohner Roms haben gelernt, mit Tiberüberschwemmungen zu leben. Statistisch kommt es alle 28 Jahre zu einem großen Hochwasser. Achtmal tritt der Tiber im Altertum so stark über die Ufer, dass man in den tiefer gelegenen Stadtteilen Boot fahren kann. Gebäudeschäden und Brückeneinstürze sind häufige Folgen; es kommen auch immer wieder Menschen ums Leben. Opferzahlen sind aber nicht überliefert, nicht einmal in einer Größenordnung. In der Regel schwillt der Tiber rasch an; die Vorwarnzeit ist kurz. Im Jahre 69 aber geht es noch schneller. Die Katastrophe ist urplötzlich da, sodass viele Menschen sich nicht mehr rechtzeitig in Sicherheit bringen können. Manche werden im Schlaf von den Wassermassen überrascht. Es ist eine der schlimmsten, vielleicht sogar die schlimmste Überflutungskatastrophe, die die Stadt in der Antike erlebt. Plutarch jedenfalls spricht davon, dass der Tiber „nie zuvor so hoch gestiegen" sei „und so große Zerstörungen angerichtet" habe (Otho 4, 5). Tacitus bestätigt das. Es hätten damals Stadtteile unter Wasser gestanden, die bei normalem Hochwasser verschont geblieben seien. Das ganze Ausmaß der Zerstörung zeigt sich erst nach einigen Tagen, als die Flut zurückgegangen ist. Viele billig gebaute Mietskasernen sind unterspült und fallen in sich zusammen. Die Zahl der Obdachlosen ist hoch. Zahlreiche Straßen sind unpassierbar, weil sie von Trümmern übersät sind. Auch in Vorratslager für Getreide ist das Wasser eingedrungen; die Folge sind steigende Brotpreise und Versorgungsengpässe. Viele arme Menschen leiden Hunger – eine Folge der Katastrophe, die auch von anderen Tiberüberschwemmungen berichtet wird. Rom wird auch in der Folgezeit anfällig für Überflutungskatastrophen bleiben – bis zur Kanalisierung des Tibers gegen Ende des 19. Jh.s (Quellen: Tac. hist. I 86; Suet. Otho 4, 5).

79 n. Chr. Die *Campania felix*, das durch seine landschaftlich schöne und sonnenverwöhnte Lage und seine fruchtbaren Böden „glückliche Kampanien", wird vom Ausbruch des Vesuvs überrascht. Zwei Städte, Pompeji und Herculaneum, gehen in dem Inferno komplett unter, andere werden ebenfalls schwer in Mitleidenschaft gezogen, leben aber nach der Katastrophe gewissermaßen weiter. 17 Jahre zuvor, im Jahre 62, hat ein Erdbeben in der Region schon große Schäden angerichtet; in Pompeji sind noch längst nicht alle Schäden behoben, als die Stadt untergeht.

Was am 24. und 25. August dieses Jahres vor sich gegangen ist, lässt sich aufgrund eines (Fast-)Augenzeugenberichts recht gut rekonstruieren. Die Katastrophe vollzieht sich in zwei Schüben. Der erste wird durch eine gewaltige Eruption des Vesuvs am 24. August eingeleitet. Der Vulkan explodiert förmlich und speit Gesteinswolken kilometerhoch in den Himmel. Starke Erdstöße begleiten den Ausbruch. Das hochgeschleuderte Vulkangestein formt sich zu einer pinienförmigen schwarzen Wolke, die das Tageslicht verdunkelt. Ein Ascheregen geht auf Pompeji und andere Städte nieder; die Häuser stürzen unter der tonnenschweren Last des Gesteinshagels ein. Am frühen Morgen des 25. August bringt die zweite Phase der Katastrophe weiteres Verderben: Eine Feuerwolke rast mit hoher Geschwindigkeit über die Region; viele Menschen ersticken an den giftigen Gasen, die sie im Gefolge hat. Ein zweiter Bimssteinregen ergießt sich über Pompeji: Herculaneum wird unter einem glühenden Lavastrom begraben.

Man schätzt, dass bei dieser Katastrophe an die 2000 Menschen ums Leben gekommen sind. Das ist rund ein Zehntel der Bevölkerung von Pompeji. Damit gehört der Vesuvausbruch des Jahres 79 von der Opferzahl her nicht zu den ganz großen Naturkatastrophen der Antike. Trotzdem erschüttert er die Zeitgenossen zutiefst – gerade weil eine so „glückliche“, lebensfrohe Region dieses Schicksal ereilt hat: „Eben war der Vesuv noch grün im Schatten der Reben“, beschreibt der Dichter Martial seine Fassungslosigkeit, „all das liegt jetzt in Flammen und trostloser Asche versunken darnieder“ (IV 44).

Es dauerte lange, bevor sich die Gegend von den verheerenden Folgen des Vesuvausbruchs einigermaßen wieder erholte. Für Pompeji gab es keine Zukunft. Die Stadt lag unter einer etliche Meter dicken Ascheschicht begraben; nur wenige Trümmer ragten daraus hervor. Die Überlebenden gaben ihre Heimatstadt auf und suchten sich anderswo ein neues Zuhause. Was für sie und erst recht für die ums Leben gekommenen Menschen eine Katastrophe war, wurde für die Archäologie und unser Wissen über die römische Zivilisation zu einem einzigartigen Glücksfall. Die seit dem

18. Jh. begonnenen und im 19. Jh. forcierten Ausgrabungen ermöglichen es, sozusagen eine ungemein anschauliche Momentaufnahme vom Leben in einer römischen Kleinstadt zu gewinnen – so, als hätte die Zeit für fast 2000 Jahre stillgestanden (Quellen: Plin. d.J. ep. VI 16 und 20; Tac. ann. IV 67; Cass. Dio LXVI 21ff.; Mart. IV 44; Stat. silv. IV 4, 81ff.).

365 n. Chr. „Furchtbarer Schrecken verbreitete sich plötzlich über die ganze Weite des Erdkreises“: So leitet der Historiker Ammianus Marcellinus seinen Bericht über eine Erdbeben- und Tsunamikatastrophe ein, die am 21. Juli des Jahres 365 über das östliche Mittelmeer hereinbricht. Dass der „ganze Erdkreis“ betroffen gewesen wäre, ist, wie man heute weiß, eine Übertreibung. Ob die Naturkatastrophe tatsächlich bis Sizilien ausgestrahlt hat, wird heute von den Forschern bezweifelt. Aber das Unglück ist auch so schlimm genug: Es erfasst das ägyptische Alexandria, die griechische Peloponnes-Halbinsel und viele Städte im östlichen Mittelmeer. Kurz vor Sonnenaufgang fängt die Erde an zu beben. Blitze zucken über den Himmel, das Meer weicht weit zurück. Zahllose Meerestiere liegen plötzlich auf dem Trockenen, ebenso Boote und Schiffe. Viele Menschen strömen an den Strand, um sich das „Wunder“ aus der Nähe anzuschauen. Das ist ihr Verderben. Denn das Meer kehrt mit riesigen Wellen zurück, überflutet das Land auf weiten Strecken und zerstört unzählige Gebäude – ein „Wüten der Elemente, das viele tausend Menschen das Leben kostet“, schreibt Ammianus. Schiffe werden wie Spielzeuge durch die Luft gewirbelt und bleiben hoch auf Hausdächern liegen. Auch auf Kreta sieht man, berichtet eine andere Quelle, „Schiffe dort fahren, wo zuvor Felder und Wege gewesen sind“. Überall herrschen Zerstörung und Tod, am schlimmsten aber wird Alexandria getroffen. Dort sprechen die Menschen noch Jahrhunderte später, wenn die Rede auf den 21. Juli kommt, vom „Tag der Angst“ (Quellen: Amm. Marc. XXVI 10, 15ff.; Hier. Chron. 2382-84; Liban. or. XVIII 292).

Pisspott

Zugegeben, es ist ein *sehr* umgangssprachlicher Begriff, der über diesem Artikel steht. Aber wer kann noch mit „Nachttopf" oder gar „Nachtgeschirr" etwas anfangen? Außer für Kleinkinder ist das „Töpfchen" in unseren Breiten aus der Mode gekommen – dem Siegeszug des WC sei Dank. Bei den Römern dagegen war die *matella* (andere Begriffe: *matula, scaphium* oder *lasanum*) ein unentbehrliches Requisit in jedem Haushalt. Nur die wenigsten Wohnungen verfügten über eine Toilette. Wer in einer Mietwohnung lebte, war zumindest nachts auf die *matella* angewiesen. Sie wurde morgens in Latrinen entleert; der illegale schwungvolle Uringuss aus dem Fenster (Juv. VI 264; dazu Dig. IX 3; XLIV 7, 55) war sicher die Ausnahme. Zu den wenigen Habseligkeiten, die der bettelarme Vacerra – eine fiktive Gestalt Martials – beim Umzug mitnimmt, gehört neben einer Pritsche, einem wackligen Tisch, einem Krug und einer Lampe „ein gesprungener Pisspott, aus dem an der Seite Urin ausfließt" (Mart. XII 32, 13).

Solche Töpfe waren in der Regel aus Ton hergestellt. Vielfach sind sie von anderen Töpfen nicht zu unterscheiden. Im römischen Carnuntum sind zahlreiche *matellae* gefunden worden, die nur durch eine chemische Analyse als solche zu bestimmen waren: Es fanden sich darin charakteristische Ablagerungen von Urin. Das Fassungsvermögen dieser henkellosen *vasa obscaena*, „Schmutzbehälter", lässt darauf schließen, dass sie von der ganzen Familie benutzt wurden. Neben der runden Form scheint es auch schmalere Ausführungen mit Griff insbesondere für Männer gegeben zu haben; eindeutige archäologische

Beweise dafür gibt es allerdings bisher nicht. Größere Töpfe nannte man *lasana;* sie waren für nicht nur flüssige Hinterlassenschaften bestimmt. Die *matella* bzw. das *lasanum* standen gewöhnlich im Schlafzimmer, das freilich in beengten Verhältnissen mit dem Wohnzimmer identisch war. Witzbolde in einer pompejanischen Herberge haben das (angebliche) Fehlen des Pisspotts mit einem Graffito-Zweizeiler bemängelt: *miximus in lecto. Fateor, peccavimus, hospes. Si dices quare: nulla matella fuit* (CIL IV 4957); „wir haben ins Bett gepinkelt. Ich geb's zu, Wirt, wir haben da einen Fehler gemacht. Fragst du, warum: Es war kein Pisspott da!"

Manche vornehmen Herren ließen sich auf Fingerschnipsen von einem Sklaven den Pisspott bringen. Kam der Gerufene zu spät, so wurde „die Matratze zur Rivalin des Pisspotts", scherzt Martial (XIV 119) – wohl kaum eine realistische Szene. Realistisch jedoch war es, dass ein Topf oder eine Flasche auch beim Gastmahl von einem Sklaven gebracht wurde, wenn sich einer der Zecher erleichtern wollte. War der Hausherr allein, so kam das sicher deutlich öfter vor – ein ekliger Sklavendienst, der auch von Unfreien als entwürdigend empfunden wurde (Sen. ep. 27, 14; vgl. auch Trimalchios Pinkeln während des Ballspiels; Petr. 27, 5f.). Dass das auch inmitten einer Trinkerrunde geschah und ein Eunuch „den besoffenen Penis seines zechenden Herrn lenkte" (Mart. III 82, 15ff.), ist durch Quellen bezeugt. Es dürfte aber nicht die Normalität gewesen sein, dass beim Gastmahl der Pisspott kreiste – auch nicht, wenn die Herren unter sich waren. Wie konnte man den vulgären Akt des Urinierens in ein Gefäß veredeln? Snobistische Römer wussten Rat: Sie griffen zu *matellae* aus edlerem Material: Silber, ja selbst Gold schien manch einem Reichen nicht zu teuer dafür (Mart. I 37; XI 11; Dig. XXXIV 2, 28). In diesem Fall zögen wir es natürlich vor, das edle Gefäß anders zu benennen als in der Überschrift. Nicht aber, wenn *matella* als Schimpfwort verwendet wurde. Da passt es doch ganz gut, wenn der Beleidiger kräftig austeilt. „Nie hätte ich gedacht, dass du so ein Pisspott bist" (Plaut. Pers. 533; vgl. Petr. 45, 8 in obszönem Sinn über eine Frau als *matella*).

Rekorde

Die folgenden Angaben über Rekorde bei den Römern stammen von Autoren der Antike. Da auch die Menschen des Altertums für besondere Sensationen „aufgeschlossen" waren, sind manche Angaben hinsichtlich ihrer Glaubwürdigkeit mit z.T. großer Vorsicht zu genießen.

Menschen

Der kleinste Mensch Der kleinwüchsige Conopas, 67 cm groß, Spielkamerad von Julia, der Enkelin des Augustus, spätes 1. Jh. v. Chr. Genauso klein soll die kleinwüchsige Andromeda im 1. Jh. n. Chr. gewesen sein (Plin. NH VII 75).

Der größte Mensch 1./2. Platz: Ein Riese namens Pusio (Spitzname: „Knäblein") und eine Riesin namens Secundilla im 1. Jh. n. Chr. mit 3,11 m. 3. Platz: Ein Araber namens Gabbara mit 2,88 m Größe, Mitte 1. Jh. n. Chr. (Plin. NH VII 74f.).

Der stärkste Mensch 1. Platz: Vinnius Valens, Soldat in der Leibwache des Augustus; er konnte einen mit Wein voll beladenen Wagen so lange hochhalten, bis der Wein abgelaufen war. 2. Platz: Fufius Salvius konnte, mit je 32,5 kg Gewicht an jedem Arm und Bein sowie 65 kg auf dem Rücken eine Leiter hinaufklettern. 3. Platz: Rustelicus konnte seinen Maulesel hochheben (Plin. NH VII 82f.).

Der Mensch, der am wenigsten lachte Crassus, der Großvater des gleichnamigen Millionärs aus dem 1. Jh. v. Chr., soll ein einziges Mal in seinem Leben gelacht haben, einer anderen Quelle zufolge kein einziges Mal (Macrob. Sat. II 1, 6; Plin. NH VII 80).

Der Mensch mit den längsten Fingernägeln Ein Lehrer namens Isokrates, gebürtiger Syrer, der 160 v. Chr. als Geisel nach Rom kam, wurde dort depressiv, wusch sich nicht mehr, schnitt Haare und Fingernägel länger als ein Jahr nicht mehr. Er stank entsetzlich; den Senatoren kam er vor wie ein wildes Tier (Plb. XXXII 7).

Der älteste Mensch Bei der Volkszählung des Jahres 70 n. Chr. gaben erstaunlich viele Menschen an, älter als 100 Jahre zu sein. Vor allem in Norditalien häuften sich verdächtige Rekorde: In Ariminum (Rimini) M. Aponius mit 140 und Tertulla mit 137 Jahren; in Bononia (Bologna) L. Terentius mit 135 Jahren; in Veleia M. Mucius Felix mit 150 Jahren (Plin. NH VII 163). Die Schauspielerin Lucceia soll zur Zeit des Augustus noch mit 104 Jahren auf der Bühne gestanden haben (Plin. NH VII 158).

Der Römer mit dem besten Gedächtnis L. Scipio Aemilianus (2. Jh. v. Chr.) kannte die Namen aller seiner Soldaten; deren Zahl ging in die Tausende (Plin. NH VII 88).

Der Römer mit dem schlechtesten Gedächtnis Der Redner Messalla Corvinus (1. Jh. v. Chr.) verlor durch einen Unfall oder eine Krankheit sein Erinnerungsvermögen. Er vergaß sogar den eigenen Namen (Plin. NH VII 90).

Größtes „Multitasking"-Talent C. Iulius Caesar (100–44 v. Chr.). Er konnte gleichzeitig lesen und schreiben sowie bis zu vier Briefe zur gleichen Zeit diktieren (Plin. NH VII 91).

Höchste Preise für Luxusartikel

(zum Vergleich: Ein Brot kostete einen halben Sesterz)

- Lollia Paulina, Ehefrau des Kaisers Caligula, trug bei Gastmählern stets Schmuck im Wert von mindestens 40 Millionen HS (Sesterzen) (Plin. NH IX 117f.).
- Der Redner Lucius Crassus (1. Jh. v. Chr.) erwarb zwei verzierte Silberbecher für 100.000 HS. Weil sie so kostbar waren, wagte er nicht, daraus zu trinken (Plin. NH XXXIII 147).
- Kaiser Vitellius (1. Jh. n. Chr.) ließ in einem eigens dafür gebauten Ofen eine riesige Tonschale herstellen. Kosten: 1 Million HS (Plin. XXXV 163).
- Beim Begräbnis der Kaiserin Poppaea Sabina (65 n. Chr.) wurde die Jahresimportmenge von Parfüm und Weihrauch aus Arabien verbrannt. Kosten: 100 Millionen HS (Plin. NH XII 82).

- Für einen Tisch aus Zitrusbaumholz blätterte ein Sammler im 1. Jh. n. Chr. 1,3 Millionen HS hin. Dafür hätte er ein ganzes Landgut kaufen können.
- Titus Petronius erwarb eine Weinkelle aus Flussspat für 300.000 HS. Als Nero ihm den Selbstmord befahl, zertrümmerte Petronius das teure Stück, damit der Kaiser es nicht erbte (Plin. NH XXXVII 20).
- Wetten, dass man bei einem einzigen Gastmahl 10 Millionen HS verprassen kann? Die ägyptische Königin Kleopatra gewann die Wette, indem sie eine Perle im Wert von 10 Millionen HS in einer scharfen Essigessenz auflöste und die Lösung schlürfte (Plin. NH IX 120).

Bauwerke

Das erste steinerne Amphitheater in Rom Statilius Taurus ließ es im Jahre 29 v. Chr. auf dem Marsfeld bauen.

Der teuerste Palast Neros „Goldenes Haus" (*Domus Aurea*). Die Grundfläche erstreckte sich über mehrere Stadtteile. Der Palastkomplex umfasste auch Parkanlagen mit Weingärten, Wäldern und einem See (im Bereich des späteren Colosseums). Die Dächer waren mit Blattgold überzogen. Bei der Einweihung des Riesenpalastes meinte Nero, erst jetzt fange er an, wie ein Mensch zu wohnen (Suet. Nero 31).

Der teuerste Aquädukt Die 52 n. Chr. nach zehnjähriger Bauzeit fertiggestellte Aqua Claudia. Die Baukosten betrugen 300 Millionen Sesterze.

Der längste Aquädukt Eine 132 km lange Wasserleitung versorgte Karthago mit Wasser.

Der höchste Aquädukt Der Pont du Gard bei Nîmes in Südfrankreich mit einer Höhe von 48,7 m.

Die erste steinerne Brücke über die Donau Im Jahre 106 ließ Kaiser Trajan sie im heutigen Rumänien erbauen; sie war über 1 km lang (Cass. Dio LXVIII 13).

Die größte Sportarena Gemessen an den Zuschauerplätzen, ist es bis heute der Circus Maximus in Rom (250.000 Plätze in der letzten Ausbaustufe (Plin. NH XXXVI 102).

Die schlimmste Einsturzkatastrophe In Fidenae nördlich von Rom brach im Jahre 27 n. Chr. eine hölzerne Arena zusammen. Die Zahl der Todesopfer wird mit 20.000 oder sogar 50.000 angegeben (Suet. Tib. 40; Tac. ann. IV 62f.). Diese Angaben dürften bei Weitem übertrieben sein.

Die längste Mauer Der Hadrianswall zwischen dem heutigen England und dem heutigen Schottland war auf weiten Strecken als 5 m hohe Mauer gebaut. Insgesamt war er 120 km lang.

Die größte Sonnenuhr Das Horologium Augusti auf dem Marsfeld in Rom. Als Zeiger diente ein fast 30 m hoher Obelisk; das auf dem Boden markierte „Zifferblatt" war 160 x 75 m groß (Plin. NH XXXVI 72f.).

Der schnellste Brückenbau Im Jahre 54 v. Chr. bauten Caesars Pioniere eine hölzerne Rheinbrücke in nur zehn Tagen (BG. IV 17).

Die größte Kuppel Die Kuppel des Pantheons mit einem Durchmesser von 43,3 m. Die Öffnung in der Spitze hat einen Durchmesser von 9 m.

Das schönste Baumhaus Kaiser Caligula ließ in Velitrae eine riesige Platane zum Baumhaus „umrüsten". In der Baumkrone hatten bis zu 15 Gäste Platz (Plin. NH XII 10).

Sauna

Beim Begriff haben die Finnen die Nase vorn. Ihnen verdanken wir die „Sauna". Wenn indes auch die Sache im allgemeinen Bewusstsein als finnische Erfindung gilt, so trifft das nicht zu. Das „Schwitzbad" selbst ist eine bei vielen Völkern verbreitete Methode, das körperliche Wohlgefühl zu steigern. Die Griechen praktizierten sie schon früh; von ihnen scheint sie im 2. Jh. v. Chr. nach Italien „übergesprungen" zu sein – um dann von den Römern zu einem Routineakt meist in Verbindung mit einem Thermenbesuch aufgewertet zu werden. Im Lateinischen gibt es zwei Begriffe für die „Sauna". Der eine, *laconicum*, knüpft an das griechische Erbe an. Er setzt das Schwitzbad in Beziehung zu den Spartanern, die auch als „Lakonier" bekannt waren. Ihnen wurde regelmäßiges Saunieren als Teil ihrer Physis-betonten Lebensweise zugeschrieben (Strabo III 3, 6; vgl. auch Plaut. Stich. 226ff.). Die ersten großen Thermen in Rom nannte ihr Erbauer Agrippa im Jahre 25 v. Chr. mit einigem Understatement sein *laconicum*, „lakonisches Schwitzbad" (Cass. Dio LIII 27, 1). Der zweite Begriff, *sudatorium*, leitet sich vom lateinischen Verb *sudare*, „schwitzen", ab.

Wie unterscheiden sich *laconicum* und *sudatorium* voneinander? Sie werden von den meisten Autoren nicht systematisch unterschieden. Die manchmal vertretene These, das eine sei ein trockenes Schwitzbad, das andere ein Dampfbad, lässt sich nicht strikt belegen. Eher scheint es so, dass *laconicum* als der ältere Begriff seit dem 1. Jh. n. Chr. zunehmend durch *sudatorium* ersetzt worden ist, nachdem eine neue Heiztechnik ihren Siegeszug angetreten hatte: die Unterbodenheizung (Hypokausten) und die Wandbeheizung mittels Hohlziegeln. Beides beruhte auf dem gleichen Prinzip: Von einer zentralen Feuerstelle im Keller aus verteilte sich heiße Luft unter dem „schwebenden" (da von Ziegelsteinsäulchen getragenen) Fußboden und stieg über hohle Ziegel an den Wänden des „Schwitzraumes" hoch.

Vor dieser neuen „Generation" wurde das Schwitzbad mittels eines

Beckens voll glühender Kohlen oder heißer Steine befeuert. Die Heizquelle stand im Zentrum der anfangs meist runden, mit einem Durchmesser von unter 7 m relativ kleinen Sauna. Licht fiel durch eine Öffnung im kuppelartig gebauten Dach ein. Im Idealfall hing dort eine eherne Scheibe an Ketten, die heruntergelassen und hochgezogen werden konnte, um die Temperatur im Schwitzraum zu regulieren. Dieser vom Architekturschriftsteller Vitruv beschriebene Mechanismus (V 10, 5) ist allerdings auf keinen Fall als Standard archäologisch nachweisbar. Die Schwitzenden saßen auf Bänken und „zerflossen" dort – so der griechische Terminus *diaphoreísthai* für die anstrengende Prozedur, die nicht jedem behagte. Besonders drastisch beschreibt Seneca die *sudatio*, die

„Schwitzkur", als *exsaniare*, „Entjauchen". Die *sanies*, „Jauche", „Unreinheit", wird dabei aus dem Körper getrieben, der dadurch aber erheblich beansprucht wird (ep. 86, 6; 51, 6). Man „zerfloss" im Übrigen im Kreise Gleichgesinnter; angesichts des üblichen → Nacktbadens wurde auch das hüllenlose Saunieren nicht als Problem gesehen.

Trockenhitze oder Dampfsauna? Der „Schalter" ließ sich ziemlich rasch umlegen. Man goss einfach Wasser entweder auf die glühende Kohle oder auf den Boden und erzeugte dadurch eine feuchte Hitze. Im Nobelkurort Baiae am Golf von Neapel nutzte man die heißen Dämpfe, die der Erde entströmten. Über ein Leitungssystem wurden sie kanalisiert und zum Betrieb der Saunen genutzt (Plin. NH XXXI 5; Sen. NQ III 24, 3).

Schwitzbäder wurden von manchen Ärzten empfohlen, um den Körper von Schadstoffen zu befreien oder die Nerven zu beruhigen (Cels. I 3; II 17). Ferner galten sie als verdauungsfördernd, aber auch, was kaum als medizinische Indikation gelten kann, als Durst erregend (Colum. 1 pr. 16). Schwitzen, um danach wieder zum Weinbecher greifen zu können – das löste auch bei Moralisten keine Begeisterungsstürme aus, zumal es einige Sauna-Freunde gar nicht abwarten konnten, sondern „noch auf der Schwelle zum Bad anfingen, inmitten ihrer nackten Kameraden zu trinken, ja sogar zu saufen und den Schweiß, den sie mit ihrem hastigen und erhitzenden Trinken haben ausbrechen lassen, dann vom Körper abzuschaben" (Sen. ep. 122, 6; vgl. ep. 25, 3). Freilich waren nicht alle so unvernünftig wie die gerade von Seneca an den Sauna-Pranger gestellten jungen Leute. Andere taten das, was die Spartaner ihnen vorgemacht hatten: Sie wechselten zum kalten Nass, indem sie nach dem heißen Dampfbad in den Abflusskanal der „jungfräulichen Wasserleitung" sprangen: Die Aqua Virgo war für ihr kühles Wasser bekannt oder sogar berüchtigt (Mart. VI 42, 16f.). Und auch insofern waren die Römer den Finnen zeitlich voraus.

Schauspieler(innen) – Die Top Ten

Im Unterschied zu heute waren Schauspieler im Alten Rom nicht geachtet oder galten gar als Berühmtheiten, an denen viele sich orientierten und ihren persönlichen Geschmack ausrichteten. Eher war das Gegenteil der Fall: Schauspieler waren *infames*, „ehrlos", „gesellschaftlich verachtet". Das schloss allerdings nicht aus, dass einige Stars ausgesprochene Fangemeinden hatten – darunter auch hochstehende Persönlichkeiten und sogar Angehörige des Kaiserhauses. Berühmte Schauspieler erzielten auch hohe Gagen und waren wie andere Akteure des Showbusiness sehr vermögend. Hier die Liste der berühmtesten Bühnenstars:

1. Quintus Roscius Gallus (126 v. Chr.–62 v. Chr.)

Im Unterschied zu vielen seiner Schauspielerkollegen war Roscius wohl ein frei geborener Römer. Als Anerkennung für seine Schauspielkunst ließ ihn der Dictator Sulla sogar in den Ritterstand aufnehmen. Seitdem trat er kostenlos auf. Allerdings war er damals schon ein schwerreicher Mann. Mit Tagesgagen von bis zu 16.000 Sesterzen und Jahreseinkommen von einer halben Million Sesterze (zum Vergleich: Der Tagesverdienst eines Lohnarbeiters lag bei 4 Sesterzen) hatte er schon längst ausgesorgt.

Roscius spielte hauptsächlich im Komödienfach. Ob er, weil er leicht schielte, das Spiel mit Masken eingeführt hat, ist ungewiss. Roscius verzauberte sein Publikum mit seiner schönen Gestalt, seinem lebhaften Temperament und seinem Streben nach professioneller Perfektion im Gesang und Gebärdenspiel. Er galt als der vollendete Bühnenkünstler seiner Generation. Sein Tod im Jahre 62 v. Chr. erschütterte nicht nur die Theaterfreunde. „Obwohl er erst in hohem Alter starb, hätte er", rühmt Cicero ihm nach, „wegen seiner einzigartigen Kunst und Eleganz, wie mir scheint, überhaupt nicht sterben dürfen" (Cic. Arch. 17).

2. Aesopus Clodius (1. Hälfte des 1. Jh.s v. Chr.)

Er war ein Tragödienschauspieler, dessen perfekte Darstellung großer Emotionen seinen Ruhm begründete: „Er bewegte das Publikum, weil er selbst bewegt war“, urteilt Cicero. Aesop war wohl ein Freigelassener der *gens Clodi*a. Er stand jahrzehntelang auf der Bühne; sein Comeback bei der Einweihung des Pompejus-Theaters im Jahre 55 v. Chr. misslang allerdings: Damals versagte ihm die Stimme (Cic. fam. VII 1, 2).

Ein früherer spektakulärer Zwischenfall schadete seinem Ansehen dagegen nicht. Weil er sich in die Rolle eines erzürnten Königs zu stark hineinsteigerte, erschlug er auf der Bühne einen Sklaven, der ihm zufällig in die Quere kam. Diese „Hitze der Leidenschaft“ (Plutarch) sah ihm sein Publikum nach. Aesopus engagierte sich auch politisch. Durch geringe Änderungen seines Textes oder bewusste Betonungen mischte er sich indirekt in tagespolitische Auseinandersetzungen ein. So machte er sich von der Bühne aus stark dafür, Cicero aus dem Exil zurückzurufen. Aesops Können spiegelte sich in seinen ungewöhnlich hohen Gagen. Obwohl er selbst mit einem luxuriösen Lebensstil viel Geld ausgab, vererbte er seinem Sohn noch 200.000 Sesterze.

3. Pylades (Zeit des Augustus)

Pylades war als Sklave aus dem kleinasiatischen Kilikien nach Rom gekommen. Er wurde vermutlich von Augustus freigelassen und stieg zum bedeutendsten Pantomimen der augusteischen Zeit auf. Später schmückten sich mindestens fünf andere Schauspieler mit seinem Namen. Das zeigt seine überragende Stellung als einer der populärsten – vielleicht sogar als der populärste – Schauspieler Roms an. Mit Pylades und seinem Kontrahenten Bathyllos (Nr. 4) gelang dem Pantomimus der Durchbruch als beliebteste Bühnenunterhaltung. Pylades war ein begnadeter Darsteller, der mit seinen Tanzfiguren ganz unterschiedliche Charaktere interpretierte – und das in raschem Wechsel. Er selbst tanzte ausschließlich und ließ sich musikalisch von einem Orchester begleiten. Sein Tanzstil galt als sehr – manche Kritiker meinten: allzu – ausdrucksstark.

Pylades war eitel und ausgesprochen divenhaft. Mit seinem Konkurrenten Bathyllos lieferte er sich – meist über die verfeindeten Anhängergruppen der beiden – manches Wortgefecht. Kritik ertrug er schlecht, ab und zu legte er sich sogar mit Zuschauern an. Weil er damit einmal einen Theaterskandal auslöste, schickte Augustus ihn im Jahre 17 v. Chr. zur Strafe ins Exil. Er holte den Publikumsliebling aber bald nach Rom zurück und belohnte ihn für seine exzellente Bühnenkunst mit hohen Gagen.

4. Bathyllus (Zeit des Augustus)

Bathyllus stammte aus dem ägyptischen Alexandria. Er war, bevor er freigelassen wurde, Sklave des Maecenas und wohl auch dessen Geliebter. Wie sein schärfster Konkurrent Pylades machte er den Pantomimus in Rom populär. Allerdings verlegte er sich im Unterschied zum „Tragiker" Pylades auf die heiter-komische Variante des Pantomimentanzes. Dabei glänzte er vor allem in Frauenrollen. Die Rivalitäten zwischen seinen Anhängern und den Fans des Pylades führten hin und wieder zu krawallartigen Szenen – was aber das Interesse an seiner Kunst eher steigerte. Als Künstlername blieb „Bathyllus" auch bei späteren Pantomimenschauspielern gefragt. Seneca spricht sogar von „Schauspiel-Schülern", die sich auf Pylades und Bathyllus beriefen.

5. Mnester (1. Jh. n. Chr.)

Mnesters Bedeutung und gleichzeitig seine „Tragik" spiegeln sich in einem Satz des Historikers Cassius Dio: „Er gefiel dem Volk wegen seiner Schauspielkunst ebenso wie der Kaiserin wegen seiner Schönheit" (60, 28, 5). Die Kaiserin: Das war die wegen ihres sehr freizügigen Lebenswandels berüchtigte Messalina, die Ehefrau des Claudius, bei dem sie durchgesetzt hatte, dass Mnester ihr in jeder Hinsicht zu gehorchen habe – offensichtlich auch in sexueller. Mnester wurde nicht nur von Messalina umgarnt, sondern hatte auch ein homoerotisches Verhältnis zu Kaiser Caligula sowie zahlreiche andere Affären in der High Society Roms. Sein Ende war tragisch. Wegen der mehr oder minder erzwungenen Affäre mit Messalina ließ Kaiser Claudius ihn im Jahre 48

hinrichten – *decoris causa,* wie Seneca sarkastisch anmerkt, „aus Schönheitsgründen“ (Apok. 13, 4).

6. Paris (2. Hälfte des 1. Jh.s n. Chr.)

„Das Urteil des Paris“ war ein berühmter Pantomimen-Stoff, der dem Hauptdarsteller reichlich Gelegenheit bot, sein Talent zur Schau zu stellen. Vielleicht wegen dieser Nähe zu einer Paraderolle war „Paris“ ein in Pantomimenkreisen beliebter Künstlername. Aus dem halben Dutzend bekannter Darsteller namens „Paris“ ragt der in der zeitlichen Abfolge zweite deutlich heraus. Er war in den 70er- und 80er-Jahren des 1. Jh.s der führende Schauspieler der Hauptstadt. Als „Roms Entzücken, den geistreichen Witz vom Nil“ rühmt ihn der Dichter Martial in einer Grabinschrift, zudem als Schauspieler, „der den Gipfel der Kunst und der Beliebtheit erklommen und gleichsam alle Göttinnen und Götter der

Liebe mit ins Grab genommen" habe (XI 13). Damit spielt Martial auf die wohl zahlreichen Liebesaffären an, die dem gefeierten Schauspieler auch als begehrtem Liebhaber zugeschrieben wurden.

Paris hatte am Kaiserhof großen Einfluss. Man spottete, er – und nicht der Kaiser – vergebe die wichtigsten Ämter. Das war sicher eine Übertreibung, aber jedenfalls war Paris auch finanziell so gut gestellt, dass er manchem „Produzenten" von Theaterstücken helfen konnte. Den Dichter Statius soll er durch den Ankauf einer Tragödie vor dem Hungertod bewahrt haben. Mit der Kaiserin Domitia ging Paris ein ehebrecherisches Verhältnis ein. Der betrogene Kaiser reagierte heftig: Er verstieß seine Frau, Paris aber ließ er im Jahre 83 auf offener Straße ermorden.

7. Cytheris (ca. 70–ca. 30 v. Chr.)

Cytheris war der Bühnenname einer Schauspielerin, von der hauptsächlich Nachrichten aus ihrem bewegten Liebesleben bekannt sind. Sie war schön und begehrenswert. Als Schauspielerin trat sie vor allem in Mimen auf. Das waren anspruchslose Komödien, die sich durch Alltagsnähe, Freizügigkeit und verbale Derbheit auszeichneten. Auch Singen und Tanzen gehörte zu ihrem Repertoire. Ihre Schauspielausbildung verdankte Cytheris wohl dem Ritter P. Volumnius Eutrapelus, der ihr Herr und Liebhaber war und sie aus der Sklaverei freiließ. Im bürgerlichen Leben hieß sie daher Volumnia.

Ihre besondere Bekanntheit verdankte Cytheris manchen Klatschgeschichten, die sie als „Gespielin" berühmter Männer zeigen. Unter anderem war sie über Jahre mit Marc Anton liiert, dem späteren Liebhaber Kleopatras, mit dem Caesar-Attentäter Brutus sowie dem Dichter Gallus, der sie in seinen Elegien unter dem Pseudonym „Lycoris" besang.

8. Arbuscula (1. Jh. v. Chr.)

Arbuscula ist nur durch zwei kurze Quellen bekannt, die aber doch vergleichsweise aussagekräftig sind, was ihre schauspielerische Leistung als Mimen-Darstellerin (*mima*) und ihren Anspruch angeht. In einem

Brief an seinen Freund Atticus aus dem Juli 54 v. Chr. nimmt Cicero die Erwartung seines Briefpartners auf. Der ist offensichtlich neugierig, wie Cicero der Auftritt des „kleinen Baumes“ (so die Bedeutung des sprechenden Namens „Arbuscula“) zugesagt habe. Cicero antwortet in zwei Worten: *valde placuit*, „sie hat mir sehr gefallen“ – aus seinem Munde ein riesiges Kompliment (Att. IV 18, 6).

Ein zweites Mal wird Arbuscula vom Dichter Horaz erwähnt. Er porträtiert sie als eigenwillige, selbstbewusste Künstlerin, die sich nicht dem Geschmack der großen Menge beugt. Als sie bei einer Aufführung von den meisten Zuschauern ausgezischt wird, aus den Reihen der Ritter aber Beifall erhält, reicht ihr das: „Mir genügt es, wenn die Ritter Beifall klatschen“, lässt Horaz sie sagen und prägt damit eine sprichwörtliche Redewendung, die Qualität vor Quantität setzt (sat. I 10, 76f.).

9. Licinia Eucharis (1. Jh. n. Chr.)

Auch wenn man bei einer Grabinschrift mit Übertreibungen rechnen muss, war die „anmutige“ Eucharis wohl wirklich ein strahlend aufgehender Stern am römischen Theaterfirmament, als die „feindlich gesinnten Schicksalsgöttinnen ihrem Leben ein frühes Ende setzten“ – und zwar im Alter von nur 14 Jahren. Ihr Vater beschreibt sie in der Grabinschrift als „gelehrt und in allen Künsten ausgebildet“. Dass sie schon als Jugendliche auf der Bühne auftrat, war keine Seltenheit, wohl aber der frühe Ruhm, den ihr ihre schauspielerische Leistung im griechischsprachigen Mimus – wohl einer überdurchschnittlich anspruchsvollen Komödienform – einbrachte. Eucharis trat auch bei privat organisierten Theateraufführungen vor exklusivem Oberschicht-Publikum auf. Ihre Schauspielkunst berechtigte offenbar zu größten Hoffnungen; wohl nicht zuletzt wegen ihrer Bühnenerfolge ließ sie ihre Herrin Licinia, deren Namen sie traditionell übernahm, schon in jungen Jahren frei. Bemerkenswert fand ihr Vater – was man angesichts der Skandalgeschichten einer Cytheris und anderer prominenter Darstellerinnen nur unterstreichen kann –, dass Eucharis als *virgo*, „Jungfrau“, ins „ewige Haus des Unterweltherrschers“ gerufen wurde (CIL VI 10096=ILS 5213).

10. Quintilia (1. Jh. n. Chr.)

Quintilia war eine frei geborene oder freigelassene Mimenschauspielerin – eine schöne Frau, die vermutlich von vielen Verehrern umschwärmt war. Aber sie erwies sich als ein Muster an Treue zu ihrem Geliebten, einem römischen Adligen, dessen Name von den Quellen unterschiedlich angegeben wird. Ihm wurde um das Jahr 40 der Prozess wegen Majestätsbeleidigung oder sogar Umsturzversuches gemacht. Im Zuge der Beweiserhebung wurde Quintilia von einem Beamten des Kaisers in schlimmster Weise gefoltert. Aber sie blieb standhaft; selbst größte Qualen brachten die Schauspielerin nicht zu Aussagen, die ihren Geliebten belastet hätten.

Die Sache kam Kaiser Caligula zu Ohren. Er war beeindruckt von der Standhaftigkeit der Frau – und wohl auch beschämt über die illegalen Verhörpraktiken seiner Prätorianer. Als Anerkennung und Wiedergutmachung ließ er Quintilia die gewaltige Entschädigungssumme von 80.000 Sesterzen auszahlen, „damit deutlich wurde, dass er ein Förderer anständigen Verhaltens sei“ (Suet. Cal. 16, 3f.).

Scherbenberg

Selbst für kulturgeschichtlich besonders interessierte Rom-Besucher ist er ein Geheimtipp: der *Monte Testaccio*, „Scherbenberg“, im Südwesten Roms in der ehemaligen *regio XIII* (Aventin) der Ewigen Stadt. Dabei ist er ausgesprochen sehenswert, auch wenn das Gelände selbst für den normalen Touristen nicht zugänglich ist.

Der *Monte Testaccio* ist die bedeutendste Müllkippe, die sich aus dem Altertum erhalten hat: ein rund 35 m hoch aufragender künstlicher Hügel mit einem dreieckigen Grundriss (180 m lang an der Nordseite, 250 m lang an der Ost- und der Westseite) und einer Oberfläche von gut 20.000 m^2. Er besteht im Wesentlichen aus Amphorenscherben. Die „Container der Antike“ wurden dort in großem Stil entsorgt. Die *tituli picti*, „aufgemalten Inschriften", vieler Amphoren, aber auch ihre Formen weisen eindeutig auf Spanien als Ursprungsland. Nach Schätzungen der spanischen Ausgräber machen die aus der Provinz Baetica importierten Öl-Amphoren rund 85% der Scherben des *Monte Testaccio* aus. Sie hatten ein Eigengewicht von 30 kg und fassten rund 70 l Öl.

Der Scherbenberg liegt unweit des einstigen Stadthafens und der großen Speicher. Er wurde seit augusteischer Zeit angeschüttet und wuchs rund drei Jahrhunderte lang – offenbar kontrolliert, wie auch die Schichten von Kalk zeigen, der in bestimmten Abständen über die Scherben gestreut wurde, um die geruchsintensiven Ölrückstände zu binden. In dieser Zeit entwickelte er sich zu einem „Amphorenfriedhof" von rund 53 Millionen Tonbehältern. Zweitgrößter Müll-Lieferant war die Provinz Africa mit rund 10–15% der dort entsorgten Amphoren. Wie die Abfallhalde organisiert war, ob sie staatlich beaufsichtigt oder rein privat betrieben wurde, dafür gibt es keinerlei Quellen. Allerdings spricht das gewaltige Volumen der dort abgekippten Amphoren dafür, dass die Behörden zumindest in den Genehmigungsprozess involviert waren. Aber „belastbare" Informationen gibt es dafür nicht. Noch erstaunlicher ist es, dass wir nicht einmal den römischen Namen einer Abfallhalde kennen, die man ja spätestens seit dem 2. Jh. n. Chr. im Stadtbild Roms nicht mehr übersehen konnte. Ihr lateinischer Name *Testaceus Mons* ist eine Notlösung, bei der die italienische Bezeichnung einfach ins Lateinische übersetzt worden ist.

Schönheitsideal

Das übliche lateinische Wort für „Schönheit" ist *forma*. Damit wird die „Gestalt", der „Umriss", das „Äußere" zum wichtigsten Kriterium dessen erhoben, was beim Menschen als ästhetisch besonders ansprechend gilt. *forma* ist dann gegeben, wenn eine Ausgewogenheit, ein Ebenmaß vorliegt, wenn alles zueinander passt. Griechisch gesprochen: Wenn man von „Harmonie“ sprechen kann. Wesentlicher Ausdruck der Harmonie war das Mittel-Maß. Bezogen auf die weibliche Figur hieß das konkret: nicht zu dick und nicht zu dünn; im Zweifel wurde eher das etwas Füllige als schön empfunden. Magersüchtige Models hätten bei römischen Schönheitskonkurrenzen (die es in institutionalisierter Form in der römischen Welt nicht gab) keine Chance gehabt. „Keine dünne Freundin will ich haben, an deren Arme meine Fingerringe passen“, beschreibt Martial seine wohl zu verallgemeinernde Idealvorstellung, „doch genauso wenig möcht' ich eine Freundin von tausend Pfund. Liebhaber von Fleisch bin ich, nicht von Fett“ (Mart. XI 100, Ü: P. Barié; vgl. AP V 37).

Die allgemeinen „Wertungskennzeichen“ für weibliche Schönheit unterschieden sich kaum von den heute üblichen: Gesicht und Hals, Hände und Schenkel, Brüste, Po und Beine nennt Martial explizit (III 53, 1ff.). In der Hierarchie der Körperteile dagegen und auch vom konkreten Aussehen gibt es z.T. deutliche Unterschiede. So spielten die – häufig mit Äpfeln verglichenen – Brüste in Rom keine dominierende Rolle. Große Brüste gehörten nicht zum römischen Schönheitsideal, eher mittelgroße bis kleine, feste Brüste, wie sie bei Statuen der Venus und der drei Grazien üblicherweise dargestellt wurden. Wichtiger war vielen römischen Männern der Blick auf wohlgeformte Schenkel und auf ein ebenso wohlgeformtes Gesäß. Beide Körperteile sollten nicht zu schwach ausgeprägt, wohl aber straff sein – ebenso wie der Bauch flach und von festem Fleisch sein sollte.

Ein anmutiger, wiegender Gang mit nicht zu lasziver Betonung des Gesäßes wirkte ausgesprochen erotisierend auf die Männerwelt. „Auch im Gang (*incessus*) liegt ein Reiz, der nicht zu verachten ist“, lehrt Ovid seine Liebesschülerinnen, warnt aber zugleich vor allzu aufreizender Pose – ein typischer Advokat des Maßes (*modus*), das eben auch in Schönheitsfragen die allgemeine Richtschnur der Antike war (Ov. ars am. 300ff.; vgl. Cic. off. I 130; Hor. sat. I 1, 106f.). Also nicht zu viel *mollitia*, „Weichlichkeit“, in den Gang legen, rät Ovid, und Cicero schließt sich ihm an, wenn er die typische Verführerin u. a. an ihrem „frechen", selbstbewussten Gang erkennen will (Cael. 49).

Beim Gesicht galten die gleichen Ebenmaß-Kriterien wie beim übrigen Körper: keine zu kleine oder zu große Nase, eher ein kleiner Mund mit roten Lippen und eine helle Gesichtsfarbe – wie überhaupt weiße Hautfarbe als schön angesehen wurde, die dunkle oder sogar sonnenverbrannte aber als *vitium*, „Mangel", „Defizit", galt. Besondere Bedeutung kam den Augen zu: Große, glänzende, funkelnde und lebhafte Augen verliehen einer Frau Schönheit, dazu möglichst weiße Zähne (Apul. apol. VI 2, 1ff.; Mart. II 41, 7). Beim Haupthaar vertritt zumindest Ovid den Standpunkt, dass es kein allgemeines Ideal gebe, sondern die richtige Frisur vom jeweiligen Typ abhängig sei (ars am. III 133ff.). Körperbehaarung dagegen wurde bei Frauen als eher unschön empfunden und beseitigt – nicht selten einschließlich der → Intimrasur.

Sollten die Frauen der natürlichen Schönheit durch *cultus*, „Kosmetik", nachhelfen? Darüber tobte bei den Römern ein heftiger Streit (bei den Männern versteht sich; wir kennen nur deren Perspektive). Lange Zeit dominierte die Vorstellung von der natürlichen Schönheit. Sie wurde auch von den Vertretern der lateinischen Liebeselegie favorisiert (Prop. I 2; II 18, 23f.; Tib. I 8, 15). Frauen, die sich stark schminkten, wurden schnell in die Ecke der Leichtlebigkeit oder sogar unter Prostitutionsverdacht gestellt. Glaubt man dem Spötter Juvenal, so kamen Ehebrecherinnen „nur zum Liebhaber mit gereinigter Haut"; zuhause liefen sie dagegen mit „von dickem Brotteig geschwollenem Gesicht" herum. „Soll man das, was von vielen wechselnden Schönheitsmitteln überzogen ist und Packungen aus erhitztem feuchtem Mehl erhält, noch ein Gesicht nennen oder schon ein Geschwür?", ätzt er einige Verse später (VI 461ff.). Sehr viel fairer unterscheidet Ovid zwischen dem Verschönerungsvorgang und seinem Ergebnis: *multaque, dum fiunt, turpia, facta placent*, „vieles ist hässlich, während es entsteht, und gefällt, wenn es fertig ist" – weshalb bei der Schönheitspflege eine eherne Regel gilt: *claude fores thalami*, „schließ deine Schlafzimmertür!" (ars am. 218 und 228).

Ovid bezieht andererseits in dem Streit um künstliche Schönheit unmissverständlich Stellung. Er wendet sich gegen den alten „Naturalismus“ und plädiert nachdrücklich für die „falsche Schönheit“ des Make-ups. Sie dürfte bei den Frauen der Oberschicht zu seiner Zeit schon Standard gewesen sein. Was der Dichter der „Liebeskunst“ dazu ausführt, kleidet er folglich in die didaktische Form der positiven Verstärkung: „Ihr versteht euch ja darauf, mit Kreide die Haut zu weißen (…); ihr scheut euch nicht, die Augen mit feiner Asche zu umrahmen.“ Gleichzeitig verweist er auf seinen (nur fragmentarisch erhaltenen) poetischen Ratgeber zur Verschönerung des weiblichen Gesichts (ars am. III 193ff.).

Wenig galant, aber pragmatisch begründet Ovid sein Plädoyer für die künstliche Unterstützung der Schönheit: Wahre Schönheit sei ein „Gottesgeschenk“ (*dei munus*), räumt er gegenüber den Vertretern des traditionellen Schönheitsideals ein, doch die Götter knauserten damit. Es werde daher nur einer Minderheit von Frauen zuteil (ars am. III 103f.). Bei der Mehrheit der Damen verhalte es sich anders: „Von den Hässlichen (*turpes; deteriores*) gibt es stets mehr als von den Guten“ (ars am. III 255). Desillusionierend, aber realistisch – Lehrer müssen manchmal auch bittere Wahrheiten aussprechen.

Und was ist mit den Männern? Gibt es da kein Schönheitsideal? Doch, aber das ist ebenso wie das weibliche Schönheitsideal von Männern festgelegt und formuliert worden – ohne große Diskussion, wie es scheint, ohne dass Frauen zumindest in der schriftlichen Überlieferung dabei zu Wort kommen. Der schöne Mann zeichnete sich aus durch breite Schultern, kräftige Brustmuskeln (Sixpack!), schmale Hüften, muskulöse Unterschenkel und ein eher kräftiges Gesäß (Krenkel, forma 364).

Männer, die da nicht mithalten können, bekommen bei Cicero eine zweite Chance. Es gebe zwei Arten von Schönheit, stellt Cicero fest. Die eine sei die *venustas*, der (auch körperliche) „Liebreiz“, die andere die *dignitas*, die „Würde“. Man ahnt schon, wie sich die beiden Erscheinungsformen von Schönheit auf die Geschlechter verteilen: „Den Liebreiz müssen wir für die weibliche, die Würde für die männliche Schönheit halten" (off. I 130). Merke: Dicker Bauch und dünne Beine sind schön, vorausgesetzt, sie kommen mit Würde daher.

Schulangst

Der Schulbesuch war bei den Römern eine freiwillige Sache. Genauer gesagt: freiwillig für die Eltern, da es keine staatliche Schulpflicht gab, deren Einhaltung von ihnen verlangt wurde. Entschieden sich Eltern, privat für die Bildung ihrer Kinder zu sorgen und sie zu bezahlen, so erwarteten sie natürlich auch, dass ihre Sprösslinge dieses Bildungsangebot wahrnahmen. Den Kindern als eigentlich Betroffenen war der Schulbesuch damit nicht freigestellt. In der Oberschicht gingen fast alle Kinder zur Schule; die Mädchen erhielten zumindest den Elementarunterricht beim „öffentlichen" oder beim Hauslehrer, sodass sie lesen, schreiben und rechnen lernten. In den unteren sozialen Schichten bewegten sich die meisten Menschen am Rande des Existenzminimums. Deshalb gaben die Finanzen der Familie das Honorar für den Lehrer vielfach nicht her. Wie hoch der Alphabetisierungsgrad der römischen Bevölkerung war, ist in der Wissenschaft umstritten. Optimistische Schätzungen gehen davon aus, dass rund die Hälfte der Menschen lesen und schreiben konnte, wenngleich viele nur mit Ach und Krach. Auch manche Sklavenbesitzer schickten ihre jungen Sklaven zum Unterricht in den *ludus*, die „Grundschule". Was sie dort lernten, konnten sie in anspruchsvolleren Tätigkeiten einsetzen. Damit stieg, so zynisch es klingt, ihr Wert.

Ganz gleich, aus welchen Verhältnissen die Schulkinder kamen, entspannt war der Schulbesuch für kaum eine(n) Schüler(in). Die wenigsten dürften sich auf den Unterricht gefreut haben. Schulangst dagegen war weitverbreitet. Es finden sich in den Quellen kaum positive Erinnerungen an die Schulzeit, wohl aber schlimme Berichte über Angst und

Stress, Langeweile und Schläge, Nöte und Verzweiflung. Die Schulzeit war für die meisten eine Leidenszeit. Niemand hat das eindringlicher beschrieben als der Kirchenvater Augustin. Das Lernen selbst erschien ihm in einer angstbesetzten Umgebung als eine Strafe. Vor die Wahl gestellt, noch einmal Schulkind zu sein oder zu sterben, zöge er den Tod vor, bekennt Augustin – und ist sich sicher, dass fast jeder diese Wahl so träfe (CD XXI 14). Von seinen Eltern habe er keinen Trost zu erwarten gehabt, erinnert er sich. „Sie lachten über die Qualen, die wir Knaben von den Lehrern zugefügt bekamen" (conf. I 9, 15).

Sein älterer Zeitgenosse Libanios, der als führender Rhetorik-Professor seiner Zeit ja selbst im Lehrbetrieb, wenn auch vor älteren Lernern stand, sieht das ähnlich: „Siehst du?", fragt er, „wie die Kinder ganz gegen ihren Willen in die Schulen gehen und ihre Lehrer verwünschen?" (decl. 9, 17). Ausonius schließlich, ebenfalls ein Intellektueller des 4. Jh.s, tröstet seinen Enkel mit einer schwungvollen Mahnrede über die – auch von ihm nicht geleugneten – Schrecken der Schule hinweg. „Hab keine Furcht! (…) All das haben dein Vater und deine Mutter zu ihrer Zeit auch erlebt!" Was glaubt er, seinem Enkel mit diesem Hinweis auf geradezu traditionelles Schulleid nehmen zu können? „Die Angst

Stimmt es, dass …

… Sklaven nur „niedere" Arbeiten verrichtet haben?

Nein. Unfreie waren zwar dort überrepräsentiert, wo harte körperliche und potenziell gesundheitsgefährdende und eklige Arbeiten anfielen (Landwirtschaft, Bergwerke, Steinbrüche, Prostitution), aber es gab keine spezifischen Sklaventätigkeiten, die nicht auch Freie ausgeübt hätten. Im Dienstleistungsbereich waren sehr viele Sklaven beschäftigt: Im Haushalt, Handel, Unterhaltungswesen sowie im Bildungs- und Gesundheitsbereich (Lehrer, Erzieher, Ärzte). Gut ausgebildete Sklaven nahmen Management-Posten als Gutsverwalter und Geschäftsführer wahr.

Hierarchien innerhalb der Sklavenschaft eines Haushalts, Landgutes und Betriebs waren nichts Ungewöhnliches, Sklaven im Staats- oder städtischen Besitz (*servi publici*) nahmen als Hilfspersonal der gewählten Beamten z.T. polizeiliche Befugnisse wahr. In der Kaiserzeit bekleideten Unfreie hohe Positionen am Hof, die wir heute als Ministerämter bezeichnen würden. In allen Berufen und Tätigkeiten arbeiteten Freie und Unfreie nebeneinander. Ihre Arbeitslöhne unterschieden sich in der Regel nicht; allerdings wanderte der „Mehrwert" bei Sklaven in die Geldbörse ihrer Eigentümer.

vor den Morgenstunden“ (Prot. ad nep. 24ff.). Oder, wie wir heute sagen, die „Schulangst“. Ob ihm das mit diesem Argument gelungen ist, darf man wohl bezweifeln.

Was ließ die Schulkinder am frühen Morgen erschaudern, wenn sie in aller Herrgottsfrühe aufstehen mussten, um zum *matutinus labor*, der „morgendlichen Plackerei“ (Apul. Met. X 5, 11), zu eilen – manch einer ohne Frühstück, das er sich rasch beim Bäcker besorgte (Mart. XIV 223)? Wenn es kein allgemeiner Widerwille war, sondern ein konkreter Gegenstand, dann gewiss der Gedanke an die *ferula*. Das war die „Rute“, das „Zepter des Lehrers“, wie nicht nur Spötter formulierten, gewissermaßen das zentrale Züchtigungs- und Autoritätsinstrument, das immer griffbereit auf dem Pult lag, „den Knaben verhasst und beliebt bei den Lehrern“ (Mart. X 62, 10; XIV 80, 1). *verbera*, „Schläge“ mit der Hand, Ohrfeigen und andere körperliche Übergriffe gehörten zum alltäglichen Disziplinierungsarsenal der Lehrer. Die meisten machten beim geringsten Anlass von Unterrichtsstörungen oder mangelndem Lerneifer mit großer Selbstverständlichkeit davon Gebrauch. Unter den Lehrern gab es viele Sklaven. Dass sie in ihrer Funktion freie Kinder schlugen, nahm die römische Gesellschaft hin. In jedem anderen Bereich hätte das einen Riesenskandal ausgelöst.

Nur wenige Lehrer setzten auf motivationsfördernde Unterrichtsmethoden. Die meisten paukten ihre Lektionen mit Monologen, Nachsprechübungen und engen Fragestellungen durch und ließen kaum Schülerfragen zu – ein monotoner Unterricht, der wesentlich auf *praecepta*, „Vorschriften“, „Weisungen“, beruhte und den Schülern wenig Raum zu eigener Aktivität ließ. Sie waren Objekte von Unterweisung und fühlten sich auch so. Langeweile und Schulfrust waren vielfach die Folge – und dadurch ausgelöste Unterrichtsstörungen, die wiederum *ferula*-Attacken auslösten. Ein Teufelskreis, der die Schule für alle Beteiligten zur Last werden ließ, auch für die – schlecht bezahlten und schlecht angesehenen – Lehrer.

Der Philosoph Seneca beschreibt die angsterfüllte Schulatmosphäre, ohne sie zu kritisieren. Im Gegenteil, er vertritt die These vom „heilsamen Zwang“. „Siehst du nicht, wie Eltern ihre Kinder schon in zartem Alter dazu zwingen, förderliche Dinge zu ertragen? (…) Sie bläuen ihnen (…) die Wissenschaften ein und wenden dabei, wenn die Kinder sich sträuben, einschüchternde Methoden an“ (ben. VI 24, 1).

Gewiss, es gab auch den einen oder anderen Lehrer, der seinen Schülern Lernfreude vermittelte, der sie – in der zweiten Stufe der Ausbildung – die Schönheit und inspirierende Kraft großer Literatur erfahren ließ, und es gab in der dritten Stufe Rhetorik-Professoren, deren phantastische Redekunst und hohes intellektuelles Niveau 16–20-jährige Studenten faszinierten. Aber sie waren eine Minderheit. Im Allgemeinen gingen vom römischen Schulunterricht kein Glanz und keine Lernfreude aus, sondern Unbehagen, Frust und Angst. Ist es da ein Wunder, wenn sich clevere Schulkinder auch mit fragwürdigen Methoden vor dem Unterricht zu drücken versuchten? Der Satirendichter Persius bekennt, wie er seine Lehrer und Eltern gelegentlich ausgetrickst hat, indem er eine Augenkrankheit vorschützte: „Oft habe ich mir als Knabe Öl ins Auge geträufelt, wenn ich keine Lust hatte, die schwülstigen Reden des sterbenden Cato, die mein verrückter Lehrer uns so anpries, auswendig zu lernen“ (III 44ff.).

Schulangst, das zeigt diese „Beichte“, macht erfinderisch und clever, aber nicht klug. Und vor allem hinterlässt sie zahllose traumatisierte Kinder, die ein Leben lang unter dem Horror leiden, der von schlimmen Schulerfahrungen ausgeht. Augustin ist Zeuge dafür – auch wenn aus ihm etwas geworden ist: der bedeutendste Denker der frühen Christenheit und einflussreichste Kirchenvater der Antike. Aber der Preis für die Bildung, die seinem gewaltigen Werk zugrunde liegt, war hoch.

Sechzigjährige von der Brücke!

Das ist doch ein Slogan, mit dem sich so einiges bewegen und „begründen" lässt! Überaltertes Führungspersonal raus, den Jungen eine Chance! Oder: Stimmrechtsentzug für Ältere, damit die Politik endlich mehr auf die Interessen der jüngeren Generationen Rücksicht nimmt! Oder als medizin-„ethische" Handreichung, ähnlich wie im englischen Gesundheitssystem bereits praktiziert: Nicht alles, was medizinisch machbar ist, ist auch ökonomisch sinnvoll; *sunt certi denique fines*, sagt schließlich schon Horaz, „es gibt schließlich bestimmte Grenzen" (sat. I 1, 106). Der Vorteil wäre: ein ganz alter Spruch, klassisch geradezu nobilitiert, gern auch in edlem Latein zitiert, da klingt er eh vornehmer: *sexagenarii de ponte*! So etwas kann man doch nicht einfach vom Tisch wischen!

Genug der demagogischen Anwendungen! Was verbirgt sich tatsächlich hinter der sprichwörtlichen Aufforderung, „Sechzigjährige von der Brücke zu werfen"? Römische Philologen haben darüber schon genauso gerätselt wie moderne Wissenschaftler. Beide haben, um es vorwegzunehmen, das Rätsel nicht lösen können. Der wahre Ursprung der Redewendung bleibt im Dunkeln.

Zwei Theorien wurden in der Antike in besonderer Weise favorisiert und entsprechend intensiv in der Moderne aufgegriffen. Zum einen die These von einem tatsächlich in grauer Vorzeit praktizierten Senizid („Altenmord"), bei der sich die Bürgergemeinde belastender, sie nicht mehr unterstützender Mitglieder auf brutale Weise entledigt habe. Für solche Praktiken gibt es bei zahlreichen Völkern innerhalb und außerhalb des europäischen Kulturkreises eine Reihe von Beispielen, die bei aller Fragwürdigkeit im Einzelnen doch wohl auf einen historischen Kern zurückgehen. In grauer Vorzeit hätten demnach die „Römer" bzw. ihre ethnischen Vorgänger 60-Jährige wegen ihrer „Nutzlosigkeit" von einer Brücke aus in den Tiber gestürzt. Dieser Brauch sei bis zur legendären Ankunft des Herkules in Rom als Opfer an den Herrscher der

Unterwelt gepflegt und dann durch aus Binsen geformte menschenähnliche Puppen ersetzt worden, erläutert der Historiker Festus (4. Jh. n. Chr.) eine der damals umlaufenden Erklärungen (450–50L).

Eine weitere „historische“ Erklärung siedelt das ursprüngliche Geschehen in deutlich späteren Zeiten an. Nach der Eroberung Roms durch die Gallier und dem Abzug der Feinde im frühen 4. Jh. v. Chr. habe man beschlossen, wegen äußerster Lebensmittelknappheit über 60-Jährige als „unnütze“ Esser in den Tiber zu „entsorgen“. Das Unternehmen sei aber aufgrund der *pietas*, des Pflichtgefühls eines Sohnes gegenüber seinem Vater, letztlich abgesagt worden.

Konnte man solch ein barbarisches Unterfangen dem eigenen Volk wirklich zutrauen, das man auf einer weit höheren Zivilisationsstufe wähnte als jene Barbaren, bei denen man dergleichen nie ganz ausschließen konnte (oder wollte)? Nein, entschied der Universalgelehrte Varro im 1. Jh. v. Chr. und siedelte die Geschichte auf einer anderen Ebene und einem anderen Schauplatz an. Der Schauplatz – das sei die „Wählerbrücke“ gewesen, der Zugangssteg zum Wahllokal. Und die Ebene – das sei der Versuch der Jüngeren gewesen, selbst mehr politische Verantwortung zu übernehmen. 60-Jährige von der Brücke stoßen – das sei der Schlachtruf zur Entmachtung der Alten gewesen. Sie sollten auf ihr Stimmrecht verzichten, in Zukunft also die „Wahlbrücke“ nicht mehr betreten dürfen. Für Festus war das die wahrscheinlichste Deutung des ebenso bildhaften wie merkwürdigen Slogans. Vom Tiber ist dabei natürlich keine Rede mehr. Die Version klingt verdächtig nach Ehrenrettung für die verehrte Frühzeit der eigenen Geschichte – und zwar nach einer, die schon bald nach Varro dankbar auf- und angenommen wurde. Ovid immerhin stellt beide Brückenversionen – die Tiber- und die Wahlversion – gleichberechtigt nebeneinander (fast. V 623ff.).

Vielleicht war alles aber auch viel harmloser, vielleicht war der körperliche oder politische Senizid nur der spaßige Einfall eines Komödiendichters aus dem 2. Jh. v. Chr.? Eine Erfindung des Schwarzen Humors, ein Giftpfeil gegen die Alten, die ja im Lustspiel gern zum Gespött gemacht wurden? Ein äußerst erfolgreicher Gag, der der lateinischen Sprache mit *depontare*, „von der Brücke werfen", und *depontani*, „(alte) Leute, die von der Brücke geworfen werden", zwei neue Wörter beschert und rasch in die kräftige Bildsprache des Sprichwortgutes Aufnahme gefunden hat?

Eine sehr ansprechende Vermutung, die die Römer vom Verdacht archaischen Barbarentums entlastet, die freilich trotzdem nicht sehr altenfreundlich wirkt. Denn wie immer man die Redewendung auch interpretiert, sie lässt die Alten, die militärisch nichts mehr leisten und

sich in ihrer körperlichen Gebrechlichkeit und ihrem geistigen Abbau zu Belastungen der Gemeinschaft zu entwickeln drohen, als eine Art überflüssiger Passivposten der Gesellschaft erscheinen. Im Sprichwort spiegelt sich tendenziell eine Marginalisierung der *senes*, wie die „Greise" ab dem 60. Lebensjahr tatsächlich hießen. „Runter von der Brücke mit ihnen!" – das lässt selbst als augenzwinkernder Sarkasmus ziemlich tief blicken. Aber es war natürlich „nicht so gemeint". Natürlich nicht.

Selbsthilfe und Selbstjustiz

Wie schützte man sich vor Kriminalität in einem Staat, in dem man nicht einfach nach der Polizei rufen konnte – in der Stadt nicht und erst recht nicht auf dem dünn besiedelten Land? Die Menschen waren sehr viel stärker auf Selbsthilfe angewiesen als heutzutage. Wer über Vermögenswerte verfügte, hatte meist auch Personal zur Bewachung des Hauses. Ansonsten musste man bei Gefahr die Nachbarn rufen. Sie waren gesetzlich nicht zur Hilfeleistung verpflichtet, faktisch aber rächte sich eine entsprechende Zurückhaltung, wenn sie selbst zu Opfern krimineller Handlungen wurden. Gelegentlich wurden Bürgerwehren aufgestellt, um Täter abzuschrecken oder dingfest zu machen; auf großen Gütern fungierten Sklaven und Pachtbauern als private „Gutspolizei", die Überfällen vorbeugte oder die Täter jagte.

Dass Wachhunden auf dem Land besondere Bedeutung zukam, versteht sich von selbst; da wurden schon einmal auf Verdacht „Ungetüme bissiger Hunde, reißender als Wölfe und Bären" (Apul. Met. VIII 17, 2) auf suspekte „Landstreicher" losgelassen. Aber auch Stadthaushalte wurden durch Hunde geschützt; das berühmte *cave canem*, „Warnung vor dem Hund", ist von pompejanischen Mosaiken bekannt. Geschäfte wurden ebenfalls von Hunden bewacht (Dig. IX 2, 1).

Gegenüber Räubern duldeten die Justizbehörden auch eine präventive Verteidigung. Wer, ohne angegriffen zu sein, einen Räuber tötete, blieb in der Regel straffrei (Cod. Iust. IX 16, 3). Auf Reisen schlossen sich Vorsichtige zu einer Gesellschaft zusammen; besonders wenn ihr Weg durch Gegenden führte, die von Räuberbanden unsicher gemacht wurden. Andere suchten gewissermaßen Geleitschutz im Gefolge eines hohen Beamten, der seine Bodyguards dabeihatte.

Auch bei der Aufklärung und Verfolgung von Straftaten war man vielfach auf Eigenhilfe angewiesen. Wohlhabende setzten Belohnungen aus oder organisierten auf eigene Faust bewaffnete Trupps; auch die Fahndung nach vermissten Personen lief häufig über private Kanäle – viele Reiche waren ausgesprochene Netzwerker, die über einen großen Kreis an Bekannten – in diesem Falle Informanten – verfügten und diese Kontakte bei Selbsthilfe-Aktionen nutzten (Plin. ep. VI 25). Manch einer nahm die Dienste von Hellsehern, Magiern und Wahrsagern in Anspruch – und war enttäuscht, wenn er an einen Scharlatan geriet, der ihm nur das Honorar abknöpfte (Luk. Alex. 24). Auch der Einsatz von → Fluchtafeln zählte zu den nicht gerade Erfolg versprechenden Methoden privater Strafverfolgung; jedenfalls aus heutiger Sicht. Wenn viele Römer das anders sahen, so ist das durchaus als Ausdruck einer gewissen Ohnmacht zu deuten, in der man sich in der Kriminalitätsbekämpfung alleingelassen fühlte.

Was geschah, wenn ein Übeltäter auf frischer Tat ertappt oder auf der Flucht ergriffen wurde? *Ein* Grundsatz galt stets: Es war erlaubt *vim vi repellere*, „physische Gewalt mit physischer Gewalt abzuwehren" (→ Waffenbesitz) – die juristische Basis der auch heute noch zulässigen Notwehr und Nothilfe. Allerdings wurden die Grenzen der legalen Notwehr im Laufe der Jahrhunderte kontinuierlich enger gezogen. Das Zwölftafelgesetz aus dem Jahr 451/0 v. Chr. erlaubte es einem Grundstückseigentümer noch, einen in flagranti gestellten Dieb zu töten (8, 12). Später war das nur noch straffrei, wenn es sich um einen nächtlichen, bewaffneten Dieb handelte, der selbst zur Waffe gegriffen hatte (Dig. IV 2, 7, 1) – und auch nur dann, wenn es nicht möglich war, ihn gefangen zu nehmen (Dig. IX 2, 5 pr.).

Eine ähnliche Verschärfung betraf auch Sexualdelikte. Einen Ehebrecher oder auch die ehebrecherische Frau zu töten galt im frühen Rom als legaler Racheakt. Spätestens seit augusteischer Zeit war mit der Selbstjustiz Schluss. Von Ausnahmen abgesehen – etwa einem Sklaven, den man beim Ehebruch erwischte –, verlangte das Gesetz ein ordentliches Gerichtsverfahren. Das hielt freilich nicht alle betrogenen Ehemänner von einer Privatrache ab. Martial warnt einen Hyllus vor einer gefährlichen verbotenen Liaison mit der Frau eines stets gut bewaffneten Offiziers. Der werde ihn, sollte er ihn ertappen, auf der Stelle kastrieren. „Aber das darf er doch gar nicht!", wähnt sich Hyllus sicher. „Und du", fragt Martial, „darfst du etwa, was du da tust?" (II 60).

Die Dunkelziffer bei Übergriffen im Rahmen der Selbstjustiz dürfte hoch gewesen sein. Wenn ein wütender Verfolgertrupp oder gar eine halbe Dorfgemeinschaft hinter Viehdieben, Räubern oder gar Kidnappern her war und die tatsächlich oder vermeintlich Schuldigen erwischte, ging es hart zur Sache. Schläge und wüste Beschimpfungen fingen sich die „Täter" allemal ein (Apul. Met. IX 9f.). Dass Bürgerwehren mitunter auch den berüchtigten kurzen Prozess machten und die Angelegenheit mit Lynchjustiz „regelten", ist mehrfach bezeugt. Eine aufgebrachte Menschenmenge ließ sich nur mit großer Mühe beschwichtigen, wenn jemand sie zur Lynchjustiz aufgewiegelt hatte: „Man ruft nach Feuer, man sucht Steine, man fordert die Jüngsten auf, das Weib (eine vermeintliche Giftmörderin) totzuschlagen" (Apul. Met. II 27, 2ff.). Warum, ruft ein alter Mann nach der Beerdigung eines Verbrechensopfers an anderer Stelle im Roman die Menge auf, „warum auf einen endlosen Prozess und offenkundige Klagebeweise und das ganze Hin und Her der Plädoyers warten?" Eine Steinigung bringe die Sache doch zu einem schnellen, „gerechten" Abschluss (Apul. Met. X 6, 3).

Sicherlich blieb es die Ausnahme, dass der Volkszorn sich in Lynchmorden Bahn brach. Aber dass es im 4. Jh. n. Chr. überhaupt keine Selbstjustiz, geschweige denn Lynchjustiz gegeben hätte, wie der Redner Libanios behauptet (or. 30, 25), ist sicher eine zu optimistische Sicht der Dinge. Wohl aber lässt sich sagen, dass die Tendenz zur Selbsthilfe und Selbstjustiz bis zur Spätantike deutlich rückläufig war. Die staatliche Justiz nahm, auch wenn sie ohne → Staatsanwalt auskommen musste, die Bestrafung von Verbrechern zunehmend selbst in die Hand. Dazu gehörte auch, dass der juristische Spielraum der Notwehr deutlich eingeschränkt wurde.

Siebenhügelstadt Rom

Rom ist auf sieben Hügeln gebaut – das ist scheinbar unumstößliches Lexikonwissen. Schaut man genauer hin, so wird es komplizierter. Denn es gibt mehr als die sieben legendären Hügel. Die „7" ist eine heilige Zahl; daher musste an ihr unbedingt festgehalten werden. Was sich aber im Laufe der Jahrhunderte änderte, war die konkrete Liste dieser sieben Hügel. Das gleiche Problem stellte sich übrigens bei den Sieben Weltwundern.

In späten Quellen des 4. Jh.s werden die beiden auf dem rechten Tiberufer gelegenen *montes* Ianiculus (heute: Gianicolo) und Vaticanus zu den sieben Hügeln Roms gezählt. Die „klassische" Liste konzentriert sich dagegen auf das ursprüngliche Siedlungsgebiet Roms, das linke Tiberufer. Zu den traditionellen Hügeln zählten der Aventin, der Caelius, das Capitol, der Esquilin, der Palatin, der Quirinal sowie der Viminal. Die *montes* Roms sind zwischen 47 m (Aventin) und 64 m (Capitol) hoch. Hier ein paar streckbriefartige Informationen zu einigen Hügeln:

Aventin: Südlichster Hügel, der zunächst außerhalb des Stadtgebiets lag; in der Zeit der Republik Wohnviertel von Plebejern, in der Kaiserzeit zunehmend ein Quartier wohlhabender Römer.

Stimmt es, dass …

… Rom im Jahre 753 v. Chr. gegründet wurde?

Nein. Die gesamte Gründungssage ist eine mythologische Konstruktion. Romulus als Gründer Roms war ein sogenannter eponymer Heros, ein „Namen gebender Held“ am Anfang der Geschichte, wie es auch bei anderen Städten der Fall war. Der Historiker Livius sagt offen, dass „man es der alten Zeit nachsieht, dass sie den Anbeginn der Städte verklärt, indem sie Menschliches mit Göttlichem vermischt“ (pr. 7).

Das Jahr 753 wurde im 1. Jh. v. Chr. von dem Universalgelehrten Varro „errechnet“. Im 8. Jh. v. Chr. siedelten auf den Hügeln Roms Bauern und Hirten; das Forumstal, später das Herz Roms, war aber noch eine sumpfige Senke, die nur als Bestattungsort diente. Als „Stadt“ ist Rom von etruskischen Siedlern, möglicherweise unter Führung eines Adelsgeschlechts namens Rumlna o. ä., gegründet worden, und zwar rund ein Jahrhundert später, als es die Gründungslegende will. Der starke etruskische Einfluss blieb bis zum Anfang des 5. Jh.s v. Chr. bestehen.

Capitol: Der kleinste Hügel, kultisches Zentrum Roms mit dem Tempel des Iupiter Optimus Maximus, dem der Iuno Moneta sowie weiteren Heiligtümern und Altären. Am Jupiter-Tempel endete der Triumphzug mit einem Opfer an den höchsten Gott. In der Frühzeit diente das Capitol als Fluchtburg; seine Einnahme durch die Gallier wurde 387 v. Chr. durch das Geschnatter von Gänsen verhindert.
Esquilin: Flächenmäßig der größte Hügel; in der Republik u. a. mit einem Armenfriedhof, später mit großzügigen Parkanlagen, besonders den „Gärten des Maecenas".
Palatin: Siedlungsspuren schon aus dem 10. Jh. v.Chr. weisen den Palatin als Keimzelle „Roms" aus. In der Republik diente er vornehmen Familien als Wohnsitz, in der Kaiserzeit war dort die Residenz des Herrschers mit mehreren Palästen. „Palast" ist ein deutsches Lehnwort zu Palatium.
Quirinal: Gemischtes Wohngebiet mit Mietshäusern und vornehmen Wohnresidenzen; seit dem 3./4. Jh. architektonisch von zwei riesigen Thermenpalästen (Diokletian; Konstantin) dominiert.

Sonnenbad

Über die Masse an exakt ausgerichteten Liegen, wie sie heutzutage für Italiens Strände charakteristisch sind, hätten sich die alten Römer doch sehr gewundert. Sich stundenlang von der Sonne bescheinen und verbrennen lassen? Das empfanden die wenigsten Römer als Freizeitvergnügen. Und die Römerinnen erst recht nicht. Für sie galt das → Schönheitsideal, das zumindest vornehme oder vornehm sich gebende Damen auch heute noch in südlichen Ländern anstreben: noble Blässe, der man, wenn nötig, mit weißer Schminke noch ein bisschen nachhalf (Ov. ars III 199; Mart. I 72, 5f.). Der dunkle (Haut-)Typ, die *femina fusca*, kam jedenfalls bei den Herren nicht so gut an (Ov. ars II 657f., rem. 327) – weshalb der Sonnenschirm (*umbella; umbraculum*) für die Dame von

Welt ein wichtigeres Requisit war als ein Handtuch für das Sonnenbad (Mart. XIV 28).

Männern gestand das römische Schönheitsideal dagegen einen „gesunden", kräftig-bronzenen Teint durchaus zu, auch eine Bräunung des gesamten Körpers. Idealerweise holte sich der junge Mann diese Sonnenbräune beim Reiten, Joggen oder anderen Sportarten auf dem Marsfeld. Dort trainierte von alters her die stadtrömische (männliche) Jugend. Und selbst nachdem ein Teil des Campus Martius in augusteischer Zeit für die Errichtung repräsentativer Bauten genutzt worden war, blieb noch genügend freie Sport-Fläche übrig, die der Sonne stark ausgesetzt war. Das Gleiche galt natürlich für andere Städte; auch dort

gab es Thermenanlagen und Palästren (Ringplätze), auf denen Training und Bräunung gewissermaßen Hand in Hand gingen.

Sich vor der Sonne in Acht zu nehmen galt als unmännlich. Dazu zählte auch das Tragen eines Sonnenhuts – jedenfalls in der Stadt; auf Reisen schaute das weniger nach einem etwas verächtlich angesehenen *umbraticus*, „Schattensucher", „Stubenhocker", aus. Der Begriff scheint manchmal in ähnlich spöttischer Weise verwendet worden zu sein wie im Deutschen der „Schattenparker".

Nur eine Minderheit von Römern nahm ausgedehnte Sonnenbäder – *corpus in sole excoquere* nennt der Philosoph Seneca diese „Fehlform" mit deutlicher Kritik, „den Körper in der Sonne auskochen lassen" (brev. vit. 13, 1). Üblich war es dagegen, sich eine Zeit lang im milden Sonnenlicht des Herbstes oder Winters, ggf. auch des Sommers aufzuhalten – im Liegen, Sitzen, Stehen oder Laufen. Dieses nicht allzu lange Wärmen des Körpers fand meist vor dem frühnachmittäglichen Bad statt: „Im Sommer um die achte, im Winter um die neunte Stunde", berichtet Plinius vom Tagesablauf des Spurinna, „geht er, wenn es nicht windig ist, in der Sonne spazieren – und zwar nackt": Mit diesem gewissermaßen ambulanten Sonnenbad und dem anschließenden Ballspiel kämpfe Spurinna gegen das Alter an, fügt Plinius hinzu (ep. III 9, 8). *apricatio* oder *insolatio* nannten die Römer diese Form des Sonnenbads. Es ist tatsächlich zumeist für nicht mehr ganz taufrische Herren bezeugt. Von seinem Onkel gleichen Namens weiß Plinius zu berichten, dass der sich, wenn er irgend Zeit dafür fand, „nach dem Essen in die Sonne legte, sich dabei etwas vorlesen ließ und Notizen machte" (ep. II 5, 10).

Bei Cicero gehört die *apricatio* zu den nicht mehr ganz so vielen kleinen Freuden des Alters (sen. 57) – und der Satiriker Persius spricht mit mildem Spott von den *aprici senes*, den „sonnenbadenden Alten" (V 179). Die hatten es in Rom immerhin besser als die mitteleuropäischen Rentner, die auf ihren *apricatio*-Spuren wandeln: Sie brauchten dafür nicht in den Jet nach Mallorca oder Antalya zu steigen.

Souvenir

Wohl im Jahre 52 n. Chr. machte der Apostel Paulus auf einer Missionsreise auch im kleinasiatischen Ephesos Station. Dort stand mit dem Artemision, einem Riesentempel für Artemis, eines der Sieben Weltwunder der Antike – ein Ziel auch für römische Bildungstouristen. Der Aufenthalt des Paulus sorgte bald für einen Eklat: Unter Führung eines gewissen Demetrius kam es zu einer Demonstration aufgebrachter Bürger. Sie protestierten gegen die neue christliche „Konkurrenz" mit dem laut skandierten Slogan „Groß ist die Artemis von Ephesos!" (in einer anderen Version wird „Artemis" durch die römische „Parallel"-Göttin Diana ersetzt).

Wieso hatte Paulus den Unmut der Demonstranten hervorgerufen? Hinter der „Demo" standen weniger religiöse Überzeugungen als handfeste wirtschaftliche Interessen. Demetrius hatte offenbar seine Verwandten und Bekannten zusammengetrommelt, weil er sein gut gehendes Geschäft in Gefahr sah. Er war Silberschmied und stellte u. a. silberne Miniatur-Modelle des berühmten Artemis-Tempels her. Sollten die Christen an religiösem Einfluss gewinnen, so befürchtete er Umsatzeinbußen in der lukrativen Andenken-Produktion (Apg. 19, 23ff.).

Der Vorfall zeigt, dass es auch schon zur Römerzeit Souvenirs gab, die die Reisenden an berühmten Orten als Erinnerungsstücke kauften und sich zu Hause ins Regal stellten. Es waren nur relativ wenige Touristen, die im Imperium Romanum unterwegs waren. Reisen war äußerst unbequem, teuer und zeitaufwendig, Seereisen galten als sehr gefährliche Unternehmungen: Stürme und Piraten machten das Meer unsicher. Wer sich trotzdem aufmachte, um Bildung in Griechenland zu tanken oder die Wunder der Welt – etwa die Pyramiden in Ägypten – zu sehen (→ Traumreise), der nahm möglichst viele Erinnerungsstücke an diese aufregenden Monate mit, vielfach eben auch in Form von Souvenirs – der Fotoapparat war ja noch nicht erfunden.

Was man in der Ferne beim Andenkenverkäufer erstand, unter-

schied sich nicht stark von dem, was Souvenirhändler heutzutage im Angebot haben: Repliken berühmter Gebäude und Kunstwerke im Mini-Format, kleine Büsten von Dichtern, Philosophen und Wissenschaftlern, deren Wirkungsstätten man besucht hatte, und Devotionalien als Erinnerungsstücke an heilige Stätten: Statuetten von Gottheiten, Tempelmodelle wie in Ephesos, Bilder und Reliefs. In Athen war einer der „Renner" unter den Souvenirs die berühmte Gold-Elfenbein-Statue der Athena Parthenos im Kleinformat.

Auch in typischen Urlaubsgegenden wie dem Golf von Neapel oder in bekannten Kurorten kamen Souvenirjäger auf ihre Kosten. Ein beliebter Artikel war gewissermaßen die Ansichtskarte aus Glas. Von der Hafenstadt Puteoli und benachbarten Ferienorten haben sich Glasflaschen mit Einritzungen des Ortspanoramas – wichtige Gebäude und Besonderheiten wie etwa Austernzuchtbecken – erhalten. Im südspanischen Gades, dem heutigen Cádiz, gab es 10–15 cm große silberne Zylinder zu kaufen, die römischen Meilensteinen nachgebildet waren und Reisewege nach Rom mitsamt wichtigen Zwischenstationen verzeichneten. Vielfach dienten auch Kosmetiktöpfchen, Salbgefäße und Glasflaschen als Reisesouvenirs – gegebenenfalls mit „typischem" Inhalt wie attischem Honig, „heiligem" Nilwasser oder Rosenöl aus Kampanien –

allesamt Mitbringsel, mit denen man auch den Daheimgebliebenen eine Freude (und sie gleichzeitig ein bisschen neidisch) machen konnte.

Souvenirs gab es auch für alle, die nur einen ganz kurzen Trip unternahmen. Genauer gesagt: Die sich einen schönen, aufregenden Tag im Circus, in der Arena oder im Theater machten. Stationäre Andenkenläden und fliegende Souvenirverkäufer hatten alles im Angebot, was das Herz eines engagierten Zuschauers höher schlagen ließ - wobei kitschige Produkte ausdrücklich nicht ausgenommen waren. Diese Ereignissouvenirs nennt man heute →Fanartikel.

Spaßmacher

Zum Straßenbild des Alten Rom gehörten schon in früher Zeit Entertainer, die die Passanten mit allerlei Kunststücken unterhielten: Akrobaten und Seiltänzer, Stimmenimitatoren und Jongleure, Witzeerzähler und Musikanten, Schwertschlucker und Tänzer (Petr. 47, 9; 68, 6). Diese Straßenkünstler hießen *circulatores* (*circum*, „ringsum") – entweder weil sie selbst in den Städten umherzogen und manche von ihnen dabei auch noch Waren verkauften, oder weil sich um sie herum rasch *circuli*, „Kreise" von Schaulustigen, bildeten. Aus diesem Milieu ist wohl auch ein Spaßmacher-Typus hervorgegangen, den die Römer als *scurra* bezeichneten.

Die Etymologie des Wortes ist ungeklärt; sicher ist, dass es keinen adäquaten Begriff im Griechischen dafür gab. Insofern war der *scurra* ein originäres römisches Comedian-Gewächs. Anfangs bezeichnete *scurra* wohl den schlagfertigen, geistreichen Städter, der dem etwas dumpfen „Landei" durch seinen Esprit überlegen – und sich dieser Überlegenheit auch bewusst – war (Plaut. Most. 14). Im Zuge einer (Teil-)Professionalisierung aber entwickelte er sich zu einem Spaßmacher, der vor allem an die Fleischtöpfe der Mächtigen drängte und als zum Gastmahl engagierter Mit-Esser und Unterhalter die Grenzen des

Anstandes oft genug überschritt. Sein Humor war derb und verletzend, seine scharfzüngige Geschwätzigkeit respektlos und aggressiv; lieber verlor er einen Freund, als dass er eine Pointe unterdrückte (Hor. sat. I 4, 81ff.). Eine „schwarze Seele" – *niger* nennt ihn Horaz –, bei dem man sich auf eines verlassen konnte: dass man sich auf ihn *nicht* verlassen konnte. Er plauderte alles aus, spitzte bösartig zu, verleumdete kräftig – was in einer klatschsüchtigen Stadt wie Rom gern gehört wurde, solange man nicht selbst Gegenstand des Spotts und der üblen Nachrede war.

Geschmackloser Spott über körperliche und geistige Mängel gehörte bei ihm ebenso zum kabarettistischen Unterhaltungsprogramm wie Obszönitäten. Cicero deutet mehrfach an, dass *scurrae* sich auch an „aktiven" Scham- und Sittenlosigkeiten beteiligten (Sest. 39; har. resp. 42). Den Redner, der durchaus auch auf nicht nur feinsinnigen Witz setzen müsse, grenzt Cicero vom professionellen Spaßmacher durch „Zurückhaltung und maßvollen Gebrauch" dieser Waffe ab (de or. 247). Der *scurra* ging dagegen in die Vollen. Er schonte nichts und niemanden (außer dem, der ihn beköstigte, bezahlte oder dauerhaft beschäftigte). Mit Gesten und Grimassen setzte er seine verbalen Clownerien gewissermaßen ins Bild; manche *scurrae* unterhielten ihr Publikum auch mit Bauchreden und Imitationen von Tierlauten (Phaedr. 5, 5). Mochten viele Sprüche niveaulos und unter der Gürtellinie sein, andere aus Witzbüchern abgeschrieben und wenig originell, so fühlten sich aber doch selbst Intellektuelle von den Späßen mitunter köstlich unterhalten (*prorsus iucunde*, „sehr angenehm", urteilt Horaz über den Wettstreit zweier Spaßmacher; sat. I 5, 50ff.). Andere nahmen derartige Späße nur in Kauf, wenn sie zu einem Gastmahl eingeladen waren, hielten die Spaßmacher aber von ihrem eigenen Haus fern (Plin. ep. IX 17, 2). Humor ist immer auch Geschmackssache, über die sich trefflich oder gar nicht streiten lässt. Die *scurrae* polarisierten, aber die besten Profis unter ihnen waren gut gebucht und trugen auch an den Tafeln der Mächtigen vor (Kaiser Claudius: Tac. ann. XII 49, 1; ferner Hist. Aug. Ver. 8, 11; Pertin. 7, 109).

Spaßmacher und Clown, Komiker und Comedian – der *scurra* deckte eine große Bandbreite dessen ab, was wir heute noch mit „Lach-Arbeitern“ unterschiedlicher Art und Niveaus verbinden. Viele mochten den *scurra*, viele mochten ihn nicht und verwendeten den Begriff sogar als Schimpfwort. Cicero benutzt ihn manchmal so – und wurde seinerseits von manchen Gegnern als *scurra consularis* geschmäht, als „Komiker-Consul“ (Macrob. Sat. II 2, 1,12; 2, 3). Vielleicht ist es gar kein so abwegiges sprachgeschichtliches Erbe, dass das Deutsche mit dem vom *scurra* abgeleiteten Fremdwort „skurril“ etwas eigenwillig Humorvolles bezeichnet – so wie der römische *scurra* ein eigenwilliger, nicht so recht in ein Schema passender Spaßmacher gewesen ist.

Staatsanwalt

Vor dem Staatsanwalt brauchte sich im Alten Rom niemand zu fürchten: Es gab ihn nicht. Der Staat überließ es Privatleuten, Straftaten zur Anzeige zu bringen. Der Vorgang hieß *delatio nominis*, die „Angabe des Namens (eines Beschuldigten)“. Die Befugnis zur Anklage hatte jeder römische Bürger; Unmündige, Sklaven, Ehrlose und Frauen besaßen dieses Recht nicht (Dig. XLVIII 2, 3 pr.). Nicht zwingend, aber üblich war es, dass der Anzeigeerstatter im Prozess auch den Part des *actor* oder *accusator*, „Anklägers“, wahrnahm und damit als Gegenspieler des Verteidigers auftrat. Der professionelle Anwalt konnte im römischen Rechtswesen grundsätzlich beide Rollen übernehmen: die des Sachwalters eines Angeklagten und die des Anklägers.

Gegenüber dem modernen Strafverfahren leitete demnach keine staatliche Stelle die gerichtliche Untersuchung eines Verbrechens ein, auch nicht bei einem Kapitaldelikt. Fand sich kein Anzeigeerstatter, so wurde selbst einem Mord nicht nachgegangen. Es stand einem kaiserlichen Beamten allerdings bei gravierenden Straftaten wie Raub, Wegelagerei, Entführung oder Mord frei, in seiner Eigenschaft als Bürger gewissermaßen einen Gerichts-Stein ins Rollen zu bringen. Diese Eigeninitiative war streng genommen privater Natur, auch wenn er die Sache in seiner Funktion mit größerem Nachdruck betreiben konnte als der einfache Bürger.

Eine Verpflichtung, eine Straftat anzuzeigen, bestand nicht. Und die Zahl der sogenannten Offizialdelikte, die ein Staatsanwalt heute aufgreifen muss, auch wenn sich kein Geschädigter meldet, war deutlich kleiner. Sachbeschädigungen, einfacher Diebstahl und sogar Körperverletzung waren im römischen Recht Privatsache. Sie wurden nicht im Straf-, sondern auf Antrag des Geschädigten im Zivilprozess verhandelt. Der schuldig Gesprochene erhielt dementsprechend keine Strafe, sondern musste dem Geschädigten Schadensersatz in Form einer Geldbuße leisten.

Bevor ein Prozess angesetzt wurde, überprüfte der zuständige Beamte – in der Republik der Praetor – die Zulässigkeit der Klage. Formal war eine schriftliche Anklage, die *subscriptio*, erforderlich. In ihr wurde der Sachverhalt aus der Sicht des Anklägers geschildert; zugleich gab er darin seine Beweismittel an. Der Beschuldigte wurde mit dem Tatvorwurf konfrontiert; er musste bei der *delatio nominis* persönlich anwesend sein – auch als Ausdruck des Anspruches auf rechtliches Gehör. Der Beamte entschied, wenn der Tatvorwurf gravierend war, stichhaltig schien und Flucht- oder Wiederholungsgefahr bestand, ggf. auf Untersuchungshaft im → Gefängnis. Er räumte dem Ankläger eine Zeitspanne bis zum Prozess ein, in der er Beweise sammeln konnte. Der Beschuldigte nutzte diese Frist seinerseits, sich mit einem oder mehreren Anwälten zu beraten, Entlastungsmaterial zusammenzustellen und Entlastungszeugen zu besorgen. Zugleich wurde der Prozesstermin festgelegt. Der Terminus technicus dafür war *diem dicere*, „einen Termin nennen"; aufgrund der Situation war der Ausdruck gleichbedeutend mit „jemanden anklagen".

In der Zeit der Republik waren mit Geschworenen besetzte *quaestiones perpetuae*, „dauerhafte Gerichtshöfe", zuständig, um über Schuld oder Unschuld des Angeklagten zu entscheiden. Das Strafmaß war vom

Gesetz festgelegt. In der Kaiserzeit bestanden diese Gerichtshöfe fort, wurden aber allmählich durch *cognitio*-Verfahren vor hohen kaiserlichen Beamten abgelöst. Die wesentlichen Grundlagen für das Urteil bildeten die Plädoyers der Anklage und der Verteidigung mit den zu Protokoll gegebenen Beweismitteln.

Da es keinen Staatsanwalt gab, der wie heute als Beamter an Recht und Gesetz gebunden ist, bestand bei der Privatklage die Gefahr des Missbrauchs. Jemanden einfach durch eine Anzeige in Misskredit bringen, ihm erhebliche Scherereien verursachen, ihn öffentlich vorführen – wie ließen sich solche niederträchtigen Motive ausschalten oder zumindest reduzieren? Zum einen musste der Anzeigeerstatter beschwören, dass er guten Glaubens handelte (Cic. fam. VIII 8, 3), zum anderen lief er bei einer offensichtlichen Falschanzeige Gefahr, seinerseits verklagt und zu einer empfindlichen Geldbuße wegen *calumnia*, „Verleumdung", verurteilt zu werden. Hinzu kam eine eher kritische Einstellung der Öffentlichkeit gegenüber allzu forschen oder gar skrupellosen „Bürgeranwälten". Cicero warnt davor, gewissermaßen den permanenten öffentlichen „Rächer" zu spielen: „Das ist für dich selbst gefährlich, besonders aber für deinen Ruf abträglich, wenn du es so weit treibst, dass sie dich *accusator*, ‚habituellen Ankläger', nennen" (off. II 50).

Auf der anderen Seite winkte dem „erfolgreichen" Ersatz-Staatsanwalt eine hohe Belohnung: Wurde der von ihm Angezeigte verurteilt, so stand ihm ein Viertel der verhängten Strafzahlung bzw. des an die Staatskasse fallenden Vermögens zu – neben politisch motivierten Anklagen ein finanzieller Anreiz, Mitbürger vor Gericht zu ziehen. Nachdem der Kaiser de facto oberster Gerichtsherr geworden war, hing es sehr vom politischen Klima ab, ob „Bürgeranwälte", denen es weniger um Gerechtigkeit als um Geld ging, zu Anzeigen ermutigt wurden. Einen – tatsächlichen oder vermeintlichen – Kritiker des Kaisers mutwillig als Verbrecher anzuklagen oder in seinem Privatleben herumzuschnüffeln (Ehebruch galt als Verbrechen!) war zu bestimmten Zeiten relativ risikolos und lukrativ zugleich.

Besonders unter der Regierung des Tiberius entwickelte sich die Institution des *delator* („Anzeigers") zu einem üblen Denunziantentum. So jedenfalls schildert es der Historiker Tacitus. Selbst wenn man das mit der modernen Geschichtswissenschaft als Übertreibung erkennt, lassen manche von Tacitus berichteten Fälle doch das erhebliche Risikopotenzial erkennen, das von privaten Anklägern für die staatliche Rechtskultur ausgehen konnte. Wenn bestimmte skrupellose „Typen" die Bespitzelung und Denunziation ihrer Mitbürger zum Beruf machten und so „aus armen Leuten reiche, aus verachteten Menschen gefürchtete wurden und solche, die andere ins Verderben stürzten", dann war das alles andere als eine Werbung für die „Popularklage". Allerdings passierte es auch dem einen oder anderen unter diesen geldgierigen „Hobby-Staatsanwälten" durchaus, dass sie mit ihren fragwürdigen Anklagen scheiterten – „und sich damit", wie Tacitus mit knapp formulierter Genugtuung anmerkt, „selbst ins Verderben stürzten" (ann. I 74, 1f.).

Studentenunruhen

Nein, es geht bei diesem Stichwort nicht um gesellschaftspolitische Forderungen oder den Protest gegen die bestehenden Verhältnisse und das Establishment, für den Studenten auf die Straße gegangen wären. Die Unruhen, von denen im Folgenden die Rede ist, waren Krawalle, die Universitätsstädte in der Spätantike vom 4. bis zum 6. Jh. n. Chr. zu manchen Zeiten unsicher machten, weil Studenten allzu ausgelassen und rücksichtslos „Spaß" haben wollten und diesem Bedürfnis an exzessiver Lebensfreude die Interessen ihrer Mitstudenten, Professoren und Mitbürger gern schon einmal unterordneten. Ernsthafte Anliegen verfolgten sie dabei nicht, schon gar nicht irgendwelche revolutionären Ziele. Die allermeisten Unruhestifter stammten aus „guten" bürgerlichen und aristokratischen Verhältnissen. Ihre Familien gehörten zur

Oberschicht, sonst wäre an ein kostenintensives Studium gar nicht zu denken gewesen.

In der Literatur ist meist von „Studenten" die Rede (auf den politisch korrekten Begriff „Studierende" können wir verzichten, weil Frauen diese Stufe der Ausbildung in aller Regel nicht erreichten). Gegenüber dem, was wir heute darunter verstehen, müssen gewissermaßen etliche Lebensjahre in Abzug gebracht werden: Es waren 16- bis 20-jährige Rhetorik-Schüler, die die neu errungene Freiheit fernab von Heimat und Elternhaus einem Strapaziertest unterzogen – für diese Altersstufe kein ganz so untypisches Verhalten, auch wenn es wahrhaftig keine *paídes*, „Kinder", mehr waren, als die manche Rhetorik-Lehrer sie familiär ansprachen.

Eben damit begann so manches Problem. Denn die Lehrer bauten, um ein verlässliches Einkommen zu haben, aber auch aus Eitelkeit Studentenzirkel auf, die sie auf ihre Person einschworen. Und das im wahrsten Sinne des Wortes: mit einem Eid. Diese *choroi* entwickelten sich mancherorts zu einer Art Verbindung mit eigener Tracht, starkem Zusammengehörigkeitsgefühl und deutlichen hierarchischen Strukturen, in denen die Jüngeren den Älteren zu „dienen" hatten. Die Rivalität zwischen den einzelnen Cliquen war enorm. Lehrer und Schüler einte das Interesse daran, möglichst viel Nachwuchs für den eigenen *choros* zu „keilen". Dabei trug niemand Samthandschuhe. Im Gegenteil, mögliche neue Mitglieder wurden schon, wenn ein Schiff gerade festgemacht hatte, im Hafen angesprochen. Der Kampf um die Neuankömmlinge wurde so aggressiv geführt, dass wüste Schlägereien und massive Störungen der öffentlichen Ordnung fast schon zur Normalität gehörten.

Befeuert wurden die verbalen und physischen Auseinandersetzungen zusätzlich durch die Konkurrenz der Circusparteien. Deren Fans traten im Osten des Reiches ohnehin „verrückter" auf als im Circus Maximus in Rom. In Konstantinopel sollten sich die Schlachten zwischen den Anhängern der nach Farben unterschiedenen Circus-*factiones* (→ Fanartikel) später zu einer großen Gefahr für die Innere Sicherheit ausweiten. Wie im Einzelnen die Fronten und Bündnisse zwischen Studentengruppen und Circus-Anhängerschaften im Athen des 4. Jh.s aussahen, ist unklar. Klar ist aber, dass die Situation oft genug eskalierte, wie Gregor von Nazianz erschüttert feststellt: „Der Krieg zwischen den Studentengruppen ist völlig sinnlos und geradezu wahnsinnig. Er dehnt sich auf Städte und Straßen, Häfen und Berggipfel, ja auf jede Gegend von Attika und vom Rest Griechenlands und sogar auf die meisten Einwohner aus" (or. 43, 15).

Gregor war selbst ein hervorragender Rhetoriker, der es verstand, die Lage dramatisch zu schildern. Er mag übertreiben, aber von „Unruhen" darf man sicher sprechen. Zeitweise ging es in Athen und anderen Universitätsstädten wie Antiochia, Konstantinopel, Berytus (Beirut) und Alexandria drunter und drüber. Athen war in der zweiten Hälfte des 4. Jh.s eine Hochburg studentischer Ausschreitungen. Die Jagd auf neue Mitglieder für die *choroi* machte hier vor Kidnapping-Aktionen und blutigen Gefechten nicht halt. Studenten erlaubten sich ihre fragwürdigen „Späße" nicht nur mit unbeteiligten Mitbürgern, sondern griffen auch ihre *professores* an. Zeitweise brachten sie den Vorlesungsbetrieb zum Erliegen (Liban. or. I 19). Viele schwänzten die Lehrveranstaltungen, gingen lieber ins Theater und in den Circus, verzockten ihr Studiengeld in „Spielhöllen" (→ Zocker) oder warfen im Bordell damit um sich. Partys mit ausgiebigem Alkoholkonsum und anschließendem rowdyhaftem Zug durch die Gemeinde trugen bei manch einem ebenso zum Ruin seiner Finanzen bei (Liban. or. III 6; I 22; Himer. or. XXII 7). Gelegentlich brachen Straßenkämpfe aus, in denen die Behörden sogar Militär einsetzten – was einen konsternierten Beobachter wie Libanios, seines Zeichens Rhetorik-Professor, zu der resignierten Aussage brachte: „Es sind eher Soldaten, denen die Studenten zujubeln, nicht Rhetoren" (ep. 715, 3).

Alles nur Panikmache frustrierter, freudloser Rhetorik-Lehrer, die es den Jugendlichen nicht gönnten, sich auszutoben und – wenn auch mitunter überschäumende – Freude am Leben zu haben? Wohl kaum, dafür gibt es zu viele einschlägige, z. T. dramatische Berichte. Und zwei Jahrhunderte später die hochoffizielle Bestätigung seitens des Kaisers dafür, dass die Studenten – diesmal vor allem „in dieser glanzvollen Stadt Konstantinopel und der herrlichen Stadt der Bürger von Berytus" – den Bogen mit ihren „Streichen" (*ludi*) mächtig überspannten: In der Einleitung zum monumentalen Gesetzeswerk der „Digesten", die im Dezember 533 in Kraft traten, warnt der Kaiser namentlich die Jura-Studenten davor, weitere Straftaten zu begehen. Nichts anderes seien ihre sogenannten Streiche! „Für alle kommenden Zeitalter" sieht er die Notwendigkeit, bei den Studenten *prius animas et postea linguas fieri eruditosas*, „zunächst den Charakter und dann erst die Zunge auszubilden" (Constitutio „Omnes" 9).

Der Westen des Reiches blieb von diesen studentischen Umtrieben nicht gänzlich verschont. Karthago erlebte Augustin zufolge in den 60er- und 70er-Jahren des 4. Jh.s den Terror einer Studentenverbindung, die sich programmatisch *eversores* nannte, die „Umstürzler" oder „Zerstörer". Sie machten mit ihrem Radau, ihren Prügeleien, Unterrichtsstörungen und Übergriffen vor allem gegen „Erstsemester" nicht nur Augustin das Leben schwer: „Kein Name träfe besser auf sie zu", notiert der Kirchenvater. „Sie sind wahrhaftig grundverdorben und pervers" (conf. III 3, 6). Als er zum Dozenten aufgestiegen war, nahm Augustin Reißaus: „Ich entschloss mich, dorthin zu gehen, wo diese Unsitten damals nach Aussage von Augenzeugen nicht herrschten", begründete er seinen Entschluss, nach Rom zu wechseln (conf. V 8, 14).

Dort scheint es tatsächlich ruhiger zugegangen zu sein; allerdings auch deshalb, weil die weströmische Hauptstadt nicht gerade als intellektuelles Zentrum von Studenten überlaufen war. Gleichwohl hatte sich auch Rom nicht ganz von den reichsweiten Studentenunruhen abkoppeln können. Das geht aus einer Art Studentengesetz hervor, das Kaiser Valentinian im Jahre 370 erließ. Seine Anordnung ist an den Stadtpräfekten von Rom gerichtet, ihre Gültigkeit erstreckte sich aber auf das gesamte Reich.

Darin sagt Valentinian allen Studenten den Kampf an, die „allzu häufig Schauspiele oder allgemein unschickliche Gastmähler besuchen", und weist sie an, „sich bei ihren Zusammenkünften so zu betragen, wie man es von ihnen erwarten kann". Der Kaiser belässt es nicht bei Appellen. Er verfügt knallharte Vorschriften: Wer zum Studieren kommt, hat eine von seinem Provinzstatthalter unterschriebene Studienerlaubnis vorzulegen und muss den Behörden seine Studienrichtung sowie seine Adresse angeben. Er darf bis zum 20. Lebensjahr studieren, danach muss er in seine Heimat zurückkehren (Cod. Theod. XIV 9, 1).

Es hat nicht den Anschein, als hätte diese Verordnung besondere Wirksamkeit entfaltet. Die Behörden hielten sich bei der Bekämpfung der studentischen Umtriebe zurück; sie verzichteten darauf, das gesamte repressive Instrumentarium gegen die jugendlichen Krawallmacher einzusetzen, das ihnen zu Gebote gestanden hätte – nicht nur, weil die Grenzen zwischen studentischem „Ulk" und „echtem" Aufruhr fließend waren, sondern wohl auch mit Rücksicht auf die „Entsendefamilien", die meist der Führungsschicht des Reiches angehörten.

Warum die Studentenunruhen relativ spät ausbrachen, ist schwer zu sagen. Indizien dafür, dass in der Fremde studierende 17- oder 18-Jährige keine pflegeleichte Klientel waren, muss es schon früher gegeben haben. Jedenfalls setzt sich der Jüngere Plinius bereits um die Wende zum 2. Jh. n. Chr. für eine wohnortnahe Ausbildung der jungen Leute ein. Warum werft ihr nicht zusammen und finanziert Lehrer vor Ort?, fragt er seine Landsleute in Comum. Warum müssen eure Söhne unbedingt in Mailand studieren? Das sei nicht nur eine Kostenfrage, sondern auch ein pädagogisches Anliegen. „Wo könnten eure Söhne besser zu anständigem Betragen angehalten werden als unter den Augen ihrer Eltern?" (ep. IV 13, 4). Damit mochte er recht haben, aber die Jugendlichen seiner Zeit wollten davon nichts hören. Ebenso wenig wie die späterer Generationen.

Tattoo

Würde es einen alten Römer an einen heutigen Badestrand verschlagen, so wäre ihm vermutlich recht unbehaglich zumute. Cicero griffe rasch zur Feder und schriebe seinem Bruder Quintus einen Brief mit dem Tenor „Unter Barbaren!" Es sind die Tattoos auf dem Körper so vieler Badender, die ihm – auch in seinem Heimatland Italien – den Eindruck vermitteln würden, er sei unter die Barbaren geraten. Denn ornamentale Tätowierungen als Verschönerung der Haut und sexuelle Stimulantien galten Griechen und Römern als ausgesprochen barbarische Sitte. Man schrieb sie besonders den Thrakern zu. Thrakische Frauen tragen auf griechischen Vasen Tattoos, und Cicero selbst erwähnt einen Thraker als *stigmatias*, „tätowiert" (off. II 25). Andere „Barbaren"-Völker wie die Skythen und die britannischen Pikten wurden ebenfalls mit Tätowierungen oder auch nur mit Bemalungen des Körpers in Verbindung gebracht (vgl. Caes. BG V 14).

Im „zivilisierten" Rom dagegen waren die Tätowierung bzw. die gravierendere Form der Brandmarkung stets nur Zwangskennzeichnungen, die als Strafe, Warnung und Ausgrenzung dienten, als unübersehbare „Stigmatisierung" im gesellschaftlichen Sinne. Der griechische Begriff *stígma* bedeutet „Stich". Dem entspricht das lateinische *punctum*. Es spricht einiges dafür, dass die Stigmatisierung von Sklaven und Verbrechern häufig im eigentlichen Wortsinne als mit Nadeln gestochenes Tattoo und nicht unterschiedslos mit dem noch schmerzhafteren glühenden Brandeisen vollzogen wurde. Im strengen Sinn beweisen lässt sich das allerdings nicht.

Wohl aber ist klar, wem diese Kennzeichnung widerfuhr. Die wichtigste Gruppe waren der fluchtverdächtige oder schon einmal überführte Unfreie. Sie trugen „das berüchtigte Kennzeichen flüchtiger Sklaven" auf der Stirn (Petr. 103, 1ff.) – wohl mehrere Buchstaben, möglicherweise die Abkürzung FUG für *fugitivus* („Flüchtling"), zudem an anderen Körperstellen – auf den Schultern, der Hand oder dem Bein –

den Namen ihres Eigentümers. Im Jahre 315 verfügte Kaiser Konstantin, dass das Gesicht fortan zu verschonen sei (Cod. Theod. IX 40, 2). Wegen der Kennzeichnung durch *litterae*, „Buchstaben", wurden gebrandmarkte oder tätowierte Sklaven gelegentlich doppeldeutig als *litterati*, „Buchstabenträger" bzw. „Gebildete", verhöhnt (Plaut. Cas. 401). In der Kaiserzeit haben derartig verunstaltete Menschen sicher nicht das Stadtbild beherrscht, sondern waren Ausnahmeerscheinungen. Der „normale" Sklave war äußerlich vom „normalen" freien Römer nicht zu unterscheiden.

Ähnliche Stigmata wurden im Einzelfall Verleumdern (*calumniatores*) auf die Stirn gepresst (Cic. Rosc. Am. 20), ferner Verbrechern, die zur Bergwerksarbeit verurteilt wurden (Suet. Cal. 27, 3) und Dieben. In der Spätantike wurden Rekruten am Körper gekennzeichnet, um eine Desertion zu erschweren (Veget. I 8; II 5). Alle diese Bestrafungs- und Vorsichtsmaßnahmen waren aber niemals ein Automatismus, sondern wurden im Einzelfall verfügt, wobei die Schwere der Schuld den Ausschlag geben konnte, aber auch die Strenge oder Ungerechtigkeit des Gerichtsherrn.

Die eingebrannten oder eintätowierten *notae* waren im Prinzip unauslöschlich. Wer einmal gekennzeichnet war, blieb es sein Leben lang, auch wenn eine ganze Reihe von Mitteln zur Beseitigung oder mindestens Abmilderung gehandelt wurden (Zusammenstellung bei Bellen, Sklavenflucht 25). Freigelassene, die in ihrem einstigen Sklaven-Dasein so stigmatisiert worden waren, hatten natürlich größtes Interesse daran, die Spuren ihrer früheren Unfreiheit zu tilgen. Wer den chemisch-pflanzlichen Mitteln der Ärzte nicht recht vertraute, konnte zu einem mechanischen Tarnmittel Zuflucht nehmen: dem Schönheitspflaster. Manch einer, spottet Martial, habe seine Stirn damit „in großer Zahl wie mit Sternen übersät". Für Neugierige hält er eine wenig diskrete Aufklärungsmethode bereit: „Weißt du nicht, was er ist? Nimm ihm einfach die Pflaster weg, und du kannst es lesen!" (II 29, 9f.).

Stimmt es, dass …

… Sklaven nicht nur als Sachen angesehen wurden?

Ja. Die berühmt-berüchtigten Definitionen des Sklaven durch Aristoteles als *ktéma émpsychon*, „beseelter Besitz" (Pol. 1253 b 32), bzw. durch Varro als *instrumentum vocale* eines Gutshofes, „sprachfähiges Gerät" (r.r. I 17, 1f.), greifen insoweit zu kurz. Sklaven wurden auch als Menschen angesehen, obwohl sie als Ware gehandelt, vererbt, vermietet und ausgebeutet wurden. Der Gewalthaber – eine Einzelperson oder eine Eigentümergemeinschaft wie etwa auch eine Kommune – hatte zwar die totale und dauerhafte Verfügungsgewalt, die schwere körperliche Misshandlung bis zur Folter einschloss. Aber es gab auch Schutzgesetze, die die Sklaven – und das Kollektiv der Sklavenhalter! – schützten: Sklaven konnten in einem Tempel oder bei einer Kaiserstatue Asyl erhalten. Sie wurden in diesem Fall von Staats wegen an einen neuen Eigentümer verkauft, der Alteigentümer wurde entsprechend entschädigt.

Der Gewaltinhaber war zur Fürsorge bei Grundbedürfnissen (Essen, Kleidung, Unterkunft) verpflichtet, seit dem 2. Jh. n. Chr. schützten Gesetze die Unfreien vor dem erzwungenen Einsatz als Gladiator oder Prostituierte, wobei diese Vorschriften in der Praxis oft genug unterlaufen worden sein dürften. Die „grundlose" Tötung eines Sklaven wurde untersagt (Gaius Inst. I 53). Das alles machte die Sklaverei als Institution nicht menschlicher und änderte nichts an der prinzipiell weitgehend uneingeschränkten Verfügungsgewalt durch den Herrn, z. B. auch in sexueller Hinsicht, aber es zeigt doch, dass die Auffassung vom bloßen Sachcharakter der Unfreien auch rein juristisch verfehlt ist – von vielen Belegen über einen „menschlichen" Umgang mit Sklaven im Alltag ganz abgesehen.

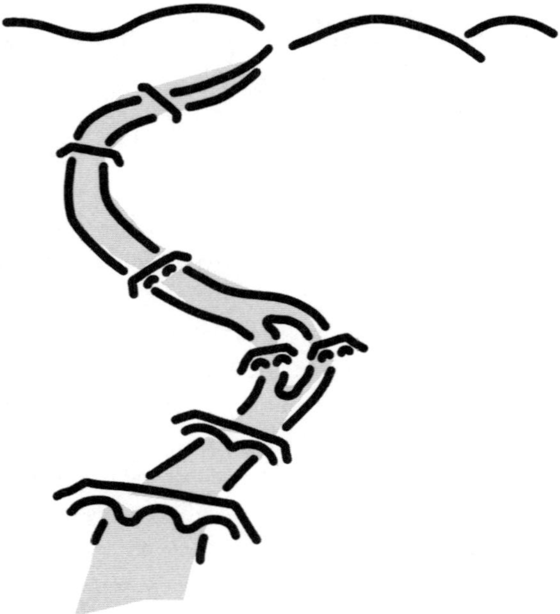

Tiberbrücken in Rom

Bautenverzeichnisse des 4. Jh.s listen acht Tiberbrücken auf. Die älteste, geradezu als heilig verehrte war der *Pons Sublicius* – eine Holzbrücke, die schon im 7. oder 6. Jh. v. Chr. gebaut, mehrfach durch Feuer oder Hochwasser zerstört und stets neu aufgebaut wurde. Sie ersetzte den uralten Tiberübergang an einer seichten Stelle des Flusses unterhalb der Tiberinsel. Spuren dieser Brücken sind nicht erhalten. Von folgenden Brücken gibt es noch Überreste:

- **Pons Fabricius**, die älteste vollständig erhaltene Brücke Roms; sie verbindet das linke Tiberufer mit der Tiberinsel, 62 v. Chr. gebaut, 62 m lang.
- **Pons Aelius**, heute als „Engelsbrücke" bekannt; um 130 als Zugang zum riesigen Grabbau Kaiser Hadrians (Mausoleum; heute „Engelsburg") gebaut. Die drei mittleren Bögen sind original antik, die Engel-Statuen stammen erst aus dem 17. Jh.

- **Pons Aemilianus**, die erste steinerne Tiberbrücke, im 2. Jh. v. Chr. gebaut; heute nur noch ein einziger Bogen erhalten; daher die Bezeichnung *Ponte Rotto*, „kaputte Brücke".
- **Pons Cestius**, wohl kurz nach dem *Pons Fabricius* gebaut; verbindet die Tiberinsel mit dem rechten Tiberufer; nur noch im Kern antik; heute *Ponte S. Bartolomeo*.
- **Pons Milvius** im Norden Roms außerhalb des antiken Stadtgebiets; wohl im 2. Jh. v. Chr. als Holzbrücke errichtet; um 109 v. Chr. mit steinernen Pfeilern erneuert, von denen zwei noch original sind. Am 28.10.312 fand an der „Milvischen Brücke" die Schlacht statt, aus der der spätere Kaiser Konstantin der Große als Sieger hervorging. Vor der Schlacht soll er im Traum ein Kreuzeszeichen gesehen haben, das ihm prophezeite: „In diesem Zeichen wirst du siegen" (*hoc signo vinces*).

Tiere in der Großstadt

„Hier flüchtet ein tollwütiger Hund, dort rast ein kotbeschmiertes Schwein vorbei" – es ist eine typische Straßenszene im chaotischen Großstadtgewühl Roms, die der Dichter Horaz in einer seiner Satiren skizziert (epist. II 2, 75). „Berufslateiner" kennen die Stelle; sie lächeln wissend, wenn die Sau sozusagen durchs poetische Bild rennt. Und die Horaz-Kommentare? Die meisten tun so, als wäre es das Normalste von der Welt, und gehen auf den Vers mit keiner Silbe ein. Oder vielleicht doch eher deshalb, weil wir so wenig über die Tiere in der Großstadt wissen?

Die Forschung hat sich diesem Thema kaum zugewandt; eine systematische Untersuchung dazu fehlt – und zu den vielen Problemen, die sich bei genauerem Hinsehen damit verbunden haben müssen. Die Archäologie könnte zu den eher dürftigen Quellen der schriftlichen Überlieferung wertvolle Informationen beisteuern. Aber bis in die 1980er-Jahre wurden Überreste von Tieren in stadtrömischen Ausgrabungsstätten kaum registriert und in die Ausgrabungsberichte mit aufgenommen. Entsprechend reduziert ist dieser Artikel.

Grundsätzlich waren es vier Gruppen von Tieren, die, sieht man von Schädlingen wie Maus und Ratte ab, die Großstadt bevölkerten: Haustiere, Opfertiere, Nutztiere und exotische Tiere, die bei *venationes* („Tierhetzen") eingesetzt oder drastischer, aber auch realistischer formuliert, abgeschlachtet wurden.

Über Haustiere sind wir einigermaßen gut informiert. An der Spitze stand der Hund, der als Wach- oder Schoßhund gehalten wurde (CLE 1174ff.; Mart. I 109; Petr. 64, 6; 71, 6). Er galt als treuer Begleiter des Menschen und kam in allen möglichen Rassen vor. Am beliebtesten waren Hunde mittlerer Größe. Besitzerlose, durch die Stadt streunende Hunde waren auch ausweislich des Horaz-Zitats nicht selten. Vögel wurden ebenfalls als Haustiere geschätzt, besonders wenn sie wie Elstern und Papageien „sprechen" und die Gäste begrüßen konnten (Petr. 28, 9; Mart. XIV 73 und 76; Ov. am. II 6, 17ff.), ferner Hasen und Fische. Katzen waren als „Schmusetiere" weniger beliebt; eher hielt man sie im Haushalt als Mäusejäger (Plin. NH X 202).

Zu den Nutztieren sind einerseits die zu zählen, deren Fleisch man aß, und andererseits die, deren Kraft man zum Bewegen schwerer Lasten nutzte und auf deren Wolle man angewiesen war, um Kleidung herzustellen. Da die Wolle leicht zu transportieren war, brauchte man insofern in oder nahe der Großstadt keine Schafe zu halten. Anders sah es mit den Zug- und Tragtieren aus, mit Eseln und Pferden, Mulis und Ochsen. Da erhebliche Warenmengen für die Bevölkerung Roms mit rund einer Million Einwohnern zu bewegen waren, mussten sie, wenn sie nicht gerade im Arbeitseinsatz waren, stadtnah untergebracht werden. Von Ställen in der City hören wir verständlicherweise nichts; dort waren die Grundstücke viel zu teuer, als dass man sie als Unterstände für das Vieh genutzt hätte.

Das Gleiche trifft grundsätzlich auch auf Tiere zu, deren Fleisch verzehrt wurde. Auch wenn Fleisch kostspielig und der Fleischkonsum, verglichen mit heutigen Verhältnissen, sehr gering war, summierte sich der Verbrauch einer Millionenstadt doch zu einer beachtlichen Größenordnung. Im Zentrum Roms kann nur ein geringer Teil der Schlachttiere gehalten worden sein; das Gros stammte von Bauernhöfen an der Peripherie. Mit dem Tiber stand eine zuverlässige und vergleichsweise schnelle Verkehrsader als Verbindung zum Hinterland zur Verfügung. Zahlreiche Bauern dürften zur Schlachtung bestimmte Tiere selbst in die Stadt gebracht haben – bei einem Entfernungsradius von maximal 20 km war das eine anstrengende, aber leistbare Entfernung für einen Tagesmarsch hin und zurück. Die traditionellen Viehmärkte wie das *Forum Boarium* („Rindermarkt") wurden im 1. Jh. v. Chr. nicht mehr als solche genutzt; sie lagen offenbar zu nah am Zentrum. Das *Forum Suarium*, der „Schweinemarkt", wird erstmals im 2. Jh. n. Chr. erwähnt. Er lag an der *Via lata*, etwa in der Mitte der heutigen *Via del Corso* und damit ein Stück weit von der City entfernt.

Da es keine Kühlmöglichkeiten gab, musste das Schlachtvieh zumal in den warmen Monaten lebendig möglichst nah zu den Konsumenten gebracht werden. Schweinefleisch stand mit großem Abstand an der Spitze des Fleischverbrauchs, Rindfleisch war sehr kostspielig, auch

weil Rinder überwiegend als Zugvieh und bei der Feldarbeit eingesetzt wurden. Schafe wurden überwiegend zur Woll-, Ziegen zur Milchproduktion gehalten. Dagegen machten Geflügel und Vögel einen recht hohen Anteil der Fleischlieferanten aus.

Eine keineswegs unerhebliche Gruppe unter den Tieren, die die Großstadt benötigte, waren Opfertiere. Dieser Bedarf ging mit der Christianisierung im 4. Jh. n. Chr. deutlich zurück. Die wichtigsten Arten für staatliche wie private Opfer waren Schweine, Schafe und Ziegen. Es folgten in der quantitativen Reihenfolge Rinder und Hühner. Da nur die Innereien für die Gottheit verbrannt, das Fleisch aber von den Menschen verzehrt wurde, gab es eine nicht unwesentliche Schnittmenge von Opfer- und Schlachttieren.

Die Logistik für die Arena-Tiere war ebenso aufwendig wie eingespielt. Gemeinden, die auf dem Transportweg lagen, mussten für das Futter der exotischen Tiere aufkommen, sofern der Kaiser Ausrichter der „Spiele" war. Lange Wagenkolonnen mit gefangenen Tieren blockierten mitunter manche Landstraße (Claud. cons. Stil. III 325ff.). Die Ochsengespanne mit den eisernen Käfigen kamen nur im Schritttempo voran. Allerdings wählte man in der Regel den Seeweg und lud dann auch diese allein zur Vernichtung bestimmte Fracht (Cass. Dio XXXIX 38, 1f.) in Ostia auf Tiberschiffe um. Nachdem das Colosseum gebaut war, konnte ein Teil der wilden Tiere in den Gewölben unter der Arena bis zum Kampf gehalten werden. Der größere Teil aber musste am Stadtrand in *vivaria*, „Gehegen", „Tiergärten", untergebracht werden. Eines dieser „Zwischenlager" – angesichts des Bestimmungszwecks der Tiere darf man wohl davon sprechen – befand sich bei den Schiffswerften ein gutes Stück unterhalb der Tiberinsel. Nicht immer waren die Käfige vor einem Ausbrechen gefährlicher Raubkatzen und Bären sicher (Plin. NH XXXVI 40).

Nähere Informationen zur Unterbringung der Arena-Tiere liegen nicht vor. Erstaunlich ist auch, dass von den vielen Hunderttausend Tieren, die im Laufe der Jahrhunderte allein in der Arena der Hauptstadt ihr Leben ließen, nur ganz wenige Knochenüberreste gefunden worden sind. Das Problem, wie und wohin die Kadaver entsorgt worden sind, bleibt ebenso offen wie die Frage, ob das Fleisch der getöteten Arena-Tiere regelmäßig an die Bevölkerung verteilt worden ist.

Ist es seriös, angesichts des weitgehenden Fehlens einschlägiger Quellen Zahlen zu nennen? Man kann Zweifel daran hegen. Da es aber im wissenschaftlichen Schrifttum Schätzungen gibt, soll hier wenigstens etwas zu den Größenordnungen gesagt werden. Wir stützen uns dabei auf Michael MacKinnons jüngste Veröffentlichung zum Thema. Er schätzt die Zahl der Haustiere in Rom auf 5–10.000, die der Zug- und Lasttiere ebenfalls auf 5–10.000, rechnet mit 20–50.000 Opfertieren pro Jahr sowie an Schlachtvieh zum Verzehr mit 300.000 Schweinen, 10.000 Schafen und Ziegen sowie 37.000 Rindern. Den „Bedarf" an exotischen Arena-Tieren veranschlagt MacKinnon auf 1000 pro Jahr. Damit liegt er, was die „Spieltiere" angeht (vgl. Liv. XLIV 18, 8, der vom „Spielen" der Tiere spricht), verglichen mit anderen Schätzungen, im unteren Bereich. Er geht wohl mit Recht davon aus, dass die entsprechenden Zahlenangaben aus dem Altertum auf Betreiben der Ausrichter zu hoch angesetzt sind. Was aber die Sache angesichts der Brutalität, mit der die Menschen Tiere zu purem Schauvergnügen aufeinander hetzten und abschlachten ließen, aus heutiger Sicht kaum besser macht.

Trauerkleidung

Die berühmtesten schwarzen Schafe der Römerzeit stammten aus der kleinen Stadt Pollentia in Ligurien – nicht im übertragenen Sinne, sondern wegen der dunklen Wolle, die die dort gezüchtete Rasse lieferte. Das war der Rohstoff für die Tauerkleidung (Mart. XIV 157), die die Römerinnen und Römer anlegten, wenn ein Angehöriger der Familie oder guter Bekannter gestorben war. Die charakteristische Farbe für Trauerkleidung hieß *pullus*, „dunkel"; ihr Spektrum reichte von

schwarz über dunkelbraun bis grau. Weitere Adjektive waren *atratus*, „schwarz", und *sordidatus*, wobei sich diese „dreckige" Farbe auch mit Flecken und Schmutz verband, die an alter Kleidung hafteten. Wenn jemand aus Trauer zu alten, abgewetzten Kleidungsstücken griff, so galt das nicht als Respektlosigkeit gegenüber dem Verstorbenen, sondern war Ausdruck der Geringschätzung für das eigene Aussehen in dieser Situation: Die Sorge darum trat ganz hinter den Kummer zurück. Deshalb legten Frauen auch Schmuck ab und Schminke beiseite, ebenso farbige oder verzierte Kleider.

Bei den Beerdigungsfeierlichkeiten dominierte das Dunkel der *lugubria* („Trauerkleider"). Unmittelbar danach legten Männer die dunkle Toga ab, schon für ein Bankett im Anschluss an die Bestattung galt sie als unpassend (Cic. Vat. 30ff.). Frauen behielten als Witwen die Trauerkleidung längere Zeit an; es gab aber weder gesetzliche noch vom Herkommen diktierte strikte Fristen dafür.

Auch wenn kein echter Todesfall zu beklagen war, legte man als Zeichen der Trauer über Unglücksereignisse im privaten oder staatlichen Leben gelegentlich Trauerkleidung an – sogar um bei einer herben

Stimmt es, dass …

… römische Bürger stets Toga trugen?

Nein. Es handelte sich zwar um ein exklusives Kleidungsstück, das nur römische Vollbürger tragen durften und das damit ein wichtiges Statussymbol war, auf das seine Träger – bis zum Jahre 212 n. Chr. eine Minderheit unter den im Imperium Romanum lebenden Menschen – stolz waren. In der älteren Literatur sprach man vom „Staatskleid der Römer"; in seinem Nationalepos „Aeneis" nennt Vergil das römische Herrschervolk *gens togata*, „Volk der Togaträger" (I 282).

Andererseits war es eine ungemütliche Sache, das faltenreiche „Nationalgewand" zu tragen – und eine sehr aufwendige, um die 20 Minuten dauernde Sache, es überhaupt anzulegen. Grund genug für viele Römer, auf dieses Privileg im Alltag zu verzichten, bzw. es rasch, sobald man zu Hause war, gegen die bequeme Tunica einzutauschen (Liv. III 26, 9; Cic. Mil. 79). Manche Römer in bestimmten Regionen Italiens hätten es sogar bis zum Totenbett umgangen, eine Toga zu tragen, ätzt der Satiriker Juvenal (III 17f.). Nicht so in der Hauptstadt Rom. Dort herrschte bei bestimmten Anlässen Toga-Zwang, so etwa bei den öffentlichen Spielen, bei Opferhandlungen, am Kaiserhof und bei allen amtlichen Geschäften (Mart. II 29; Cod. Theod. XIV 10, 1). Augustus verfügte, dass römische Bürger das Forum Romanum nur in der Toga betreten durften (Suet. Aug. 40), und selbstverständlich legten Patrone größten Wert darauf, dass ihre Klienten zur morgendlichen Begrüßung oder bei ihrer Begleitung auf Stadtgängen als *togati* erschienen. Erst eine gehörige *turba togata*, „Schar von Toga-Trägern" (Mart. IV 26; VI 48), sorgte für das Sozialprestige, das sich die mehr oder weniger hohen Herren von einer demonstrierten Ergebenheit versprachen, die sich eben auch im ungeliebten, weil ungemütlichen Dresscode niederschlug.

Kein Wunder, dass man sich bei offiziellen Anlässen gewissermaßen freiwillig in Schale warf und sich mit der Toga als römischer Bürger auswies! Und selbstredend auch dann, wenn man sich für die Nachwelt porträtieren ließ. Da wollte sich niemand vom Bildhauer in dem Hemd darstellen lassen, das er zu Hause zu tragen pflegte – römisch gesprochen: in der Tunica. Und deshalb stoßen wir in Antiken-Museen stets auf diese Autorität ausstrahlenden Statuen im Toga-Gewand, die die Archäologen als *togati* bezeichnen, und stellen uns die insofern tatsächlich nicht abwegige Frage, ob „die" Römer eigentlich immer so „herumgelaufen" sind. Sind sie ebenso wenig wie heutzutage ihr Pendant, die „Anzugträger".

finanziellen Einbuße eines guten Bekannten wie dem Einsturz seines Hauses Mitgefühl zu demonstrieren (Juv. III 212f.) oder bei Gericht deutlich zu machen, in welches Leid man da als Angeklagter oder als dessen Angehöriger und Freund durch eine Verurteilung stürzen werde. Schließlich ordnete der Senat bei nationalen Katastrophen, aber auch als politisches Zeichen mitunter an, *vestem mutare*, „die Kleidung zu wechseln" – woraufhin Senatoren, Ritter und alle, die sich solidarisch zeigen wollten, in dunkler Kleidung in der Öffentlichkeit erschienen (Cic. Sest. 26; red. sen. 12).

Und dann gab es noch die kleine Gruppe derer, die praktisch dauernd Schwarz trugen – weil sie alle anderen überlebten und ständig bei Bestattungen anzutreffen waren, sodass sie „in vielfacher Trauer und beständigem Gram in schwarzer Kleidung alt werden" – *data poena diu viventibus*, meint zumindest der Spötter Juvenal (X 243ff.), „die über die Langlebigen verhängte Strafe".

Traumurlaub

Es gibt Städte, Landschaften und Länder, bei deren Erwähnung viele Menschen glänzende Augen bekommen. Dorthin eine Reise – das wäre etwas! Gewissermaßen die Erfüllung eines Traums! Die moderne Tourismus-Industrie macht mit diesen Sehnsüchten blendende Geschäfte. Sie bedient sie (und die damit verbundenen Klischees) mit dem Stempel „Traumurlaub".

Manchmal verbindet sich die „Traumreise" sogar nur mit dem Beförderungsmittel, dem „Traumschiff". Der Aufenthalt an Bord ist das eigentliche Ziel, die angesteuerten Häfen sind manchmal nur die austauschbaren Accessoires. Diese Art von Traumreise hätte kein römisches Reisebüro seinen Kunden schmackhaft machen können. Schifffahrten an sich übten auf niemanden irgendeinen Reiz aus. Sie galten als riskant; Schiffbruch und Piraterie waren sehr reale Gefahren, und kaum jemand vergaß, bevor er an Bord ging und nachdem er heil wieder von Bord gegangen war, Neptun und die anderen Gottheiten des Meeres mit einem Gebet und einer Opfergabe milde zu stimmen, bzw. ihnen für einen glimpflichen Verlauf der Seereise zu danken.

An komfortable Luxusliner war überdies nicht zu denken. Im Prinzip waren alle Schiffe Frachter, die Reisende zusätzlich an Bord nahmen. Auch für reiche Passagiere war der Aufenthalt an Bord reichlich ungemütlich und mit ungewohnten Einschränkungen in ihrem sonst üblichen luxuriösen Lebensstil verbunden. Die Besatzung kümmerte sich um das Schiff und seine Ladung, nicht aber um die Passagiere. Die mussten sich selbst verpflegen und ihre Diener mit auf Reisen nehmen, wenn sie „Service" haben wollten. Exakte Fahrpläne gab es nicht, nur ungefähre Abfahrts- und Ankunftszeiten, die von den Wetterbedingungen abhängig waren. Mit mehrtägigen Verspätungen musste man stets rechnen. Im Winter ruhte der Schiffsverkehr wegen der gefürchteten Stürme im Mittelmeer weitgehend. Seereisen fanden zwischen März und Oktober statt.

Es musste also schon das Traumziel selbst der Grund dafür sein, dass sich römische Touristen den wenig verlockenden Planken eines Schiffes anvertrauten. Eines dieser Ziele war Griechenland. Hellas zog Bildungstouristen an, die die berühmten, von den literarischen Klassikern häufig erwähnten Stätten einer großen Vergangenheit kennen lernen und ihre legendären Kunstwerke und Bauten mit eigenen Augen ansehen wollten. Strände der Ägäis interessierten die wenigen Touristen, die sich die kostspielige und zeitintensive Reise leisten konnten, nicht, und auch für landschaftliche Schönheiten hatten sie in der Regel keine Augen. Sie wollten vielmehr in die griechische Kultur eintauchen. Athen mit seiner wunderbaren Akropolis, Olympia mit seinem grandiosen Zeus-Tempel und der berühmten Zeus-Statue, die vielen als eines der Weltwunder galt, Delphi mit seinem Orakel und seinen Heiligtümern, Korinth, die Handelsmetropole zwischen zwei Meeren, Epidauros mit seinem Asklepios-Heiligtum und seinem gewaltigen Theater – das waren die Höhepunkte einer klassischen Bildungsreise, außerdem die Inseln Rhodos, Lesbos und Delos sowie in Kleinasien die Städte Ephesos, Smyrna (das heutige Izmir) und Ilion, das sich als Nachfolgestadt Trojas präsentierte. Dort ließen sich römische Reisende gern die Gräber ihrer Vorfahren zeigen. Spätestens durch Vergils „Aeneis" war die trojanische Abstammung der Römer ja zur festen mythologischen Gewissheit geworden – und die Fremdenführer vor Ort bedienten die Nostalgie der „Nachfahren" nur zu gern gegen klingende Münze. Für manch einen Römer der Oberschicht ging ein Traum in Erfüllung, wenn er mit einer Homer- und einer Vergil-Ausgabe in der Hand auf diesem historischen Boden stand.

Der eigentliche Traumurlaub aber führte römische Touristen nach Ägypten. Auch Ägypten war klassisches Kulturland, dazu aber noch mit einer Aura von Exotik umgeben: Das Erbe der Pharaonen, das Erbe Alexanders des Großen, die lebhafte Weltstadt Alexandria mit ihren Kulturschätzen und die – wenn auch erneut nicht besonders bequeme – Schiffsreise auf dem Nil, dem berühmtesten Strom der damaligen Welt – das war eine Kombination von Höhepunkten, die auch die beschwer-

liche zweiwöchige Überfahrt auf einem Getreidefrachter von Puteoli nach Alexandria schnell vergessen ließ.

Was stand auf dem Programm dieser Traumreise ins „geheimnisvolle" Ägypten? Als Erstes der gewaltige Leuchtturm von Alexandria, den man schon aus einer Entfernung von mehreren Dutzend Seemeilen sah – auch er eines der Weltwunder der Antike –, sodann die quirlige Metropole Alexandria mit ihren Königspalästen, dem Museion und anderen Prachtbauten – eine großzügig angelegte Residenzstadt, deren architektonischer Prunk nur von Rom übertroffen wurde (Amm. Marc. XXII 16, 12) und die zudem das Grab Alexanders des Großen beherbergte. Das war eine „Kultstätte", die kein Tourist auslassen durfte. Vor der Weiterreise auf dem Nil konnte man sich ein paar Tage in einem der nahe gelegenen Badeorte erholen. Canopus galt als *der* Vergnügungsort schlechthin, bei Moralisten verrufen, bei „Feierfreudigen" dagegen ausgesprochen geschätzt (Juv. VI 84; Sen. ep. 51, 3; Amm. Marc. XXII 16, 14).

Nilaufwärts ging es dann zu den einzigartigen *miracula*, „Wundern“, Ägyptens (Tac. ann. II 61, 1 über die Ägyptenreise des Germanicus): zu den Pyramiden von Memphis, den gewaltigen Ruinen von Theben, den Gräbern im Tal der Könige und den Memnonkolossen, von denen einer aufgrund von Luftvibrationen als „tönende Statue“ eine besondere Touristenattraktion darstellte (Strabo XVII 816; Paus. I 42, 3). Wer Zeit und Lust hatte, setzte die Reise nach Oberägypten fort, um auch dort Heiligtümer und andere Baudenkmäler zu bestaunen. Krokodil-Vorführungen und ähnliche landesspezifische Touristen-Shows sorgten für Abwechslung. Landschaftliche Höhepunkte waren die Nilinseln und die Katarakte oberhalb von Syene.

Der Traumurlaub im Lande der Ägypter war eindrucksvoll. Wie eindrucksvoll, das zeigen die vielen Graffiti, mit denen römische Touristen sich an den auch heute noch als Highlights empfundenen Sehenswürdigkeiten verewigt haben. Es sind mehrere Tausend Inschriften aus der Kaiserzeit erhalten mit steinernen „Visitenkarten“ von Besuchern, die hier wirklich ihr Traumland erlebten und ihrer Begeisterung Ausdruck verliehen. „Einzigartig, einzigartig, einzigartig!“, schreibt ein Besucher im Tal der Könige auf einen Felsblock (Casson, Reisen 342). Andere scheuten sich nicht, die Kunstwerke selbst mit einem Kommentar oder einem datierten „Besuchsprotokoll“ zu verzieren – Touristen eben, die natürlich auch zu Hause von den Wunderdingen, die sie gesehen und erlebt hatten, ebenso stolz wie ausführlich berichteten und anderen Lust machten, ihrerseits solch ein Reiseabenteuer in diesem „einzigartigen“ alten Kulturland zu bestehen. Man ahnt es schon: Von Reisen in „kulturlose“ nördlich gelegene Gefilde wie Gallien und Germanien träumte niemand. Und erst recht nicht von den Alpen. Sie galten als schroff, abweisend und klimatisch rau, ihre Naturschönheiten erschlossen sich Mittelmeerbewohnern nicht.

Wer nicht von Fernreisen und uralten Kulturschätzen träumte, sondern mehr von einem Erlebnisurlaub mit jeder Menge lebensfroher „Events“ in gepflegt-luxuriösem Ambiente, den zog es eher ins sonnigmilde Kampanien, möglichst in das eigene schmucke Landhaus am oder hoch über dem Meer, aber auch als Gast bei Freunden, die ein entsprechendes Domizil besaßen. Dort am Golf von Neapel lag eine Reihe hübscher Ferienorte, nicht allzu weit von den Städten Puteoli und Neapel entfernt, die über Theater und andere Unterhaltungsstätten verfügten. Der berühmteste, geradezu weltbekannte Kurort am dortigen „goldenen Strand der Venus" (Mart. XI 80, 1) war Baiae, gewissermaßen der *playground* der feinen Gesellschaft, der neben heißen Quellen zwei Binnenseen und das Mittelmeer als „aquatische Traumlandschaft" anzubieten hatte.

Von Rom aus war Baiae in wenigen Tagen über das Meer oder auf der Via Appia erreichbar – auch diese Anfahrt eher ein holpriger, ungemütlicher Albtraum, aber einer mit hohem „Entschädigungspotenzial" vor Ort: Strandpartys und feuchtfröhliche Umzüge, Gondelfahrten und Gartenfeste, Musik und Tanz, → Wellness und Wein, Bankette und Picknicks (Cic. Cael. 35ff.) – und nicht zu vergessen heiße Flirts. Kurzum, ein „Ort der hundert Genüsse" (Mart. I 58, 1f.), an dem man schon einmal einen Traumurlaub unter Amors Ägide verleben konnte – erst recht, wenn etwas griesgrämige Zeitgenossen wie Seneca ihn als *deversorium vitiorum* schmähten, als „Heimstätte aller Laster", und davor warnten, dass „sich die Zügellosigkeit hier alles herausnimmt" (Sen. ep. 51, 3). Für manch einen „Urlaubsträumer" kam diese Kritik am hedonistischen Lebensstil des noblen Kurortes geradezu einer herzlichen Einladung gleich.

Unterwäsche

Die Römer gingen gewissermaßen unten ohne? Und die Römerinnen ebenso? Auf manche modernen Betrachter wirkt dieser Befund verstörend bis schockierend. Aber er lässt sich nicht bestreiten: Der berühmte Cicero hatte, wenn er vor Gericht plädierte, ebenso wenig etwas unter seiner Tunica an wie die berühmte Cornelia, die Mutter der Gracchen, wenn sie in ihrem Haus Gäste empfing. Auch sie trug natürlich die übliche Tunica; insofern ist „unten ohne" eine etwas missverständliche Ausdrucksweise. Gemeint ist, dass beide Geschlechter im Normalfall keine Unterwäsche trugen. Für manche Berufsgruppen galt das mit Ausnahmen. Zwar konnte man in der Sommerhitze auch nackte Arbeiter auf den Feldern schuften sehen, die meisten aber trugen, wenn die Tunica ihnen zu warm war, einen Lendenschurz; ebenso Fischer (bildlich bezeugt) wie vermutlich auch Lastenträger und Bauarbeiter (nicht bezeugt). Bei Protagonisten im Showbusiness war der Schurz (*subligar; subligaculum*) geradezu ein Muss. Sie trugen sehr kurze Tunicen, die bei heftigen Bewegungen schnell hochrutschen konnten. Bei Gladiatoren war das ebenso der Fall wie bei Tänzern und Pantomimen. Aus Schamgefühl (*verecundia*) betrete kein Schauspieler ohne Lendenschurz die Bühne, stellt Cicero fest (off. I 129). Das *subligar* mancher Bühnenstars wurde sogar zum gesuchten „Beutestück" bei seinen weiblichen Fans. Heute fliegen die Höschen Richtung Bühne, bei den Römern flogen sie in entgegengesetzter Richtung, könnte man spöttisch formulieren. Allerdings dürften Kleidungsstücke, Masken und andere persönliche Gegenstände der Stars auf durchaus diskreterem Wege als im hohen Bogen an die selige Verehrerin gelangt sein (Juv. VI 70).

In alter Zeit sollen auch und gerade vornehme Männer die Toga ohne Tunica getragen haben (Gell. VI 12, 3) – was zur Etymologie der Toga passt. Sie leitet sich ab von *tegere*, „(den Körper) bedecken". Das war indes schnell aus der Mode gekommen. Nur Nostalgiker und demonstrative Vertreter alter Römerart wie der Jüngere Cato hielten sich an den Uralt-Dresscode, ersetzten die fehlende Tunica dann aber regelmäßig durch einen Schurz (*campestre*; Ascon. 29 St.; Plut. Cat. min. 6; 44, 1; vgl. auch Porphyr.zu Hor. ars p. 50).

Frauen trugen selten einen Schurz – wenn überhaupt, dann in Ausnahmefällen im Bad (Mart. III 87, 4; → Nacktbaden) oder beim Sport wie die so genannten Bikini-Mädchen auf einem Mosaik in Piazza Armerina. Diese „Bikinis" sind aber ganz singulär. Viel häufiger dagegen war das Brustband (*fascia; mamillare*), das sich mit dem modernen BH vergleichen lässt. Es wird selten abgebildet (wenn, dann vor allem in erotischem Kontext) und dürfte kaum zur alltäglichen Unterwäsche der Römerinnen gezählt haben – wenngleich es keine echte Rarität war: Ovid empfiehlt es als sicheres Versteck für Liebesbriefe (ars am. III 621f.) und Cicero berichtet süffisant, wie sich sein Erzfeind Clodius u. a. mit einem *strophium*, „Brustband", als Frau verkleidet in Caesars Haus eingeschlichen habe (Clod. frg. 24).

Vegetarier

„Alles wandelt sich, nichts vergeht. Auf Wanderschaft ist unser Geist; (…) er geht von wilden Tieren in menschliche Körper über und wieder in Tiere zurück, und nie geht er zugrunde" – so lässt Ovid in den „Metamorphosen" Pythagoras sprechen, den griechischen Philosophen aus dem 6. Jh. v. Chr., der heute vor allem als Mathematiker, weil Erfinder des „Satzes des Pythagoras", weithin bekannt ist. Pythagoras vertrat die Lehre von der Seelenwanderung. Die Seele selbst sei unsterblich, glaubte er, aber sie sei ständig auf Wanderschaft und suche mal in einem menschlichen und mal in einem tierischen Körper ein vorübergehendes Zuhause. Daher war fleischliche Nahrung für ihn tabu: „Lasst euch nicht von der Gier des Bauches besiegen", fährt er bei Ovid fort, „ich warne euch davor, die Seelen eurer Verwandten durch schrecklichen Mord auszutreiben! Blut soll sich nicht von Blut ernähren!" (Ov. Met. XV 165ff.).

Es gab auch unter den Römern Anhänger des Pythagoras, die den Vorschriften ihres Lehrers gemäß vegetarisch lebten. Das war indes nur eine kleine Minderheit der Bevölkerung. Ganz strikte „Jünger" des Pythagoras weigerten sich sogar, Kleidung aus tierischen Materialien zu tragen. Das wichtigste erhaltene Werk zum pythagoreischen Vegetarismus stammt von Porphyrios (3. Jh.). In *De abstinentia*, „Über die Enthaltsamkeit", macht er allerdings deutlich, dass der konsequente Verzicht auf fleischliche Nahrung nur für philosophisch gefestigte „Geister" gelte. Weniger reflektierte Zeitgenossen, ob arm oder reich, kommen seiner Meinung nach für diese Lebensweise nicht infrage (VI 3ff.).

Der wesentliche Grund dafür lag in einer gewissen Selbstisolierung der radikalen Vegetarier. Weil tierische Opfer zur Staatsreligion gehörten, schlossen sich Vegetarier, die die Tötung von Tieren ablehnten, gleichsam aus der bürgerlichen Gemeinschaft aus. Um das durchzuhalten, bedurfte es einer starken Persönlichkeit und eines philosophisch „trainierten" Willens.

Tatsächlich kamen viele einfache Leute häufig nur im Zusammenhang mit privaten oder staatlichen Opfern in den – aus Vegetariersicht fragwürdigen – Genuss von Fleischverzehr. Die Innereien der Opfertiere wurden auf dem Altar verbrannt; das war der Teil, den die Götter bekamen, das „gute" Fleisch aßen die Menschen selbst. Fleisch war teuer und für den Normalverdiener nur zu seltenen Gelegenheiten erschwinglich. In gewisser Weise könnte man daher von einem Zwangsvegetarismus bei vielen Römern sprechen. Sie lebten „gesund", weil sie sich Fleisch finanziell nicht leisten könnten.

Was die Wohlhabenden angeht, so war ihr Fleischkonsum hoch. Fleisch gehörte bei den Gastmählern der „feinen" Leute unbedingt dazu. Es gab aber auch warnende Stimmen, die diese „Völlerei" als riskanten Raubbau an der Gesundheit ansahen. So vertrat ein den Stoikern nahestehender Philosoph namens Sextius im 1. Jh. v. Chr. die Auffassung, dass zum einen das Töten von Tieren für den menschlichen Genuss die Menschen selbst verrohen lasse („Grausamkeit wird zur

Stimmt es, dass …

… die Römer zum Federkiel und anderen Brechmitteln gegriffen haben?

Nein. Das kam vor, aber es waren nicht *die* Römer, die das taten, und es waren auch nicht *die* wohlhabenden Römer. Für ganz wenige Personen ist dieses wenig appetitliche Verfahren tatsächlich bezeugt (z. B. Kaiser Claudius; Suet. Claud. 33, 1). Aber diese Einzelfälle reichen nicht aus, um von einer „Sitte" oder „Angewohnheit" zu sprechen. Der Moralist Seneca ist, wenn er über Schlemmer und andere Luxusjünger spricht, nicht gerade ein objektiver Zeuge. Seine „These" *vomunt, ut edant; edunt, ut vomant* („sie kotzen, um zu essen, sie essen, um zu kotzen") ist verführerisch, weil sie eine Unart einiger weniger rhetorisch-stilistisch prägnant auf den Punkt bringt (Helv. 10, 3): Das ist das Material, aus dem Legenden gestrickt werden. Aber die allermeisten Römer hatten ganz andere Sorgen: nämlich überhaupt satt zu werden. Und was diejenigen angeht, die sich den Brech-Luxus finanziell leisten konnten: Kann man ihnen nach erfolgter „Leerung" wirklich guten Appetit wünschen? Notfalls ist auch ein physiologischer Selbstversuch hilfreich, um den Glauben an eine historische Legende zu erschüttern.

Gewohnheit") und dass „dieses Lebensmittel aus Blut mit guter Gesundheit nicht vereinbar" sei (Sen. ep. 108, 18). Sextius hat eine gewisse „Gemeinde" um sich geschart, ohne indes Breitenwirkung zu erzielen. Einer, der seine Argumente und die Überlegungen des Pythagoras ernst nahm, war der Philosophieschriftsteller Seneca. Eine Zeit lang verzichtete er als junger Mann ganz auf fleischliche Kost – und er fühlte sich dabei besser. „Lebhafter kam mir mein Geist vor", fasst er den Erfolg seiner vegetarischen Lebensweise zusammen.

Warum aber blieb er nicht dabei, sondern „kehrte zu früheren Essgewohnheiten zurück"? Sein Vater befürchtete, dass Seneca politisch Schwierigkeiten bekommen könnte, wenn dieses „Außenseitertum" als Aberglaube gewertet werde, der sich dem Staatskult widersetze (ep. 108, 22). Und das heißt: „Ideologisches" Vegetariertum, zu dem man sich allzu forsch als Grundüberzeugung bekannte, konnte offenbar bei einigem bösen Willen als asoziales Verhalten gewertet werden, das gegen den Grundkonsens der römischen Gesellschaft verstieß. Faktisches Vegetariertum, das aus Geldmangel resultierte, war dagegen unverdächtig.

Verhütungsmittel

Verhütung war im Alten Rom Frauensache. Eine einigermaßen wirksame Methode, die Männer hätten steuern können, fand offensichtlich selten Anwendung, weil sie mit einer Einschränkung der sexuellen Lust einherging: der *coitus interruptus*. Ob er überhaupt in nennenswertem Maße vollzogen wurde, ist umstritten. Erwähnt wird er in den Quellen so gut wie nicht.

Die wohl sicherste Methode war die Benutzung von Pessaren. Das waren z.B. Wollknäuel oder Schwämme, die in die Scheide eingeführt wurden und mit Substanzen getränkt waren, die antiseptisch und spermientötend wirkten, etwa Harze, Alaun und Essig. Olivenöl und Honig galten als Mittel, die den Muttermund verschlossen und die Beweglichkeit der Spermien minderten (Soran. gyn. I 61; Athen. I 18 d). Als zweite Methode kamen oral eingenommene Kräutergetränke infrage, die den Eisprung bzw. die Einnistung des Eis verhindern sollten. Sie wurden sowohl vor als auch nach dem Geschlechtsverkehr getrunken. Viele dieser Tränke hatten, wie moderne Untersuchungen bestätigt haben, durchaus die intendierte antikonzeptive Wirkung.

Als deutlich weniger effektives Mittel stellen sich aus heutiger Sicht magische Formeln und Amulette dar. Die meisten griechischen und römischen Mediziner standen dieser „Glaubensmethode" ebenfalls skeptisch gegenüber oder machten sich sogar darüber lustig. Eher führten dann schon Salben zum Ziel, die auf die weiblichen und männlichen Genitalien aufgebracht wurden. Von ihren Wirkstoffen erhoffte man sich einen „beruhigenden" oder abtötenden Einfluss auf das Sperma. Die in der Moderne als Knaus-Ogino-Methode „gehandelte" Nutzung der unfruchtbaren Tage der Frau hatte auch schon bei den Römern ihre Befürworter. Allerdings berechneten antike Gynäkologen den Periodenzyklus falsch, sodass, wer darauf vertraute, eher enttäuscht wurde. Das zügige Auswaschen der Scheide nach dem Koitus und bestimmte schnelle Bewegungen der Frau, die den Samen wieder ausstoßen sollten, wurden zwar von manchen Ärzten empfohlen, dürften sich aber als ähnlich unwirksam erwiesen haben wie magische Praktiken.

War die Verhütung trotz der eingesetzten Mittel fehlgeschlagen, so stand als weitere Möglichkeit der Geburtenregelung die Abtreibung zur Verfügung. Sie wurde, auch wenn Ärzte in der Tradition der hippokratischen Schule ihre Beihilfe dazu ablehnten, sehr häufig praktiziert. Es waren mehr als 200 Abortiva auf pflanzlicher Basis bekannt, deren Wirksamkeit nach modernen pharmakologischen Studien hoch bis sehr hoch war. Daneben wurden deutlich riskantere mechanische Abtreibungspraktiken angewendet: die Einführung von Gegenständen – „spitze Waffen" nennt sie Ovid mit Abscheu (am. II 14, 27) –, heftige Erschütterungen des Leibes, absichtlich schweres Heben von Lasten und außerdem „Spezialbäder" sowie Brech- und Abführmittel in höchst bedenklicher Konzentration.

Sowohl Empfängnisverhütung als auch Abtreibung waren straffrei, da das ungeborene Kind nach römischer Rechtsauffassung eine Sache war und nicht als Mensch galt (Dig. XXV 4, 1, 1). Dagegen war die Beihilfe, die zu einer Gesundheitsschädigung oder sogar zum Tod der werdenden Mutter führte, strafrechtlich z.B. mit Bergwerksarbeit sanktioniert (Dig. XLVIII 19, 38, 5).

Die moralische Kritik an der Abtreibung als Form der Geburtenregelung fiel z.T. heftig aus. Manche Männer unterstellten den Frauen – manchmal, aber sicher nicht grundsätzlich zu Recht – egoistische Gründe: Sie dächten vor allem an ihre Schönheit (Ov. am. II 14, 7; Juv. II 32). Andere warfen ihnen vor, den (gegenwärtigen oder früheren) Mann um seinen Kinderwunsch zu betrügen oder bevölkerungspolitische Ziele zu hintertreiben. Die offensichtliche Asymmetrie, mit der da einseitig Verantwortung und „Schuld" festgelegt wurden, passte zu den Geschlechterrollen, wie sie allgemein in der römischen Zivilisation verteilt waren: Männer forderten, Frauen dienten – auch wenn sich manche Frau der Oberschicht in der Kaiserzeit ganz erfolgreich gegen diese Rollenverteilung zur Wehr setzte.

Immerhin passt *eine* Form der Rücksichtnahme, die zumindest manche Männer praktizierten, nicht ganz so ins vertraute „Macho"-Schema: Sie schonten ihre frisch Angetraute in der Hochzeitsnacht, indem sie, wie es der Ältere Seneca diskret formuliert, „an benachbarten Örtlichkeiten spielten" (contr. I 2, 2). Deutlich drastischer kommentiert diese Sorge, der Braut wehzutun, der Spötter Martial: Zur falschen „Örtlichkeit" lässt er dem rücksichtsvollen Liebhaber ausrichten: *uxor, non puer ista tibi est*, „sie ist deine Ehefrau, kein Knabe!" (XI 78, 8). Vielleicht könnte man das so beschriebene Ausweichen mit einigem guten Willen auch als „männlichen" Beitrag zur Empfängnisverhütung werten.

Verkehrsregeln

Rechts vor links oder links vor rechts? Nach welcher Vorfahrtsregel funktionierte der Verkehr im Alten Rom? Auf welcher Straßenseite wurde gefahren? Wir wissen es nicht. Es gibt keine eindeutigen Quellen dazu, allenfalls ein paar schwache Indizien. Sie sprechen eher für den Rechtsverkehr.

Überhaupt gab es nichts, was einer modernen Straßenverkehrsordnung entsprochen hätte. Im römischen Straßenverkehr ging es weniger um Geschwindigkeit als um den Platz, den der einzelne Verkehrsteilnehmer beanspruchte. Und da musste man sich, wenn es eng wurde, miteinander verständigen – oder aber der Stärkere sein. Was „stärker" hieß, werden wir weiter unten klären.

Die einzige grundlegende Verkehrsregelung, die wohl nicht nur für die Hauptstadt Rom, sondern für alle größeren Städte galt, war das von Caesar verfügte Tagesfahrverbot innerhalb geschlossener städtischer Wohnbebauung. Bis auf wenige Ausnahmen (→ Großstadtprobleme) durften zwischen Tagesanbruch und der zehnten Stunde, d.h. dem Spätnachmittag, keine Fahrzeuge fahren. Die wichtigste Sonderregelung galt für Baufahrzeuge – aber nur für diejenigen, die Material von und bis zu Baustellen der öffentlichen Hand beförderten. Die Vestalischen Jungfrauen und einige Priester waren die einzigen Menschen, die eine uneingeschränkte Sondererlaubnis zur Personenbeförderung auf Rädern hatten. Weitere Genehmigungen stellten die Behörden nur in sehr seltenen Fällen aus.

Durch dieses Tagesfahrverbot verbesserte sich die Verkehrssituation am Tage zwar, aber man konnte trotzdem nicht von einer echten Entspannung sprechen: Eine Menge Verkehr verlagerte sich auf die Nachtstunden – eine Lärmquelle, die vielen Menschen besonders in den nicht schallgeschützten Mietwohnungen im Zentrum den Schlaf raubte.

Aber auch ohne Fuhrwerksverkehr herrschte zumal auf den Straßen der Hauptstadt meist qualvolle Enge. In dem chaotischen Verkehrsgewühl bildeten sich immer wieder lange Fußgängerstaus. In der City war es mühsam voranzukommen. Man brauchte viel Zeit und gute Nerven, um an sein Ziel zu gelangen. Wer zur Oberschicht gehörte oder wohlhabend war, ließ sich gern von einem eindrucksvollen Gefolge begleiten, dem Entgegenkommende meist von sich aus Platz machten. Auch stämmige Sklaven – als Sänftenträger oder „Bodyguards" – waren gute „Argumente", um sich in der Menschenmenge durchzusetzen. Beamten, Senatoren und anderen hochgestellten Personen, die man an ihren Rangabzeichen oder ihrer Kleidung erkannte, wichen einfache Leute nach Möglichkeit aus.

Ähnlich funktionierte der Vorrang an Engstellen auf öffentlichen Straßen außerhalb der Stadt. An vielen Stellen kamen zwei Fuhrwerke

nicht aneinander vorbei; dann mussten sich Kutscher oder Treiber, wenn auch unter Beschimpfungen und Flüchen, irgendwie einigen, wer zurücksetzte.

Höhergestellten Personen ließ man in der römischen Standesgesellschaft meist freiwillig die Vorfahrt; sie verfügten allerdings gerade auf längeren Reisen häufig über eine „schlagkräftige" Begleiterschar, um sich notfalls mit Gewalt durchzusetzen.

Um den Verkehr in Bahnen zu lenken, wurden manche Straßen und Plätze für Reiter und Wagenverkehr komplett gesperrt. Auf das Forum Romanum und die Kaiserforen gelangten nur Fußgänger. Manche Straßen durften, wie sich in Pompeji zeigt, nur in einer Richtung befahren werden. Verkehrszeichen gab es nicht. Bei Verkehrsunfällen ermittelten die Behörden nicht den Verursacher, um ihn zu bestrafen. Dabei entstandene Schäden mussten vielmehr zivilrechtlich eingeklagt werden. Ein Gericht entschied dann unter Umständen mithilfe von Zeugenaussagen, welcher am Unfall Beteiligte dem oder den anderen den Schaden ersetzen musste. Das konnte durchaus teuer werden, aber zumindest musste der „Schuldige" seinen Führerschein nicht abgeben. Den gab es nämlich nicht.

Voodoo-Puppe

Wer einem Rivalen oder Feind mit magischen Kräften ein schlimmes Schicksal herbeiwünschen wollte, bediente sich dazu bleierner → Fluchtafeln, die er im Boden versenkte. Wollte er es besonders gründlich tun, so vergrub er zusätzlich noch eine oder mehrere Zauberpuppen, die das Opfer darstellen sollten. Das waren wenige Zentimeter große menschengestaltige Figürchen aus Wachs, Ton, Blei oder Bronze. Sie waren oft beschriftet, und zwar mit dem Namen des Verfluchten und einem wenig frommen Wunsch, was ihm möglichst an Üblem widerfahren solle. Um das zusätzlich zu illustrieren, wurde manche Puppe mit Nadeln oder

Nägeln durchbohrt – nicht selten an demselben Körperteil, dem im Text alles Schlechte gewünscht wurde. Nach einem auf Haiti praktizierten magischen Geheimkult werden solche Puppen in der englischen Literatur auch als „Voodoo Dolls" bezeichnet, „Voodoo-Puppen". Solche Mini-„Stellvertreter" für die verfluchten Menschen sind überall im Mittelmeerraum ans Licht gekommen; in den letzten Jahren gab es auch in Athen und Rom geradezu sensationelle Funde solcher „Fluchpuppen".

Die harmlosere Variante war Teil eines Liebeszaubers, bei dem die Statuette mit Bronzenadeln an zahlreichen Körperteilen durchbohrt wurde. Dieses Durchbohren galt aber nicht als symbolische Zerstörung, sondern nur als magische Erinnerung. Die Formel, die bei jedem Stich gesprochen werden musste, hieß: „Ich durchbohre der XY das und das Körperglied, damit sie an niemanden denkt außer an mich, den XY".

Waffenbesitz

silent (...) *leges inter arma*, „inmitten der Waffen schweigen die Gesetze". Mit diesem später zum geflügelten Wort avancierten Satz rechtfertigt Cicero das Notwehrrecht, das die Natur jedem zugestehe, der sein Leben retten wolle, wenn er von Räubern oder Feinden angegriffen werde. Diese naturrechtliche Selbstverständlichkeit respektiere auch das römische Recht, fährt er fort. Es verbiete das Tragen von Waffen nur für den Fall, dass jemand ein Verbrechen damit plane oder ausführe (Cic. Mil. 10f.).

Cicero ist bei diesen Ausführungen Partei. Er verteidigt den Bandenführer Milo gegen die Anklage, seinen Widersacher, den Bandenführer Clodius, im Jahre 52 v. Chr. auf der Via Appia in einem Straßenkampf ermordet zu haben. Insofern muss man seine Behauptung kritisch prüfen. Sie steht aber tatsächlich im Einklang mit der *Lex Cornelia de sicariis et veneficis*, „dem Cornelischen Gesetz über Meuchelmörder und Giftmischer" aus dem Jahre 81 v. Chr. Darin wurde nicht der Waffenbesitz, sondern der Waffenmissbrauch unter Strafe gestellt. Mit dieser juristischen Fixierung reagierte der Gesetzgeber auf die bürgerkriegsähnlichen Auseinandersetzungen der späten Republik. Das neue Gesetz war offenbar eine Verschärfung der bestehenden Vorschriften, keine grundsätzliche Neuorientierung.

Für das Zentrum Roms, das innerhalb des Pomeriums, der sakralen Stadtgrenze, lag, galt seit jeher ein striktes Waffenverbot. Soldaten mussten ihre Waffen abgeben, bevor sie diese Grenze zwischen den Rechtsbereichen *domi* („zu Hause", „zivil") und *militiae* („im Felde", „militärisch") überschritten. Auch für Zivilisten galt die entsprechende Vorschrift. Sie untersagte das Tragen von Waffen aller Art; selbst Knüppel und Steine fielen wohl darunter. Dagegen ist unklar, ob der Besitz und die Lagerung von Waffen ebenfalls untersagt waren – und erst recht, ob bzw. bis zu welchem Grad sich die Menschen danach richteten. In einer Gesellschaft, die angesichts eines sehr unterentwickelten Polizeiapparats auf → Selbsthilfe ihrer Bürger setzte, konnte der Staat, selbst wenn er gewollt hätte, keinen Anspruch auf ein bedingungsloses Gewaltmonopol durchsetzen. Sicher ist, dass selbst in den blutigen Krawallen der Gracchenzeit (133–121 v. Chr.) und späteren Straßenkämpfen keineswegs alle Beteiligten scharfe „Kriegswaffen" zur Verfügung hatten. In ruhigen Zeiten waren die Bewohner Roms und der anderen Städte jedenfalls unbewaffnet unterwegs.

Anders verhielt es sich auf Reisen. Um sich vor Räubern zu schützen, bewaffneten sich viele oder ließen sich von bewaffneten Sklaven begleiten. Das galt natürlich auch für private Trupps, die auf der Suche nach Vermissten oder Verschleppten waren. Dieses Recht räumte auch die *lex Iulia de vi publica* („Julisches Gesetz über Gewalt im öffentlichen Raum") ein, mit der Augustus die Bestimmungen zum Waffenbesitz weiter einschränkte. Eine weitere Ausnahme galt für Jagdwaffen. Weitergehender Waffenbesitz, erst recht das Horten von Waffen wurde unter Strafe gestellt, und zwar ausdrücklich auch für Land- und Bauernhäuser (Dig. XXXXVIII 6, 1).

Sicherlich ließ sich das Gesetz unterschiedlich auslegen. Gab jemand vor, auf Reisen oder auf die Jagd zu gehen, so hatte er zunächst einmal freie Hand. Und sicher hatten die – ohnehin spärlichen – Sicherheitskräfte auf dem Land anderes zu tun, als Razzien auf Landgütern durchzuführen, um die Einhaltung des Waffengesetzes zu überprüfen. Gleichwohl war die „Ansage" des Staates an seine Bürger ebenso klar wie bemerkenswert: Der Gebrauch von Waffen ist auf den absoluten Ausnahmefall beschränkt und Konflikte sind nicht mit Waffengewalt auszutragen. Hinzu kam die juristische Klarstellung, dass „wir unter bewaffneten Menschen alle zu verstehen haben, die nicht nur Waffen mit sich führen, sondern auch Gegenstände, die Schaden anrichten können" (Dig. XXXXVIII 6, 9).

Wie ernst es der Staat damit meinte, mussten die Einwohner von Pompeji im Jahre 59 n. Chr. schmerzlich erfahren. Dort war es zwischen rivalisierenden Zuschauergruppen aus Pompeji und der Nachbarstadt Nuceria im und rund um das Amphitheater zu schweren Auseinandersetzungen gekommen. Zuerst flogen Schimpfwörter hin und her, dann Fäuste, dann Steine – und dann „wurde auch zur Waffe gegriffen", berichtet Tacitus (ann. XIV 17, 1). *ferrum* sagt der Historiker; das kann das „Schwert" oder der „Dolch" sein. Aber es gibt ein weiteres Dokument, das die Frage klärt: Auf einem berühmten Fresko, das die Ausschreitungen zeigt, kämpfen einige Männer mit Schwertern. Woher die kamen, als die Situation eskalierte, bleibt unklar. Es gab etliche Tote – ein Riesenskandal, dessen Untersuchung Rom sofort an sich zog.

Die Reaktion des Senats ließ an Deutlichkeit nichts zu wünschen übrig: Er schickte den Veranstalter und weitere Verantwortliche ins Exil und sperrte die Arena von Pompeji auf die Dauer von zehn Jahren für Gladiatorenkämpfe (Tac. ann. XIV 17, 2). Die waren in Pompeji mindestens ebenso beliebt wie anderswo – eine überaus harte Sanktion, die sicher auch als Lektion für die illegalen Waffenträger und die laxen Kontrollen der lokalen Behörden gedacht war. Der Vorfall zeigt, dass gesetzliche Bestimmungen nicht unbedingt ein Spiegel der tatsächlichen Ver-

Stimmt es, dass ...

... der Limes eine Art Eiserner Vorhang der Antike war?

Nein. Limes-Anlagen bauten die Römer dort, wo es keine natürliche Grenze wie Gebirge und Flüsse (z. B. den Rhein) zwischen ihrem Reich und dem „Barbaricum" („barbarischen Ausland") gab. Die Grenzanlage mit Graben, Palisaden-Wall und Wachttürmen war zwar eine aufwendige militärische Befestigung, die schwer zu überwinden war und von Wachmannschaften und Patrouillen geschützt wurde. Aber sie diente keineswegs dazu, die Grenze hermetisch abzuriegeln, wohl aber ermöglichte sie es, sie zu kontrollieren und gewissermaßen im Griff zu haben.

Der Limes zeigte den außerhalb des Imperiums lebenden Völkern unübersehbar auf, wo ihr Gebiet zu Ende war – eine Art überdimensionales Stoppschild, das auch römische Hightech im Fortifikationsbau demonstrierte und Eindruck machen sollte. Auf diese Weise wurden die auf römischer Seite nahe der Grenze gelegenen Dörfer und Einzelgehöfte (*villae*) vor Überfällen aus dem „Barbaricum" geschützt.

Es gab aber zahlreiche Übergänge, an denen Personen und Waren in beide Richtungen wechseln konnten. Die Grenzposten registrierten dort, wer wohin unterwegs war, und die Zollbeamten hatten durch die Kanalisierung des Verkehrs wenig Mühe, die fälligen Steuern auf die im- und exportierten Waren zu erheben. Die Zollabgabe betrug an den Außengrenzen des Reiches immerhin 25 % vom Warenwert.

hältnisse sind – keine überraschende Erkenntnis, aber doch eine Warnung vor allzu blauäugigem Vertrauen in die juristische Norm als „Beschreibung" der Realität. In der Spätantike sah man weiteren Handlungsbedarf: Seit dem Jahre 364 war es Privatleuten grundsätzlich verboten, Waffen zu haben, wenn sie nicht im Besitz einer speziellen kaiserlichen Erlaubnis waren (Cod. Theod. XV 15, 1).

Trotz aller Probleme bei der Kontrolle der einschlägigen Vorschriften und einer gewiss sehr hohen Dunkelziffer von Verstößen lässt sich doch ein erstaunliches Resümee ziehen: Rom, das ein Image als ausgesprochene Militärmacht hat und das einen gewaltigen Teil seines Staatsbudgets in seine Streitkräfte investierte, hat im Inneren eine konsequente Pazifizierungsstrategie verfolgt. Waffen gehörten, so das Credo, im Grundsatz nicht in die Hände von Zivilisten. Von der Vorstellung eines „Bürgerrechts auf Waffenbesitz und Waffentragen" waren die Römer weit entfernt.

Wagenlenker – Die Top Ten

Wagenrennen waren in Rom außerordentlich populär. Der Circus Maximus, in dem sie meist stattfanden, war mit rund 250.000 Sitzplätzen die größte Sportkampfbahn, die je erbaut worden ist. Wie die anderen Stars des römischen Showbusiness unterlagen auch die Wagenlenker (*agitatores; aurigae*) der gesellschaftlichen Geringschätzung; sie galten als *infames* („ehrlos").

Die einzelnen erfolgreichen Wagenlenker aber waren umjubelte Stars und hatten eine große Fangemeinde. Sie fuhren für eine der vier nach → Farben unterschiedenen Rennparteien (Blaue, Grüne, Rote, Weiße). Eine Sonderklasse stellten die *milliarii* dar, die Wagenlenker, die mindestens 1000 (*mille*) Siege errungen hatten. Von den über 200 namentlich bekannten Jockeys gehörten folgende zehn dieser Extraklasse an:

1. Platz

Pompeius Musclosus errang im 1. Jh. n. Chr. die mit Abstand größte Anzahl von Siegen; nämlich fast unglaubliche 3559. Er muss mehrere Jahrzehnte lang der Star des Circus Maximus gewesen sein. Nähere biographische Angaben liegen aber nicht vor (CIL VI 10048).

2. Platz

M. Aurelius Liber errang im 2./3. Jh. n. Chr. wohl mehr als 3000 Siege (die Überlieferung ist nicht ganz klar). Nach seiner Karriere als Wagenlenker wurde er Ausbilder junger Talente, wechselte dann ins Management und stieg zum Chef der grünen Rennpartei auf (CIL VI 10058=ILS 5296).

3. Platz

Flavius Scorpus, ein Freigelassener, fuhr im 1. Jh. n. Chr. 2048 Siege ein. Seine Anhänger stifteten ihm vergoldete Ehrenstatuen. Für seine Siege bezog er angeblich säckeweise Gold. Schon mit 27 Jahren war seine Kar-

riere vermutlich durch einen tödlichen Arbeitsunfall zu Ende. Der Dichter Martial feiert ihn als *clamosi gloria circi*, „Ruhm des lärmenden Circus". Die Schicksalgöttin, so Martial weiter, habe Scorpus irrtümlich dahingerafft, weil sie ihn wegen der großen Zahl seiner Siege für einen *senex*, „alten Mann", gehalten habe (X 53).

4. Platz

Pontius Epaphroditus, ein gebürtiger Sklave, fuhr stets nur für die blaue Partei. Er errang in seiner vermutlich mehr als 20-jährigen Karriere im 2. Jh. n. Chr. 1467 Siege (CIL VI 10048).

5. Platz

C. Appuleius Diocles, gebürtiger Lusitanier (heute: Portugal). Er errang bei 4257 Starts 1462 Siege. Seine Siegespreise summierten sich auf annähernd 36 Millionen Sesterze. Damit war er der Topverdiener unter allen Athleten des Altertums. Sein erstes Rennen fuhr er im Jahre 122; danach blieb er 24 Jahre als Jockey aktiv. Alle paar Jahre wechselte er den Rennstall; im Laufe seiner Karriere war er für alle vier „Farben" unterwegs (und siegreich). Seine Grabinschrift rühmt ihn als *omnium agitatorum eminentissimus*, „den herausragendsten unter allen Wagenlenkern" (CIL VI 10048).

6. Platz

P. Aelius Gutta Calpurnianus, ein Freigelassener. Er fuhr im 2. Jh. n. Chr. hintereinander für alle vier Rennställe. Aelius Gutta siegte 1127-mal und war am Ende seiner Laufbahn wie vermutlich alle seine *milliarii*-Kollegen Multimillionär (CIL VI 19947=ILS 5288).

7. Platz

Ein Fahrer der grünen Rennpartei, dessen Name nicht überliefert ist, siegte 1025-mal (CIL VI 100048=ILS 5287).

8. Platz

Avillius Teres, Freigelassener, fuhr um 100 n. Chr. für die rote und die grüne Partei 1011 Siege ein. Auf einigen Öllämpchen findet sich sein Name (→ Fanartikel) (CIL VI 37834; 100047=ILS 5287).

9./10. Platz

Comminus und Venustus gehörten zu den *milliarii*; nähere Informationen liegen nicht vor.

Wellness

Der moderne Begriff, der über diesem Abschnitt steht, ist gerade einmal ein paar Jahrzehnte alt, die Sache aber ist wesentlich älter. Es ist kein arger Anachronismus zu behaupten, dass die Römer dieses Konzept erfunden und als Erste sozusagen auf breiter Front kultiviert und geradezu gelebt haben, und zwar nicht nur die Angehörigen der Oberschicht.

Wellness – das heißt sich körperlich und seelisch wohlzufühlen, die Seele baumeln zu lassen, um zu einer ziemlich strapazierten Metapher zu greifen, sich zu entspannen und seinem Körper aktiv etwas Gutes zu tun. Wasser ist in diesem Wohlfühl-Konzept ein wichtiges, für viele sogar ein zentrales Element. Baden und Schwitzen, Sport und intensive Körperpflege, geistige Erholung und allgemeines „Relaxen" – das alles gehört zum Wellness-Programm. Und es gehörte auch bei den Römern dazu. Das scheinbar modernistische „Relaxen" weist den Weg: Das sprachliche „Beutewort" aus dem Englischen ist in Wirklichkeit ein auf das lateinische *relaxare* zurückgehender Begriff: „locker machen", „Erholung gönnen". Wenn Cicero sich von den Anstrengungen des Tages erholen wollte, konnte er durchaus schon zu diesem Verb greifen (*animum relaxare* bedeutet „sich erholen"). Als Terminus technicus für wasserbezogene Wellness war es allerdings nicht gebräuchlich.

Am besten zeigt sich das römische Wellness-Konzept im Zusammenhang mit den großen, manchmal monumentalen Thermen. Im Laufe der ersten beiden Jahrhunderte n. Chr. entstanden sie in jeder Stadt des Imperiums. Auch in kleineren Provinzstädten gehörten „Badeanstalten" zum römischen *way of life* – wobei „Badeanstalt" ein untertreibender Begriff ist. Auch wenn die Pracht der riesigen Thermenpaläste der Hauptstadt singulär war, bemühte man sich doch überall um ein repräsentatives Erscheinungsbild der Thermen, das von modernen Zweckbauten weit entfernt war: Stuck und Statuen, Malereien und Marmor gehörten zum *cultus*, der „anspruchsvollen Ausstattung" der Bäder. Ästhetik war Teil des römischen Wellness-Konzepts. Die Thermenbesucher sollten und wollten in eine üppig-ansprechende, vielfach

luxuriöse Badewelt eintauchen. *cultus* bedeutet auch „feiner Geschmack“, „Raffinesse“ und „Kultiviertheit“. Gelegentlich wird dieser (innen-)architektonische *cultus* geradezu als Ausdruck von *humanitas* gefeiert, „wahrem Menschsein“ (ILS 5720).

Ein weiteres Zauberwort in der Ausstattung der Thermen ist *splendor*, „Glanz“ – der Gegenbegriff zu *squalor*, „Schmutz“ aller Art, den man durch einen Thermenbesuch im physischen wie im übertragenen Sinn hinter sich ließ. Wie sehr auch kleinere Bade-Etablissements in der Provinz dem Glanz wahrhaft urbaner Thermen nacheiferten, zeigt ein bemerkenswerter Werbeslogan für ein in ländlicher Umgebung angesiedeltes Bad. Es wirbt mit dem Versprechen *hic more urbico lavatur et omnia commoda praestantur*, „hier badet man nach städtischer Art. Alle Annehmlichkeiten werden geboten“ (ILS 5721).

Man könnte angesichts des Ausstattungsluxus der Bäder leicht spöttisch formulieren: Das Auge badet mit. Aber eben das ist ja Teil auch des Wohlfühl-Versprechens moderner „Wellness-Tempel“ – auch wenn die Plastikpalmen heutiger Spaßbäder es mit den oft überaus wertvollen Originalkunstwerken römischer Thermen nicht aufnehmen können.

Wasser und Wellness gehörten in der Regel zusammen. Das heißt aber nicht, dass Wellness-Gäste besonders großen Wert auf Schwimmen legen. Viele bevorzugen die Bade- und Kosmetik-Angebote oder „relaxen“ stundenlang auf Ruhebetten rings um den Pool. Damit stehen – oder liegen, um es genauer zu sagen – sie ganz in der Nachfolge der Römer. Für sie war das Schwimmen allenfalls Nebensache. Die *nationes*, „Schwimmbecken“, der Thermen waren eher klein, die Wassertiefe war gering, sodass sie eher zum Planschen als zum Schwimmen einluden.

Stattdessen stand das Baden im Vordergrund. Man setzte oder legte sich in Wannen oder größere Becken und genoss vor allem das warme, ständig nachfließende Wasser des *caldarium* („Warmbad“). Oder aber das „Schwitzbad“, die →Sauna, um ordentlich auszuschwitzen. Danach war ein Bad im *frigidarium*, dem Kaltwasserraum, durchaus wohltuend. Das war als einmaliger Vorgang möglich, viele Gäste aber wiederholten ihn. In die Thermen brachte man gewöhnlich viel Zeit mit; ein längerer, über mehrere Stunden sich erstreckender Aufenthalt dort war Teil des römischen Wellness-Konzepts.

Sport, vor allem das Ballspiel, gehörte ebenso zum Programm wie ausgiebige Körperpflege. Unter den zahlreichen Angestellten der Thermen – manche Forscher gehen von einem 1:1-Verhältnis zwischen Personal und Badegästen aus, doch erscheint diese Service-Relation zu hoch gegriffen – gab es Masseure und Haarausrupfer, Bademeister und Ärzte, Friseusen und Dienstleister für Maniküre und Pediküre. Dazwischen tummelten sich Verkäufer aller Art, die Getränke und Snacks verkauften. Liest man die überaus anschauliche einschlägige Darstellung Senecas (ep. 56, 1–3), so gewinnt man nicht den Eindruck, dass Ruhe als Teil balnearischer Entspannung großgeschrieben worden wäre. Römische Wellness kam durchaus lärmend daher.

Zu den Spezialaufgaben der Bademeister (*balneatores*), die man vermutlich zusätzlich bezahlen musste, gehörten das Übergießen der Badegäste mit warmem Wasser und die Vorbereitung aromatisierter Wannen, deren Wasser mit edlen Zusätzen wie Safran und anderen mehr oder weniger exotischen Düften „angereichert" war. Diese Luxusbäder soll Kaiser Caligula im 1. Jh. n. Chr. erfunden haben (Suet. Cal. 37, 1). Andere Kaiser taten es ihm nach (Hist. Aug. Elag. 21, 6), und man darf sicher annehmen, dass auch Privatleute diese aromatische Wellness-Variante zu schätzen wussten. *unctores*, „Einsalber", gehörten zum Stammpersonal der Thermen, auf das viele Badegäste für die Körperpflege zurückgriffen. Die Creme unter diesen Servicekräften waren die *iatraliptae*, „Heilmasseure", die eine ärztliche Ausbildung durchlaufen hatten (wobei es allerdings keinerlei staatliche Prüfungen oder gar Approbationen für medizinische Berufe gab). Sie sind wohl am ehesten modernen Physiotherapeuten vergleichbar.

Wie sehr das römische Wellness-Konzept auch in diesem Punkt dem modernen ähnelt, lässt eine Bemerkung Ciceros erkennen. Er stellt fest, dass diese medizinischen Masseure „sich um die Wiederherstellung der Körperkräfte und einer gesunden Gesichtsfarbe kümmern" (fam. I 9, 15). Sie boten Anwendungen wie Schwitzbäder, Frottierungen, Massagen und Gymnastik an und waren zu gewissen Zeiten so in Mode, dass sie als Wellness-Anbieter eine Menge Geld verdienten (Plin. NH XXIX 4). Auch als Geschäft ist Wellness offenkundig nicht erst eine Erfindung des 20. Jh.s.

Zur körperlichen Entspannung trat die geistige Erholung. Auch dafür gab es in den Thermen mancherlei Angebote. Zumal die großen Badepaläste verfügten über gut sortierte Bibliotheken; sie organisierten Dichterlesungen und Vorträge und stellten nicht zuletzt allgemeine Foren der Geselligkeit dar, insofern man mit anderen Thermenbesuchern zwanglos ins Gespräch kam und manche anregende Unterhaltung führte.

Besonders intensive Wellness-Angebote versprachen Kurorte, die ihre Gäste mit heilsamem Thermalwasser anlockten. Ärzte empfahlen Wasserkuren als Therapie für zahlreiche Krankheiten; das medizinhistorische Schrifttum der Antike ist geradezu gespickt mit Indikationen auf der Grundlage der Balneotherapie. Aber auch ohne spezifische medizinische Gründe suchten viele Badegäste Entspannung in Heilbädern. Und das nicht nur in Italien, sondern im gesamten Imperium und nicht zuletzt in der klimatisch unwirtlichen germanischen Provinz: Baden-Baden und Badenweiler, Aachen und Wiesbaden, Bad Gögging und Bad Vilbel sind allesamt römische Gründungen, die ihre Existenz warmen Heilquellen verdankten. Römische Legionäre und Zivilisten ließen es sich dort schon vor rund 2000 Jahren gut ergehen.

Zum führenden, ja geradezu legendären Kurort aber avancierte spätestens im 1. Jh. v. Chr. das am Golf von Neapel gelegene Baiae. Heiße Quellen begründeten den Ruf des Heilbades, das nicht nur am Meer, sondern auch an zwei hübschen Binnenseen lag. Zur gesundheitlichen Indikation gesellte sich bald gewissermaßen die Spaß-Indikation. Man reiste für einige Wochen nach Baiae, um sich zu vergnügen. Vermögende ließen sich dort eine eigene luxuriöse Villa erbauen. Baiae wurde zum Treffpunkt der mondänen Welt. Modern ausgedrückt: Zum *playground* der römischen Oberschicht, zur In-Destination für exklusive Badeferien. Noch in der Spätantike war Baiae unabhängig von der geographischen Lage ein allgemeines Synonym für Bade- und Wellness-Freuden. Ein Epigramm aus dem Nordafrika des 5./6. Jh. n. Chr. schwärmt von der *baiarum grata voluptas* eines kleinen Thermen-Neubaus, dem „angenehmen Vergnügen des Bades“ (AE 1968, 610).

Zur bajanischen Wellness gehörten alle Vergnügungen nicht nur, aber auch rund um das Wasser: Kur- und Badefreuden im Thermalwasserbecken, Segeltörns und Bootspartien, Strandspaziergänge und -partys, dazu Bankette und Trinkabende und nicht zuletzt amouröse Abenteuer, die in den Augen von Moralisten Baiaes zweifelhaften Ruf als *deversorium vitiorum*, „Herberge aller Laster“ (Sen. ep. 51, 3), begründeten. „Ein Strand, der keuschen Mädchen schon oft feindlich war“, charakterisiert der Liebesdichter Properz die vermeintliche Reichshauptstadt der *libido*, „Wollust“, und Ovid kokettiert mit dem therapeutischen Ruf des bajanischen Heilwassers, das wegen der erotischen Eskapaden mancher Gäste „doch nicht so gesund ist, wie man sagt“ (ars am. I 258). Da ist auch eine Menge Übertreibung und Augenzwinkern im Spiel, wobei die Kurdirektion von Baiae alles getan haben dürfte, um dieses umsatzfördernde Image zu propagieren. Kurzum, es waren die *centum deliciae Baianae*, die „hundert Genüsse Baiaes“ (Mart. I 59, 1f.), die den kampanischen Kurort zu einem einzigartigen Wellness-Dorado machten (→ Traumurlaub).

Von diesem „Lustort“ – so die ältere Literatur – ausgehend, kann man das Erfolgsrezept römischer Wellness in einem Begriff zusammenfassen: *voluptas*, „Vergnügen“, „Lebensfreude“. Für die kleinen Leute waren das ein paar unbeschwerte Stunden außergewöhnlicher „Lebensqualität“, die sie inmitten der Thermenpracht erlebten, kurze Ausbrüche aus ihrem sonst von Sorgen und materiellen Nöten geprägten Alltag; für die Oberschicht waren die Privatthermen auf ihren Landsitzen und die Ausflüge in die Kurorte Teil ihrer luxuriösen Lebensweise, boten aber auch Entspannung von einem oft fordernden Alltag mit zahllosen *negotia*, „offiziellen Verpflichtungen". Wie sehr das Wasser dabei als wesentliches Element physischen und psychischen Wohlgefühls gesehen wurde, zeigt ein lateinischer „Slogan", der noch heute *das* Kürzel für Wellness ist: *sanus per aquam*, „gesund durch Wasser", abgekürzt SPA.

Wildpinkeln

Der Begriff, mit dem dieser Abschnitt überschrieben ist, hat sich seit einiger Zeit eingebürgert. In Deutschland gibt es mittlerweile sogar den ersten (inoffiziellen) Bußgeldkatalog für „Wildpinkeln". Bei erstmaligem Vergehen kostet das öffentliche Urinieren je nach Kommune zwischen 35 und 75 Euro. Der Ausdruck mag unschön sein, die Sache selbst ist indes deutlich unschöner.

Das fanden auch die Bürger römischer Städte – und sie warnten mögliche Übertreter mit drastischen Formulierungen vor entsprechenden Verunreinigungen der Straße vor ihrer Haustür. „Wer hier hin pinkelt oder hin kackt, soll sich den Zorn aller ober- und unterirdischen Götter zuziehen", heißt es in einer Drohung aus Rom (CIL VI 13740). In Pompeji werden mehrfach *cacatores*, „Kacker", vor einem (nicht näher spezifizierten) *malum*, „Übel", gewarnt (CIL IV 3782; 6641). Der Zorn Jupiters wird auf einen weiteren Wild-*cacator* herabbeschworen (CIL IV 7716); in den Titus-Thermen der Hauptstadt bekommt Jupiter bei der Ahndung des Vergehens zusätzlich Verstärkung durch „zwölf Götter und Göttinnen" (CIL IV 29848).

Lässt sich dieser inschriftliche Befund – etwa ein Dutzend solcher Warnungen ist überliefert – so interpretieren, dass es in römischen Städten eine Menge Leute gab, die die Straßen durch Urin und Kot verschmutzt haben? Wohl kaum. Eher galten die Drohungen einer kleinen

Minderheit von *stercorarii* („Schmutzfinken“; vgl. CIL IV 7038), die unanständigerweise nicht eine Latrine oder ein *necessarium* aufsuchten, um ihre Notdurft zu verrichten. Ob darüber hinaus von den Tuchwalkern an den Straßen als Pissoirs aufgestellte Amphoren Männern eine schnellere Alternative zum „Wildpinkeln“ boten, kann nach neuesten Forschungen nicht mehr als sicher gelten. A. Wilson hat diese seit dem 19. Jh. „geltende“ These einer kritischen Überprüfung unterzogen. Seine genaue Analyse der wichtigsten Quellen (Mart. VI 93; XII 48; Macrob. Sat. II 16, 15) lässt erhebliche Zweifel an der Existenz dieser vermeintlichen Urin-Sammelstellen aufkommen (in G. Jansen u.a. (Hgg.), Roman toilets, Leuven 2011, 151ff.). Abgesehen davon: Wie hätte man sich eigentlich die Nutzung solcher Amphoren im Straßengewühl Roms oder Pompejis in der Praxis vorzustellen?

Mag sein, dass der eine oder andere sich dachte, die Straßen würden ja eh durch das Überlaufwasser der Brunnen gespült, mag sein, dass Betrunkene es mit der Rücksichtnahme auf die Siedlungshygiene nicht ganz so genau nahmen, mag sein, dass gelegentlich sogar Frauen sich in einem Tempel gehen ließen (Juv. VI 313 allerdings im polemisch-satirischen Kontext der berüchtigten „Weibersatire") – es gibt aber keinen Hinweis darauf, dass es sich dabei um ein normgerechtes Verhalten gehandelt hätte und die Straßen und Bürgersteige römischer Städte gewissermaßen flächendeckend von menschlichen Urin- und Kot-Hinterlassenschaften bedeckt gewesen wären. Wer sich erwischen ließ, erntete mindestens böse Blicke und missbilligende Bemerkungen seiner Mitbürger und bezog wohl auch, wenn Amtsträger damit befasst wurden, eine Geldstrafe. Das ergibt sich allerdings nur indirekt aus einer Passage im „Traumdeutungsbuch" Artemidors: „Es träumte einem, er uriniere mitten im Theater und inmitten einer Volksmenge. Natürlich verstieß er damit gegen Sitte und Ordnung. Denn er brachte gegenüber den herrschenden Gesetzen und gegenüber den Zuschauern seine Geringschätzung zum Ausdruck" (IV 44).

Geschah die Verunreinigung im Umfeld einer der vielen Wasserentnahmestellen, so riskierte jemand, der „das Wasser mutwillig stinkend machte", eine Strafe von 10.000 Sesterzen (Front. 97; vgl. Dig. XLVII 11, 1, 1). Zumindest bei Verstößen gegen den Trinkwasserschutz war das „Wildpinkeln" – oder gar öffentliches *cacare* – alles andere als ein Kavaliersdelikt.

Gewiss, „nur" weil etwas verboten und unter Strafe gestellt ist, entspricht das von den Bürgern eingeforderte Verhalten nicht gleich der Realität. Wie sehr Norm und Wirklichkeit in diesem pikanten Bereich zur Deckung kamen, lässt sich nicht genau sagen. An manch einer unbeobachteten, dunklen Stelle im Stadtgebiet mag es gewaltig gestunken haben.

Das gilt auch und gerade für Gräberstraßen. Macht man sich klar, dass die Hauptrouten vor den Städten kilometerlang von Gräbern gesäumt waren, und zwar dicht an dicht, dann stellte sich bei manch einem Fußgänger, der da unterwegs war (*viatores* waren die größte Gruppe der Straßennutzer) schon mitunter eine arge Not ein: Wo sollte er seine Notdurft verrichten, ohne die Pietät gegenüber den Verstorbenen zu verletzen? Viele folgten dem Ruf der Natur und verschwanden kurz hinter einem Grabbau – und zogen sich damit den Zorn der Eigentümer zu. Die taten alles, um Verschmutzer vom Grab ihrer Verwandten fernzuhalten. Verbotstafeln bzw. -inschriften waren üblich. Besonders originell kommt die Warnung einer gewissen Urtica daher. Die „Stimme aus dem Grab" warnt davor, sich sozusagen bei ihr zu erleichtern, und herrscht den potenziellen Übeltäter mit einem *discede, cacator!* an, „hau ab, Kacker!" – um dann noch einen begründenden Pentameter hinzuzufügen: *non est hic tutum culu(m) aperire tibi*, „hier ist es für dich nicht sicher, deinen Hintern zu öffnen" (CIL IV 8899). Warum nicht? Der sprechende Name der Warnerin gibt die Antwort: Urtica heißt die „Brennnessel".

Eine andere Methode, ihr Grab vor „Wildpinklern" und „Wildkackern" zu schützen, konnten sich nur sehr vermögende Leute leisten. Sie ging mächtig ins Geld, aber der neureiche Trimalchio in Petrons Schelmenroman „Satyrica" ist entschlossen dazu: „Ich werde einen meiner Freigelassenen an meinem Grab als Wächter aufstellen lassen, damit die Leute nicht an mein Grabmal zum Kacken laufen" (71,8)

Zebrastreifen

Manche Besucher Pompejis fühlen sich beim Anblick der Trittsteine über einige Straßen an Zebrastreifen erinnert. Schwere Basaltblöcke im Schrittabstand ermöglichen es, ohne Niveauunterschied von der einen auf die andere Straßenseite zu gelangen. Über die wesentliche Funktion dieser Fußgängerüberwege besteht in der Forschung Uneinigkeit. Dienten sie der Verkehrssicherheit, der Bequemlichkeit oder der Schmutzvermeidung?

Vermutlich spielten alle drei Intentionen eine Rolle. Auf die Kutscher von Fuhrwerken wirkten die Steine disziplinierend. Sie zwangen sie, in der Spur auf ihrer Seite zu bleiben und nicht mitten auf der Straße zu fahren. Auch dürften sie das Tempo gedrosselt haben, damit Räder und Wagen bei einem Aufprall keinen Schaden nahmen. Auf die Spurbreite der Wagen (zwischen 1,40 und 1,60 m) nahm man bei der Verlegung der Trittsteine Rücksicht.

In vielen Darstellungen liest man, der steinerne „Zebrastreifen“ habe die Fußgänger davor schützen sollen, auf nasse und schmutzige Straßen zu treten. Tatsächlich wurde das Überlaufwasser der Brunnen zur Straßensäuberung in die Rinnsteine abgeleitet. Auch Regenwasserpfützen ließen sich so umgehen. Das dürfte indes kaum der Ausschlag gebende Grund gewesen sein; denn in engeren Straßen gab es überhaupt keine Bürgersteige. Dort mussten die Passanten wohl oder übel über die Straße gehen, machten sich dort also je nach Wetter und Straßenzustand die Schuhe oder sogar die Füße nass und schmutzig.

Die insgesamt 113 Übergangssteine führten vorrangig über Hauptstraßen mit Bürgersteigen. Die hatten eine z. T. beträchtliche Höhe, doch war das für Römer, die hohe Stufen aus Theatern und Arenen kannten, keine besondere Zumutung. Aber natürlich erhöhte es den Gehkomfort, wenn man ohne lästiges Ab und Auf wechseln konnte. Bei dem dichten Verkehr, der auf Straßen wie Bürgersteigen herrschte, erleichterten die Trittsteine den Übergang auf die andere Seite erheblich. Man könnte fast sagen: Sie luden dazu ein. Da sie überall dort vorkommen, wo viele Geschäfte und Tavernen lagen, mag sich auch der Handel für diese Erleichterung eingesetzt haben. Das „Shoppen“ wurde bequemer, wenn man zwischen den Auslagen und Angeboten beider Straßenseiten hin- und herpendeln konnte.

Ein Rätsel bleibt jedoch bestehen: Warum hat die Nachbarstadt Herculaneum dieses pompejanische „Modell“ gänzlich ignoriert? Warum hat es sich bis auf wenige Ausnahmen in anderen römischen Städten nicht durchgesetzt? Da das „System“ auch in Pompeji deutliche Schwerpunkte aufweist, wäre es denkbar, dass sich Nachbarschaften in bestimmten Vierteln dafür besonders stark gemacht haben, möglicherweise in einer frühen Form der Bürgerinitiative. Aber das reicht, zugegeben, weit in den Bereich der Spekulation.

Zocker

Der römische Historiker Tacitus beschreibt die Germanen seiner Zeit als ausgesprochen glücksspielsüchtig. Er bescheinigt ihnen eine fast unglaubliche „Leichtfertigkeit im Gewinnen und Verlieren“: Einige setzten Tacitus zufolge beim letzten Wurf sogar ihre Freiheit, ja ihr Leben aufs Spiel (Germ. 24, 2).

Leichtfertigkeit beim Glücksspiel? Das sagen die Richtigen, hätten die Germanen erwidern können, wenn sie Tacitus' berühmte „Germania“ hätten lesen können. Denn auch die Römer waren, modisch formuliert, echte Zocker – wobei sie im Unterschied zu den Germanen beim hitzigen Glücksspiel nicht nüchtern blieben, sondern der Wein in manchen Hinterzimmern reichlich floss.

Gab es Casinos oder sogar „Spielhöllen“? Offiziell nicht. Aber manche Kaschemmen dürften sich von ihren modernen „Nachfolgern“ kaum unterschieden haben. Nicht wenige Wirte duldeten das illegale Würfelspiel um Geld, weil sie damit Gäste anlockten und größeren Umsatz machten – obwohl sie dann als *susceptores*, „Glücksspielunternehmer“, galten und keinerlei Rechtsschutz genossen, wenn etwa in Streit geratene Zocker randalierten und das Inventar der Taverne zertrümmerten. Aber auch in den vornehmen Häusern der Reichen wurde mancher Raum zum „Privatcasino“ umfunktioniert, wenn der Hausherr mit seinen Freunden und Bekannten seiner Spielleidenschaft frönte. „Zockerei“ war in Rom keineswegs nur ein Vergnügen der kleinen Leute, sondern war in allen Schichten der Gesellschaft zuhause. Selbst einige Kaiser waren passionierte Würfelspieler, die mit hohen Einsätzen hantierten, unter ihnen Augustus, Caligula, Verus und Commodus. Kaiser Claudius verfasste sogar eine Schrift über das Würfelspiel und erfand einen Spezialtisch zum Würfeln im Reisewagen. In seiner Vergesslichkeit ließ er selbst Männer zum „Spielchen“ in den Palast holen, die er kurz zuvor zum Tode verurteilt hatte (Suet. Claud. 39; 33).

Dabei war das Spielen um Geld gesetzlich verboten (Dig. XI 5, 2).

Wer beim illegalen Glücksspiel erwischt wurde, musste bis zum Vierfachen des Einsatzes als Buße zahlen. Im Wiederholungsfall drohte sogar Zwangsarbeit im Bergwerk. Davon ließen sich aber nur wenige „Zocker" abschrecken. Tatsächlich waren die Kontrollen, die die Polizei durchführte, selten und lasch. Regelrechte Razzien, bei denen man ganze Zockerrunden „hochgehen" ließ, fanden extrem selten statt. Nur an wenigen Tagen des Jahres war das Glücksspiel mit Geldeinsätzen erlaubt: an den römischen „tollen Tagen", den Saturnalien, die vom 17. bis zum 23. Dezember gefeiert wurden. Dann „regierte der Würfelbecher", beschreibt Martial die ausgelassene Stimmung (XI 6, 2), und dann konnte man ohne Angst und schlechtes Gewissen auch mit hohen Einsätzen spielen. Allerdings auch ohne den Reiz des Verbotenen, den vermutlich manch ein Spieler als besonderen „Kick" empfand.

Ging es sonst beim Würfelspiel mit rechten Dingen zu? Die „Zocker-Szene“ ist ja durchaus anfällig für Manipulationen und Betrügereien. Das war im Alten Rom nicht anders. Deshalb bedienten sich viele Spielerrunden vorsichtshalber eines Würfelbechers (*fritillus*), durch den Falschspielen erschwert, aber keineswegs unmöglich gemacht wurde. In den Quellen ist nicht selten die Rede davon, dass einige Leute mit gezinkten Würfeln spielten oder durch andere Manipulationen das Glück (und den Gewinn) auf ihre Seite zogen – einschließlich des Kaisers Caligula, der seine Gewinnchance „durch Falschspiel und Meineid steigerte“, wie sein Biograph anmerkt (Suet. Calig. 41, 1f.). Die Archäologie bestätigt die Aussage der schriftlichen Überlieferung: Es haben sich gezinkte Würfel gefunden, die durch Gewichtsverstärkung oder abgeschliffene Kanten bestimmte Werte bevorzugt fallen ließen. Kurios sind auch Würfel mit falschen Zahlenwerten. Bei einem Exemplar kommen die niedrigen Werte 1–3 überhaupt nicht vor; die höheren Werte sind stattdessen zweimal „besetzt“ – ob da die Mitspieler auf längere Zeit nicht doch Verdacht geschöpft haben?

Ob Kinder und Jugendliche diese betrügerischen Seiten des Zockens auch schon kennengelernt haben, wissen wir nicht. In bestimmten Milieus kann man wohl schon damit rechnen. Sicher aber ist, dass die Lust am Glücksspiel nicht erst die erwachsenen Römer packte. Der Satiriker Persius erzählt, dass es ihm in seiner Schulzeit „das Wichtigste war zu wissen, was mir der Sechser beim Würfeln bringt und der tückische Hundswurf wegnimmt“ (III 45ff.).

Stimmt es, dass …

… der nach unten gestreckte Daumen der Zuschauer das Todesurteil für einen Gladiator bedeutete?

Unklar. Sicher ist, dass der Spielgeber die Entscheidung über das Schicksal des unterlegenen Gladiators an die Zuschauer delegieren konnte und das häufig auch tat. Sicher ist auch, dass die Mehrheitsentscheidung durch eine Bewegung des Daumens fiel. Unklar ist, ob der Ausdruck *pollicem (con)vertere*, „den Daumen wenden", eine Bewegung nach unten oder nach oben anzeigte.

Ein berühmtes Historiengemälde von J.-L. Gérôme aus dem Jahre 1879 hat das neuzeitliche Verständnis entscheidend gelenkt. Gérôme zeigt Zuschauer(innen), die den Daumen nach unten ausstrecken, und betitelt das Bild mit *pollice verso*. Lange Zeit war unbestritten, dass diese Interpretation zutraf. Erst als Anthony Corbeill im Jahre 1998 die These aufstellte, es verhalte sich genau umgekehrt – der nach oben gerichtete Daumen drücke die Verurteilung aus (jetzt in A. C., Nature embodied. Gesture in ancient Rome, Princeton 2004, 62ff.) – brach eine Art Glaubenskrieg aus, der auch in den Feuilletons der Zeitungen ausgetragen wurde.

Aber: Die Geste ist in keiner antiken Bildquelle enthalten. Sie ist sprachlich zweimal bezeugt. Juvenal sagt, „die Menge tötet *verso police*, mit gewendetem Daumen" (III 36f.); Prudentius verwendet in ähnlichem Kontext den Ausdruck *converso pollice. vertere*, „drehen", lässt sich grundsätzlich auf alle Richtungen gegenüber dem Normalzustand verstehen. Ein starkes Argument für die Neuinterpretation Corbeills ist eine gewisse Parallele zum *infestus pollex*, dem „feindlich gesinnten Daumen": Der ging sicher nach oben. Andererseits liegt es sprachlich näher, das Wenden des Daumens als Abkehr von der Normallage – d. h. nach unten – zu verstehen (M. Junkelmann, Hollywoods Traum von Rom, Mainz 2004, 378). Hinzu kommt, dass der Daumen nach unten im europäischen Kulturraum in der Regel als negative Geste verstanden wird. Die Frage lässt sich demnach nicht klar entscheiden. Man sollte freilich aufpassen, dass der Streit um dieses technische Detail nicht von der Brutalität des Geschehens als solcher ablenkt. Der Lateinlehrer, der im Colosseum oder im Amphitheater von Trier „zum Spaß" den Daumen nach oben oder nach unten richtet, erscheint so oder so als fragwürdiger Pädagoge.

Literaturhinweise

Aftershave

J. Marquardt, Das Privatleben der Römer, ND Darmstadt 1975, II 597ff.

P. Virgili, Acconciature e maquillage (Vita e costumi dei Romani antichi), Rom 1989, 63ff.

Altersarmut

H. Brandt, Wird auch silbern mein Haar. Eine Geschichte des Alters in der Antike, München 2002

Chr. Gnilka, Artikel „Altersversorgung“, RAC Suppl. 1, 2001, 266ff.

A. Gutsfeld / W. Schmitz (Hgg.), Am schlimmen Rand des Lebens? Altersbilder in der Antike, Göttingen 2. Aufl. 2009

T.G. Parkin, Old age in the Roman world, Baltimore / London 2005

Ausziehen, ausziehen!

F. Bernstein, Ludi publici, Stuttgart 1998, 206ff.

I. Mundle, Flora, Floralia, RAC VII, 1969, 1124ff.

H. H. Scullard, Römische Feste, Mainz 1986, 171ff.

Beifallklatscher

G. S. Aldrete, Gestures and acclamation in ancient Rome, Baltimore / London 1999

L. Bablitz, Actors and audience in the Roman courtroom, London / New York 2007

A. Corbeill, Nature embodied. Gestures in ancient Rome, Princeton 2004

G. G. Fagan, The lure of the arena. Social psychology and the crowd at the Roman games, Cambridge 2011

E. Flaig, Ritualisierte Politik. Zeichen, Gesten und Herrschaft im Alten Rom, Göttingen 2003

Bürgerservice

F. Ausbüttel, Die Verwaltung des römischen Kaiserreiches, Darmstadt 1998

Chr. J. Fuhrmann, Policing the Roman Empire, Oxford 2012

F. Kolb, Rom. Die Geschichte der Stadt in der Antike, München 2. Aufl. 2002

E. Lo Cascio (Hg.), Roma imperiale. Una metropoli antica, Rom 2000

O. F. Robinson, Ancient Rome. City planning and administration, London/New York 1992

Demonstration

G. S. Aldrete, Riots, in: P. Erdkamp (Hg.), The Cambridge companion to ancient Rome, Cambridge 2013, 425ff.

Th. Bollinger, Theatralis licentia. Die Publikumsdemonstrationen an den öffentlichen Spielen Roms …, Winterthur 1969

U. Fellmeth, Brot und Politik. Ernährung, Tafelluxus und Hunger im antiken Rom, Stuttgart 2001

E. Flaig, Entscheidung und Konsens, in: M. Jehne (Hg.), Demokratie in Rom? Stuttgart 1995, 77ff.

N. Jackob, Cicero und die Meinung des Volkes, in: Chr. Kuhn (Hg.), Politische Kommunikation und öffentliche Meinung in der antiken Welt, Stuttgart 2012, 167ff.

B. Kelly, Riot control and imperial ideology in the Roman Empire, Phoenix 61, 2007, 150ff.

G. Laser, Populo et scaenae serviendum est. Die Bedeutung der städtischen Masse in der späten römischen Republik, Trier 1997

W. Nippel, Aufruhr und Polizei in der römischen Republik, Stuttgart 1988

Deodorant

M. Bradley, Smell and the ancient senses, London / New York 2015, 133ff.

P. Faure, Magie der Düfte. Eine Kulturgeschichte der Wohlgerüche, München / Zürich 1990

S. Lilja, The treatment of odours in the poetry of Antiquity, Helsinki 1972

Drogen

Th.W. Africa, Marc Aurels Opiumsucht, in: R. Klein (Hg.), Marc Aurel, Darmstadt 1979, 133ff.

J. H. D'Arms, Heavy drinking and drunkenness in the Roman world, in: O. Murray (Hg.), In vino veritas, Rom 1995, 304ff.

Extremsport

G. Doblhofer / P. Mauritsch, Pankration, Wien 2001

M. Golden, Sport in the ancient world from A to Z, London / New York 2004

M. B. Poliakoff, Kampfsport in der Antike, NA Düsseldorf 2004

M. Reis, Sport bei Horaz, Hildesheim 1994

Falschgeld

M. Peter, Von Betrug bis Ersatzkleingeld – Falschmünzer in römischer Zeit, in: M. Reuter / R. Schiavone (Hgg.), Gefährliches Pflaster. Kriminalität im Römischen Reich, Mainz 2011, 107ff.

R. Wolters, Nummi signati. Untersuchungen zur römischen Münzprägung und Geldwirtschaft, München 1998

Familienessen

K. Bradley, The Roman family at dinner, in: I. u. H. Sigismund-Nielsen, Meals in a social context, Aarhus 2. Aufl. 2001, 36ff.

M.-P. Roller, Dining posture in ancient Rome, Princeton 2006
H. Sigismund-Nielsen, Roman children at mealtimes, in: Nielsen (Hg.), Meals … 56ff.

Fanartikel

E. Köhne / C. Ewigleben (Hgg.), Caesaren und Gladiatoren, Ausstellungskatalog Mainz 2000, 131ff.
E. Künzl / G. Koeppel, Souvenirs und Devotionalien, Mainz 2002

Farbe

M. Bradley, Colour and meaning in ancient Rome, Cambridge 2009
L. Cleland / K. Stears (Hgg.), Colour in the ancient Mediterranean world, Oxford 2004
A. Hermann, Artikel „Farbe", RAC VII, 1969, 358ff.

Fasten

R. Arbesmann, Artikel „Fasten", RAC VII, 1969, 447ff.
R. Finn, Asceticism in the Graeco-Roman world, Cambridge 2009
L. Ziehen, Artikel „Nesteia", RE XVII, 1936, 88ff.

Fluchtafel

A. Audollent, defixionum tabellae, Paris 1904
F. Graf, Gottesnähe und Schadenzauber. Die Magie in der griechisch-römischen Welt, München 1994
A. Kropp, defixiones. Ein aktuelles Corpus lateinischer Fluchtafeln, Speyer 2008
G. Luck, Magie und andere Geheimlehren in der Antike, Stuttgart 1990
A. Önnerfors (Hg.), Antike Zaubersprüche, Stuttgart 1991
K. Preisendanz, Art. „Fluchtafel", RAC VIII, 1972, 1ff.
J. Tremel, Magica agonistica. Fluchtafeln im antiken Sport, Hildesheim 2004

Folter

A. Ehrhardt, Artikel „tormenta", RE VI A, 1937, 1775ff.

J.-Ph. Lévy, La torture dans le droit romain de la preuve, in: E. Feenstra, Collatio iuris Romani, I, Amsterdam 1995, 241ff.

W. Reiss, Apuleius und die Räuber, Stuttgart 1981, 226ff.

L. Schumacher, Servus index. Sklavenverhör und Sklavenanzeige im republikanischen Rom, Wiesbaden 1982

G. Thür, Artikel „Folter", RAC VIII, 1972, 101ff.

J. Vergote, Artikel „Folterwerkzeuge", RAC VIII, 1972, 112ff.

Gefängnis

J.-U. Krause, Gefängnisse im Römischen Reich, Stuttgart 1996

Y. Rivière, Le cachot et les fers. Détention et coercition à Rome, Paris 2004

Gerichtsshow

L. Bablitz, Actors and audience in the Roman courtroom, London / New York 2007

L. Bablitz, Roman society in the courtroom, in: M. Peachin (Hg.), The Oxford handbook of social relations in the Roman world, Oxford 2011, 317ff.

J. Hall, Cicero's use of judicial theatre, Ann Arbor 2014

Gewalt gegen Kinder

J. Christes, Et nos ergo manum ferulae subducimus. Von brutaler Pädagogik bei Griechen und Römern, in: U. Krebs / J. Forster (Hgg.), Vom Opfer zum Täter?, Schriftenreihe Ichenhausen 22, 2003, 51ff.

E. Eyben, Restless youth in ancient Rome, London / New York 1993

Chr. Laes, Children in the Roman Empire. Outsiders within, Cambridge 2011, 137ff.

K.-W. Weeber, Lernen und leiden. Schule im Alten Rom, Darmstadt 2013

Gift

A. A. Barb, Artikel „Gift", RAC X, 1978, 1209ff.

L. Cilliers / F.P. Retief, Poisons, Poisoning and the drug trade in ancient Rome, Akroterion 45, 2000, 88ff.

D.B. Kaufman, Poison and poisoning among the Romans, Classical Philology 27, 1932, 166ff.

J.-U. Krause, Römische Kriminalgeschichte, München 2004

Gladiatoren

R. Dunkle, Gladiators. Violence and spectacle in ancient Rome, London 2008

M. Junkelmann, Das Spiel mit dem Tod. So kämpften Roms Gladiatoren, Mainz 2000

Chr. Mann, Die Gladiatoren, München 2013

Großstadtprobleme

G. Aldrete, Floods of the Tiber in ancient Rome, Baltimore 2007

H. Braunert, Großstadt und Großstadtprobleme im Altertum, in: Gesammelte Aufsätze und Reden, Stuttgart 1980, 11ff.

P. Erdkamp (Hg.), The Cambridge companion to ancient Rome, Cambridge 2013

F. Kolb, Rom. Die Geschichte der Stadt in der Antike, München 2. Aufl. 2002

J.-U. Krause, Kriminalgeschichte der Antike, München 2004

N. Morley, The salubriousness of the Roman city, in: H. King (Hg.), Health in Antiquity, London / New York 2005, 192ff.

G. E. Thüry, Müll und Marmorsäulen. Siedlungshygiene in der römischen Antike, Mainz 2001

C. van Tilburg, Traffic and congestion in the Roman Empire, Leiden 2007

K.-W. Weeber, Nachtleben im Alten Rom, Darmstadt 4. Aufl. 2016

Hahahae

M. Beard, Laughter in ancient Rome, Berkeley / Los Angeles 2014

G. Binder (Hg.), L. Annaeus Seneca, Apokolokyntosis, Düsseldorf / Zürich 1999

A. Corbeill, Controlling laughter. Political humor in the Late Roman Republic, Princeton 1997

K. Dunbabin, Nec grave nec infacetum. The imagery of convivial entertainment, in: K. Vössing (Hg), Das römische Bankett im Spiegel der Altertumswissenschaften, Stuttgart 2008, 13ff.

F. Graf, Cicero, Plautus und das römische Lachen, in: J. Bremmer / H. Roodenburg, Kulturgeschichte des Lachens, Darmstadt 1999, 32ff.

N. Holzberg, Martial und das antike Epigramm, Darmstadt 2. Aufl. 2012

E. Rabbie, Wit and humor in Roman rhetoric, in: W. Dominik / J. Hall, A companion to Roman rhetoric, Malden 2007, 207ff.

A. Thierfelder (Hg.) Philogelos. Der Lachfreund, München 1968

J. Toner, Popular culture in ancient Rome, Cambridge 2009

G. Vogt-Spira, Das satirische Lachen der Römer und die Witzkultur der Oberschicht, in: S. Jägel (Hg.). Laughter down the centuries, III, 1997, 117ff.

K.-W. Weeber, Humor in der Antike, Ditzingen 2006

Henker

H. Aigner, Zur gesellschaftlichen Stellung von Henkern, Gladiatoren und Berufsathleten, in: I. Weiler (Hg.), Soziale Randgruppen und Außenseiter im Altertum, Graz 1988, 201ff.

E. Cantarella, I supplizi capitali in Grecia e a Roma, NA Mailand 2011

A. Weiss, Sklave der Stadt, Stuttgart 2004

Hexe

A.M. Baertschi / Th. Fögen, Zauberinnen und Hexen in der antiken Literatur, Gymn. 113, 2006, 223ff.

G. Luck, Magie und andere Geheimlehren in der Antike, Stuttgart 1990

D. Ogden, Magic, Witchcraft, and ghosts in the Greek and Roman worlds. A sourcebook, Oxford 2002

K. Thraede, Artikel „Hexe", RAC XIV, 1988, 1269ff.

E. Wallinger, Hekates Töchter. Hexen in der römischen Antike, Wien 1994

Hinrichtungsarten

E. Cantarella, I supplizi capitali in Grecia e a Roma, NA Mailand 2011

J.-U. Krause, Kriminalgeschichte der Antike, München 2004

J.-U. Krause, Staatliche Gewalt in der Spätantike: Hinrichtungen, in: M. Zimmermann (Hg.), Extreme Formen von Gewalt in Bild und Text des Altertums, München 2009, 321ff.

Intimrasur

G. Hagenow, Kosmetische Extravaganzen. Martial, Epigramm III 74, Rhein. Mus. 115, 1972, 48ff.

H. Herter, Artikel „Genitalien", RAC X, 1978, 2ff.

W. Krenkel, Naturalia non turpia, Hildesheim 2006, 368ff.

Jugend von heute

Th. Baier (Hg.), Generationenkonflikte auf der Bühne. Perspektiven im antiken und mittelalterlichen Denken, Tübingen 2007

J. Christes u. a. (Hgg.), Handbuch der Erziehung und Bildung in der Antike, Darmstadt 2006

E. Eyben, Restless youth in ancient Rome, London / New York 1993

M. Harlow / R. Laurence, Growing up and growing old in ancient Rome, London 2002

Chr. Laes, Children in the Roman Empire. Outsiders within, Cambridge 2011

J. McWilliam, The socialization of Roman children, in: J. Evans Grubbs / T. Parkin (Hgg.), The Oxford handbook of childhood and education in the classical world, Oxford 2013, 264ff.

Jugendclub

F. M. Ausbüttel, Untersuchungen zu den Vereinen im Westen des Römischen Reiches, Kallmünz 1982

O. Ginestet, Les organisations de la jeunesse dans l'Occident romain, Brüssel 1991

M. Kleijwegt, Iuvenes and Roman Imperial society, Acta Class. 37, 1994, 79ff.

Chr. Laes / J. Strubbe, Youth in the Roman Empire, Cambridge 2014, 122ff.

Jugendgang

E. Eyben, Restless youth in ancient Rome, London / New York 1993

J.-U. Krause, Kriminalgeschichte der Antike, München 2004

K.-W. Weeber, Nachtleben im Alten Rom, Darmstadt 4. Aufl. 2016, 115ff.

Kaugummi

Steiner, Artikel „Mastix", RE XIV 2, 1030

Kinderarbeit

A. Backe-Dahmen, Die Welt der Kinder in der Antike, Mainz 2008

K. Bradley, Child labour in the Roman world, in: Discovering the Roman family, Oxford 1991, 103ff.

E. Herrmann-Otto, Kindsein im Römischen Reich, in: H. Heinen (Hg.) Kindersklaven-Sklavenkinder, Stuttgart 2012, 171ff.

Chr. Laes, Children in the Roman Empire. Outsiders within, Cambridge 2011, 148ff.

W. Petermandl, Kinderarbeit im Italien der Prinzipatszeit, Laverna 8, 1997, 118ff.

H. Sigismund-Nielsen, Slave and lower-class Roman children, in: J. Evans Grubbs / T. Parkin (Hgg.), The Oxford handbook of childhood and education in the classical world, Oxford 2013, 286ff.

Mitsitzer

G. Jansen u. a. (Hgg.), Roman toilets. Their archaeology and cultural history, Leuven 2011

A. O. Koloski-Ostrow, The Archaeology of Sanitation in Roman Italy, Chapel Hill 2015

R. Neudecker, Die Pracht der Latrine, München 1994

K.-W. Weeber, Luxus im Alten Rom. II: Die öffentliche Pracht, Darmstadt 2006, 119ff.

G. Wiplinger, Der Gebrauch des xylospongium, in: R. Kreiner / W. Letzner (Hgg.), SPA. Sanitas per aquam, Leuven 2012, 295ff.

Müllabfuhr

W. M. Brashear / A. Breitenbach, Art. „Kot (Latrine)", RAC XXI, 2006, 761ff.

K. Frei-Stolba, Straßenunterhaltung und Straßenreinigung in Rom, in: FS G. Walser, Stuttgart 1989, 25ff.

D. Raventós / J.-A. Remolà (Hgg.), Sordes urbis. La eliminación de residuos en la ciudad romana, Rom 2000

G. E. Thüry, Müll und Marmorsäulen. Siedlungshygiene in der römischen Antike, Mainz 2001

Multikulti

C. Edwards/G. Woolf, Rome the cosmopolis, Cambridge 2003

C. Moatti, Immigration and cosmopolitanization, in: P. Erdkamp (Hg.), The Cambridge companion to ancient Rome, Cambridge 2013, 77ff.

K. L. Noethlichs, Das Judentum und der römische Staat. Minderheitenpolitik im antiken Rom, Darmstadt 1996

D. Noy, Foreigners at Rome. Citizens and strangers, London 2000

C. Ricci, Orbis in urbe. Fenomeni migratori nella Roma imperiale, Rom 2005

H. Schlange-Schöningen, Fremde im kaiserzeitlichen Rom, in: A. Demandt (Hg.), Mit Fremden leben, München 1995, 57ff.

Nachtleben

K.-W. Weeber, Nachtleben im Alten Rom, Darmstadt 4. Aufl. 2016

Nacktbaden

St. Busch, Versus balnearum. Die antike Dichtung über Bäder und Baden im Römischen Reich, Stuttgart/Leipzig 1999

G. G. Fagan, Bathing in public in the Roman world, Ann Arbor 1999

E. Künzl, Die Thermen der Römer, Darmstadt 2013

I. Nielsen, Thermae et balnea, I, Aarhus 2. Aufl. 1993

G. Schöllgen, Balnea mixta, in: M. Wacht (Hg.), FS K. Thraede, Münster 1995, 182ff.

F. Yegül, Bathing in the Roman world, Cambridge 2010

Naturkatastrophen

H. Meller/J.-A. Dickmann (Hgg.) Ausstellungskatalog Pompeji-Nola-Herculaneum. Katastrophen am Vesuv, München 2011

H. Sonnabend, Naturkatastrophen in der Antike. Wahrnehmung, Deutung, Management, Stuttgart 1999

H. Sonnabend, Katastrophen in der Antike, Mainz 2013, 11ff.

J. Toner, Roman disasters, Cambridge 2013
G.H. Waldherr, Erdbeben. Das außergewöhnliche Normale, Stuttgart 1997

Pisspott

R. Radbauer / B. Petzuek, Römische Nachttöpfe aus den Donauprovinzen, Forum Archaeologiae 54 / III, 2010, 1ff.
A. Wilson, Urination and defecation Roman-style, in: G. Jansen (Hg.), Roman toilets. Their archaeology and cultural history, Leuven 2011, 95ff.

Rekorde

A. u. C. Klyne, Das Buch der antiken Rekorde, München 2007

Sauna

I. Nielsen, Thermae et balnea, I, Aarhus 2. Aufl. 1993, 158ff.

Schauspieler(innen)

F. Dupont, L'acteur-roi. Le théâtre dans la Rome antique, Paris 2003
E. Fertl, Von Musen, Miminnen und leichten Mädchen. Die Schauspielerin in der römischen Antike, Wien 2005
H. Peppin, Histrionen. Untersuchungen zur sozialen Stellung von Bühnenkünstlern …, Bonn 1992
A. Rottloff, Die berühmten Schauspieler. Von der Antike bis zur Renaissance, Mainz 2010

Scherbenberg

M. Maischberger, Testaceus Mons, in: E.M. Steinby, Lexicon topographicum Urbis Romae V, Rom 1999, 28ff.
E. Rodríguez-Almeida, Il Monte Testaccio. Ambiente, storia, materiali, Rom 1984

Schönheitsideal

W. Krenkel, Me tua forma capit, in: Naturalia non turpia, Hildesheim 2006, 315ff.

Schulangst

J. Christes u. a. (Hgg.), Handbuch der Erziehung und Bildung in der Antike, Darmstadt 2006

L. Maurice, The teacher in ancient Rome. The magister and his world, Lanham 2013

K.-W. Weeber, Lernen und leiden. Schule im Alten Rom, Darmstadt 2013

Sechzigjährige von der Brücke!

H. Brandt, Am Ende des Lebens. Alter, Tod und Suizid in der Antike, München 2010

T. G. Parkin, Old age in the Roman world, Baltimore/London 2003, 259ff.

Selbsthilfe und Selbstjustiz

C. Brélaz, La sécurité publique en Asie Mineure sous le Principat, Basel 2005

Chr. J. Fuhrmann, Policing the Roman Empire, Oxford 2012

J.-U. Krause, Kriminalgeschichte der Antike, München 2004

W. Riess, Apuleius und die Räuber. Ein Beitrag zur historischen Kriminalitätsforschung, Stuttgart 2001

Souvenir

L. Casson, Reisen in der Alten Welt, München 2. Aufl. 1978

E. Künzl/G. Koeppel, Souvenirs und Devotionalien, Mainz 2002

Spaßmacher

M. Beard, Laughter in ancient Rome, Berkeley / Los Angeles 2014, 152ff.

P. B. Corbett, The scurra, Edinburgh 1986

N. Horsfall, The culture of the Roman plebs, London 2003

Staatsanwalt

W. Kunkel, Prinzipien des römischen Strafverfahrens, in: Kleine Schriften, Weimar 1974, 11ff.; sowie RE-Artikel „quaestio“, Kleine Schriften 33ff.

O. F. Robinson, The criminal law of ancient Rome, Baltimore 1995

O. F. Robinson, Penal practice and penal policy in ancient Rome, London / New York 2007

Studentenunruhen

J. Christes u. a. (Hgg.), Handbuch der Erziehung und Bildung in der Antike, Darmstadt 2006

E. Eyben, Restless youth in ancient Rome, London 1995

J.-U. Krause, Gewalt und Kriminalität in der Spätantike, München 2014

A. Müller, Studentenleben im 4. Jh. n. Chr., Philologus 23, 1910, 292ff.

E. J. Watts, City and school in late antique Athens and Alexandria, Berkeley 2006

E. J. Watts, Riot in Alexandria, Berkeley 2010

Tattoo

H. Bellen, Studien zur Sklavenflucht im Römischen Reich, Wiesbaden 1971, 24ff.

C. P. Jones, Stigma, tattooing and branding in Graeco-Roman Antiquity, JRS 77, 1987, 139ff.

F. Kudlien, Zur sozialen Situation des flüchtigen Sklaven in der Antike, Hermes 116, 1998, 242ff.

Tiberbrücken in Rom

S. Koci Montanari, Die antiken Brücken von Rom, Regensburg 2006

Tiere in der Großstadt

M. Giebel, Tiere in der Antike, Darmstadt 2003

M. MacKinnon, Pack animals, pets, pests and other non-human beings, in: P. Erdkamp (Hg.), The Cambridge companion to ancient Rome, Cambridge 2013, 110ff.

J. M. C. Toynbee, Tierwelt der Antike. Bestiarium Romanum, Mainz 1983

Traumurlaub

L. Casson, Reisen in der Alten Welt, München 2. Aufl. 1978

M. Giebel, Reisen in der Antike, Darmstadt 2. Aufl. 2000

K.-W. Weeber, Baiae. Stadt der hundert Genüsse, Herberge aller Laster, Mainz 2014

Vegetarier

M. Beer, Taste or taboo. Dietary choices in Antiquity, Totnes 2010, 28ff.

G. Clark, Porphyry. On abstinence from killing animals, London 2000

Verhütungsmittel

H. Achner, Ärzte in der Antike, Mainz 2009, 103ff.

M.-Th. Fontanille, Avortement et contraception dans la médecine gréco-romaine, Paris 1977

K. Hopkins, Contraception in the Roman Empire, in: A.K. Siems (Hg.), Sexualität und Erotik in der Antike, Darmstadt 1988, 168ff.

A. Keller, Die Abortiva in der römischen Kaiserzeit, Stuttgart 1988

B. E. Stumpp, Prostitution in der römischen Antike, Berlin 2001, 93ff.

Verkehrsregeln

W. Eck, Verkehr und Verkehrsregeln in einer antiken Großstadt. Das Beispiel Rom, in: D. Mertens, Stadtverkehr in der antiken Welt, Wiesbaden 2008, 59ff.

Th. G. Schattner, Verkehrsfragen in hispanischen und römischen Städten, in: Mertens, Stadtverkehr 165ff.

J. Sonnabend, Stadtverkehr im antiken Rom: Probleme und Lösungsversuche, Die Alte Stadt 19, 1992, 183ff.

C. van Tilburg, Traffic and congestion in the Roman Empire, London / New York 2007

K. Zimmermann, „Verkehrsregelungen" in der Antike, in: E. Olshausen / H. Sonnabend (Hgg.), Stuttgarter Kolloquium zur histor. Geographie 7, Stuttgart 2002, 181ff.

Voodoo-Puppe

M. W. Dickie, Magic and magicians in the Greco-Roman world, London / New York 2001

F. Graf, Gottesnähe und Schadenzauber. Die Magie in der griechisch-römischen Welt, München 1994

Waffenbesitz

P. A. Brunt, Did Imperial Rome disarm her subjects? Phoenix 29, 1975, 260ff.

G. G. Fagan, Violence in Roman social relations, in: M. Peachin (Hg.) The Oxford handbook of social relations in the Roman world, Oxford 2011, 464ff.

J.-U. Krause, Kriminalgeschichte der Antike, München 2004

J.-U. Krause, Gewalt und Kriminalität in der Spätantike, München 2014

W. Nippel, Aufruhr und „Polizei" in der römischen Republik, Stuttgart 1998

Wagenlenker

G. Horsmann, Die Wagenlenker der römischen Kaiserzeit, Stuttgart 1998

K.-W. Weeber, Circus Maximus. Wagenrennen im Alten Rom, Darmstadt 2010

Wellness

G. G. Fagan, Bathing in public in the Roman world, Ann Arbor 1999

E. Künzl, Die Thermen der Römer, Darmstadt 2013

K.-W. Weeber, Luxus im Alten Rom. II: Die öffentliche Pracht, Darmstadt 2006

K.-W. Weeber, Baiae. Stadt der hundert Genüsse, Herberge aller Laster, Mainz 2014

F. Yegül, Bathing in the Roman world, Cambridge 2010

Wildpinkeln

B. Hobsin, Latrinae et forica. Toilets in the Roman world, London 2009

G. Jansen u. a. (Hgg.), Roman toilets. Their archaeology and cultural history, Leuven 2011

A. Scobie, Slums, sanitation and mortality in the Roman world, Klio 68, 1986, 399ff.

G. Thüry, Müll und Marmorsäulen. Siedlungshygiene in der römischen Antike, Mainz 2001

Zebrastreifen

A. Dickmann, Pompeji. Archäologie und Geschichte, München 2. Aufl. 2010

B. Gesemann, Die Straßen der Stadt Pompeji. Entwicklung und Gestaltung, Frankfurt/M. 1995

C. van Tilburg, Traffic and congestion in the Roman Empire, London/New York 2007

K. Zimmermann, „Verkehrsregelungen" in der Antike, in: E. Olshausen / H. Sonnabend (Hgg.), Stuttgarter Kolloquium zur histor. Geographie 7, Stuttgart 2002, 181ff.

Zocker

M. Bracht, Dem Glück ein wenig nachhelfen – Falschspiel in der Antike, in: M. Reuter / R. Schiavone, Gefährliches Pflaster, Kriminalität im Römischen Reich, Mainz 2011, 121ff.

M. Kurylowicz, Das Glücksspiel im römischen Recht, Zeitschrift der Savigny-Stiftung, Rom. Abt. 102, 1885, 185ff.

K.-W. Weeber, Nachtleben im Alten Rom, Darmstadt 4. Aufl. 2016, 43ff.

Abkürzungen von Autoren und Corpora

AE	L'Année Epigraphique
Ael. Arist.	Aelius Aristides
Amm. Marc.	Ammianus Marcellinus
Anth. lat.	Anthologia Latina
AP	Anthologia Palatina
Apg.	Apostelgeschichte
Apic.	Apicius
App.	Appian
Apul.	Apuleius
Arist.	Aristoteles
Aristoph.	Aristophanes
Artemid.	Artemidor
Athen.	Athenaios
Aug.	Augustus
Augustin.	Augustinus
Auson.	Ausonius
Caes.	Caesar
Calp. Sic.	Calpurnius Siculus
Cat.	Catull
Cels.	Celsus
Cic.	Cicero
CIL	Corpus Inscriptionum Latinarum
Claud.	Claudian
Cod. Iust.	Codex Iustinianus
Cod. Theod.	Codex Theodosianus

Colum.	Columella
Cypr.	Cyprian
DH	Dionys von Halikarnassos
Dig.	Digesten
Dio Cass.	Dio Cassius
Diod.	Diodor
Dioskur.	Dioskurides
Edict. Diocl.	Edictum Diocletiani
Fest.	Festus
Flav. Jos.	Flavius Josephus
Flor.	Florus
Front.	Frontinus
Gal.	Galen
Gell.	Gellius
GLK	Grammatici Latini ed. Keil
Hier.	Hieronymus
Himer.	Himerios
Hist. Aug.	Historia Augusta
Hom.	Homer
Hor.	Horaz
ILS	Dessau, Inscriptiones latinae selectae
Isid.	Isidor von Sevilla
Jos.	Flavius Josephus
Juv.	Juvenal
Lact.	Laktanz
Lex XII tab.	Lex duodecim tabularum
Lib.	Libanios
Liv.	Livius
Luc.	Lucan
Luk.	Lukian
Lukr.	Lukrez

Macrob.	Macrobius
Manil.	Manilius
Mart.	Martial
Nep.	Cornelius Nepos
Ov.	Ovid
Pan. lat.	Panegyrici latini
Paul.	Paulus
Paus.	Pausanias
Pers.	Persius
Petr.	Petron
Philostr.	Philostratos
Plat.	Platon
Plaut.	Plautus
Plb.	Polybios
Plin. (mai.)	Plinius (maior)
Plin. (min.)	Plinius (minor)
Plut.	Plutarch
Prop.	Properz
Prud.	Prudentius
Quint.	Quintilian
Rutil. Nam.	Rutilius Namatianus
Sall.	Sallust
Schol.	Scholien
SEG	Supplementum Epigraphicum Graecum
Sen.	Seneca
Serv.	Servius
Stat.	Statius
Stob.	Stobaios
Strab.	Strabon
Suet.	Sueton
Symm.	Symmachus

Tac.	Tacitus
Ter.	Terenz
Tert.	Tertullian
Theophr.	Theophrast
Tib.	Tibull
Val. Max.	Valerius Maximus
Vell. Pat.	Velleius Paterculus
Verg.	Vergil
Vitr.	Vitruv